Mariel Morize-Toussaint
Agrégée de Lettres modernes
Professeur en collège

Gabrielle Ordas-Piwnik
Certifiée de Lettres classiques
Professeur en collège

6e

de l'Orthographe à l'expression écrite

● CONJUGAISON
● GRAMMAIRE
● VOCABULAIRE

Nathan

AVANT-PROPOS

Pourquoi un nouveau manuel de 6e en complément d'un manuel unique ?

Quelques constats

• On constate une **difficulté croissante des élèves** de primaire et de collège (on pourrait aisément inclure le lycée et le monde professionnel) en matière d'**orthographe**, lexicale et surtout grammaticale. Les **mécanismes de base** ne sont pas acquis par un trop grand nombre d'entre eux et ces difficultés sont fréquemment vécues comme une **fatalité**.

• **Les causes de cette mauvaise orthographe sont mal définies et multiples.**
– D'une part sont incriminées pêle-mêle **les méthodes d'apprentissage** du primaire, la **diminution du temps de lecture** qui a pour origine divers facteurs, tels la télévision, les jeux vidéo, et, récemment, **les pratiques liées aux nouvelles technologies** de communication (SMS, e-mails, correcteurs d'orthographe, etc.).
– D'autre part, **le temps consacré à l'apprentissage de l'orthographe tend à diminuer**, en raison du travail par séquences qui privilégie le contact de l'élève avec les textes à lire, analyser et produire.
– Enfin, les exercices systématiques parascolaires, sans être obsolètes, ne suffisent pas : ils restent en effet liés à une pratique répétitive qui, si elle fonctionne ponctuellement lors de la réalisation de ces entraînements, s'évanouit bien souvent quand l'élève doit **produire un texte,** ce qui reste le **but véritable de l'acquisition de l'orthographe.**

• **L'orthographe ne peut être négligée.** D'une part, elle continue à être **évaluée dans les examens** sous différentes formes : dictées traditionnelles, réécritures, dictées avec choix de graphies, pénalisation en cas de fautes trop nombreuses (au brevet et au baccalauréat par exemple, en français comme dans les autres matières). D'autre part, elle reste souvent un **critère de sélection** pour la recherche d'un emploi comme dans le monde de l'entreprise. Enfin, même si l'orthographe française est réputée « difficile », elle fait partie d'un **patrimoine** que la plupart des Français veulent **préserver**.

Remédiations

C'est dans cette optique que nous avons conçu un **manuel novateur.** ***De l'orthographe à l'expression écrite 6e*** propose **une nouvelle approche, conforme aux programmes** en inscrivant l'orthographe dans le **travail en séquences.** Tous les textes sont issus du programme de 6e. Nous sommes parties des difficultés rencontrées par les élèves et proposons une **démarche inductive** qui leur permet de redécouvrir des notions non assimilées et de se familiariser avec les nouvelles notions. En se réappropriant les règles, à partir de l'**observation des textes au programme**, ils seront à même de se « réconcilier » avec l'orthographe. L'acquisition de chaque point grammatical ou lexical est vérifiée par des exercices de natures diverses et de difficulté croissante. Dans chaque séance, une **iconographie « active »** sert de support à un exercice d'expression écrite.

ISBN : 2-09-171280-9

L'organisation du manuel

Ce manuel est structuré en deux parties : orthographe grammaticale **(175 pages) et** orthographe lexicale **(27 pages).**

• **Orthographe grammaticale** : chaque parcours s'organise en cinq phases.
1. **Découvrez :** **texte** ou image issu du **programme** (textes de l'Antiquité, contes, poèmes, extraits de théâtre, littérature de jeunesse...) suivi d'un **questionnaire** qui permet à l'élève d'**observer** et de **découvrir, pas à pas,** les difficultés, les règles et les astuces du point abordé.
2. **Retenez :** règle, « attention » et astuces hiérarchisés.
3. **Entraînez-vous :** exercices progressifs allant du simple repérage à des exercices plus complexes d'entraînement vers **« l'orthographe de texte »**, pour se terminer par une **évaluation**. Celle-ci se compose d'un exercice et d'une **dictée préparée** portant sur le point d'orthographe grammaticale étudié, renvoyant à des points d'orthographe lexicale abordés dans la deuxième partie du manuel.
4. **Enrichissez votre vocabulaire :** travail lexical à partir de la thématique du texte initial.
5. **Et maintenant, écrivez :** réinvestissement de la règle d'orthographe grammaticale et du vocabulaire dans deux courts travaux d'**expression écrite**.

• **Orthographe lexicale :** elle est organisée en deux temps : **règles** d'orthographe, puis **difficultés** à mémoriser (mémos). Tout au long de cette deuxième partie, des exercices et des dictées préparées permettent à l'élève de s'entraîner.

Le double sommaire

Nous proposons un **double sommaire** afin de faciliter l'intégration du travail orthographique dans les séquences et de respecter le décloisonnement.

• **Un sommaire orthographique** : il s'organise en deux temps et **correspond à l'ordre du manuel.** L'orthographe grammaticale s'articule autour de trois axes : la **conjugaison**, les **accords** et les **homophones**. L'orthographe lexicale s'articule autour de deux axes : règles d'orthographe et difficultés à mémoriser (mémos).

• **Un sommaire par séquences** : il s'organise en **sept séquences : la communication, le conte, l'héritage gréco-latin :** ***Odyssée*****, l'héritage judéo-chrétien :** ***la Bible*****, la poésie et la fable, le théâtre, textes et images de notre temps.** L'élève peut ainsi aborder un certain nombre de points d'orthographe grammaticale et lexicale qui s'intègre parfaitement à la séquence.

De l'Orthographe à l'expression écrite 6ᵉ est un manuel novateur, en complément d'un manuel unique et s'inscrivant dans le **travail en séquences.**
• 29 points d'orthographe grammaticale (conjugaison, accords, homophones)
• 84 points d'orthographe lexicale (règles et difficultés à mémoriser)
• Plus de 460 exercices variés et de difficulté progressive incluant le simple repérage, la dictée préparée et l'expression écrite.

Les Auteurs

Sommaire

Orthographe grammaticale

Orthographe lexicale

SOMMAIRE PAR SÉQUENCES

Sommaire par séquences

Orthographe grammaticale

1

Le présent de l'indicatif des verbes du 1er groupe

VOCABULAIRE

L'amitié

EXPRESSION

Communiquer avec autrui

Le Petit Prince, illust. de Saint-Exupery, 1943.

Le petit prince et le Renard

Le petit prince quitte sa minuscule planète pour parcourir l'univers. Il arrive enfin sur la Terre où il rencontre différents personnages. Son chemin croise d'abord celui de roses magnifiques, mais qui le déçoivent par leur manque de cœur. Il rencontre ensuite le Renard, qui veut se faire « apprivoiser ». Il explique ici au petit prince ce qu'il entend par là ; sa définition rappelle étrangement celle de l'amitié…

« Ma vie est monotone, je **chasse** les poules, les hommes me **chassent**. Toutes les poules **se ressemblent**, et tous les hommes **se ressemblent**. Je m'**ennuie** donc un peu. Mais, si tu m'**apprivoises**, ma vie sera comme ensoleillée. Je connaîtrai un bruit de pas qui sera différent de tous les autres. Les autres pas me font rentrer sous terre. Le tien m'appellera hors du terrier, comme une musique. Et puis regarde ! Tu vois, là-bas, les champs de blé ? Je ne **mange** pas de pain, le blé pour moi est inutile. Les champs de blé ne me **rappellent** rien. Et, ça, c'est triste ! Mais tu as des cheveux couleur d'or. Alors ce sera merveilleux quand tu m'auras apprivoisé ! Le blé, qui est doré, me fera souvenir de toi et j'aimerai le bruit du vent dans le blé. »

Antoine de Saint-Exupéry, *Le Petit Prince*, © Gallimard, 1946.

DÉCOUVREZ

1 Je **chasse** – Je m'**ennuie** – Tu **apprivoises** – Je **mange**.

Les verbes en bleu appartiennent-ils :
a. au 1er groupe ? – **b.** au 2e groupe ? – **c.** au 3e groupe ?

2 Les verbes ci-dessus sont-ils conjugués :
a. au présent du subjonctif ? – **b.** au présent de l'indicatif ? – **c.** à l'imparfait de l'indicatif ?

3 Complétez les formes du verbe ci-dessous pour qu'elles soient au présent de l'indicatif.

Je chass**e** – Tu chass… – Il chass… – Nous chass… – Vous chass… – Ils chass**ent**.

4 Je **crée** – Tu **cries** – Il **secoue**.

Complétez les formes verbales ci-dessous pour qu'elles soient au présent de l'indicatif.
a. Il cri... – **b.** Tu cré... – **c.** Elles secou...

5 J'**envoie** – Nous **envoyons** – Tu **t'ennuies** – Vous **vous ennuyez** – Il **paie** ou il **paye** – Nous **payons**.

Conjuguez les verbes suivants au présent de l'indicatif.
a. ***Envoyer*****:** Tu envo... une lettre à tes amis. Vous envo... une lettre à vos amis.
b. ***S'ennuyer*****:** Je ne m'ennu... pas en ta compagnie ! Nous ne nous enn... jamais.
c. ***Payer*** (*deux possibilités*) **:** Je pa... le cadeau. *ou* Je pa... le cadeau.

6 Je **sème** – Nous **semons** – Je **me lève** – Nous **nous levons**.

Conjuguez les verbes suivants au présent de l'indicatif. Attention aux sonorités !
a. ***Semer*****:** Les paysans s... le blé au printemps. Vous s... les graines dans votre potager.
b. ***Se lever*****:** Le soleil se l... tard en hiver. Vous vous l... tôt pour aller à l'école.

7 Je **règle** – Nous **réglons** – Tu **cèdes** – Vous **cédez**.

Conjuguez les verbes suivants au présent de l'indicatif. Attention aux sonorités !
a. ***Espérer*****:** J'esp... venir bientôt. Nous esp... venir bientôt.
b. ***Abréger*****:** Tu abr... ta visite. Vous abr... votre visite.

8 Les blés ne me **rappellent** rien – Nous **appelons** – Je **jette** – Nous **jetons** – J'**achète** – Nous **achetons**.

Conjuguez les verbes suivants au présent de l'indicatif.
a. ***Se rappeler*****:** Tu te rapp... mon nom ? Vous vous rapp... mon nom ?
b. ***Peler*****:** Tu p... une pomme. Vous p... des pommes.

9 Pour conserver le son [ʒ] du verbe *manger*, quelle lettre faut-il ajouter à la forme verbale suivante ?

Nous mang...ons.

10 Je **navigue** – Nous **naviguons**.

Complétez la règle suivante :
« Même devant la terminaison -*ons*, les verbes en -*guer* gardent le ... de leur radical. »

11 Pour conserver le son **[s]** du verbe *placer*, quelle lettre faut-il ajouter à la forme verbale suivante ?

Nous nous pla...ons devant l'objectif.

RETENEZ

■ L'indicatif présent des verbes du 1er groupe

Voici la conjugaison des verbes en ***-er*** (1er groupe) au présent de l'indicatif.

Je regard**e**	Nous regard**ons**
Tu regard**es**	Vous regard**ez**
Il regard**e**	Elles regard**ent**

Les **terminaisons** sont donc : ***-e, -es, -e, -ons, -ez, -ent.***

Remarque : N'oubliez pas le ***-s*** à la 2e personne du singulier (tu) !

➜ Si tu oubli**es**, gare à toi !

ATTENTION

1 Les verbes en *-éer* (cré**er), *-ier* (cr**i**er), *-uer* (t**u**er)**

N'oubliez pas la terminaison ***-e*** aux trois personnes du singulier et à la 3e personne du pluriel (***je, tu, il*** ou ***elle, ils*** ou ***elles***). On ne l'entend pas, on l'écrit quand même !

➜ Tu cri**e**s – Ils cré**e**nt.

2 « y » ou « i »

• Les verbes qui se terminent en ***-uyer*** (s'enn**uyer**) et en ***-oyer*** (se n**oyer**) **changent** le « **y** » en « **i** », au présent de l'indicatif, aux trois personnes du singulier et à la 3e personne du pluriel.

➜ Je ne m'enn**ui**e jamais en vacances. – Je ne me n**oi**e jamais dans un verre d'eau !

• Les verbes qui se terminent en ***-ayer*** (p**ayer**) peuvent s'écrire de **deux manières** : en conservant le **« y »** ou en le changeant en **« i »**.

➜ Je p**ay**e ma baguette. *ou* Je p**ai**e ma baguette.

3 Les accents : Quelques verbes (*se lever, semer…*) prennent un accent grave à certaines personnes. D'autres (*espérer, céder…*) changent d'accent en cours de conjugaison.

➜ ***Semer*** → Je s**è**me – Nous s**e**mons. ***Céder*** → Je c**è**de – Nous c**é**dons.

4 Le radical des verbes en ***-eler*** et ***-eter*** change au présent selon les personnes.

➜ J'app**ell**e – Nous app**el**ons.

⇨ voir RÈGLE 62

5 Les verbes en *-cer* (pla*cer*), *-ger* (na*ger*), *-guer* (navi*guer*)

• Pensez à ajouter **une cédille** devant ***-ons***.

➜ Je me pla**c**e. → Nous nous pla**ç**ons.

• Pensez à ajouter un « ***e*** » après le « **g** » devant ***-ons***.

➜ Je nage. → Nous nag**e**ons.

• **Gardez le « u »** du radical, même devant ***-ons***.

➜ Nous navig**u**ons.

ENTRAÎNEZ-VOUS

1 Identifier les terminaisons des verbes du 1er groupe au présent de l'indicatif

Rendez à chaque forme verbale la terminaison qui convient : *e – es – e – ons – ez – ent.*

1. Mes amis rentr**...** ce soir à Lille. – **2.** Nous arriv**...** toujours au bon moment ! – **3.** Si tu tomb**...** sur cette photographie, dis-le moi ! – **4.** Quand vous parl**...** à cette vitesse, je ne comprends rien. – **5.** Je m'occup**...** d'enfants parce que cela me plaît. – **6.** Puisqu'il préfèr**...** regarder la télévision, je sortirai seule.

2 Conjuguer un verbe du 1er groupe au présent de l'indicatif

Conjuguez au présent de l'indicatif les verbes entre parenthèses.

1. Elle ne (prêter) jamais ses jouets. – **2.** Je ne (montrer) pas ma collection de timbres à tout le monde. – **3.** Dans ce restaurant, si vous (manger) avec les doigts, vous (risquer) d'être très mal vus. – **4.** Renaud est un casse-cou, il (foncer) droit devant lui et ne (penser) pas aux conséquences. – **5.** Lorsque nous (frapper) les trois coups, les acteurs (entrer) en scène. – **6.** Mon père (travailler) à l'étranger.

3 Conjuguer les verbes en *-ier, -uer, -éer*

Conjuguez les verbes entre parenthèses au présent de l'indicatif.

1. Je ne me (fier) pas à son sourire enjôleur. – **2.** Tu (dénouer) tes lacets rapidement. – **3.** Sofian (plier) des feuilles pour fabriquer de drôles d'animaux ! – **4.** Florian (trouer) toutes ses chaussettes. – **5.** Tu (créer) ta société et tu m'emploies comme comptable ! – **6.** Sandra (tuer) le temps en faisant des mots croisés.

4 Conjuguer les verbes en *-ayer, -oyer, -uyer*

Conjuguez les verbes entre parenthèses au présent de l'indicatif.

1. Les monstres (effrayer, *2 possibilités*) certains enfants. – **2.** Tu (essuyer) ta bouche d'un revers de la main. – **3.** Les chiens (aboyer), la caravane passe. – **4.** Le lasso (tournoyer) au-dessus de sa tête avant de s'abattre sur le col de l'animal. – **5.** Ils (s'ennuyer) souvent le dimanche. – **6.** La méchanceté ne (payer, *2 possibilités*) pas. – **7.** J'(essayer, *2 possibilités*) ma nouvelle raquette. – **8.** Tu (appuyer) ta tête sur mon épaule. – **9.** Nous (tutoyer) nos parents. – **10.** Tu (envoyer) ton ballon dans la vitre.

5 Conjuguer les verbes en *-eter* et *-eler*

Conjuguez les verbes entre parenthèses au présent de l'indicatif.

1. Nous (projeter) de revenir souvent. – **2.** Ils ne (jeter) jamais rien. – **3.** Tu m'(appeler) dès que tu es arrivé, d'accord ? – **4.** On (geler) ici ! – **5.** Même lorsqu'il (épeler) le mot, je ne comprends pas. – **6.** Elle me (harceler) au téléphone, c'est insupportable. – **7.** Si tu (acheter) cette robe, tu ne le regretteras pas ! – **8.** Lorsque je (se lever), je me souviens toujours de mon rêve. – **9.** Je (dételer) mon cheval et j'arrive !

6 Transposer de l'imparfait au présent de l'indicatif.

Conjuguez au présent de l'indicatif les verbes en bleu.

1. Le roseau ployait mais ne cédait pas. – **2.** Qui semait le vent récoltait la tempête. – **3.** Cet enfant te menait par le bout du nez. – **4.** Pourquoi levais-tu la main ? – **5.** Ils géraient admirablement leurs affaires. – **6.** Nous gérions admirablement nos affaires. – **7.** Il ne pelait jamais sa pomme. – **8.** Sa mère l'appelait « mon petit ».

7 Conjuguer les verbes en *-cer, -guer, -ger*

Complétez les formes verbales avec « g », « ge », « gu », « c », « ç » pour qu'elles soient au présent de l'indicatif.

1. Nous na**...**ons très vite. – **2.** Vous man**...**ez de bon appétit ! – **3.** Tu mena**...**es de t'endormir. – **4.** Nous mena…ons nos ennemis. – **5.** Je diri…e mon bateau. – **6.** Nous diri…ons notre bateau. – **7.** Tu nar…es tes petits camarades avec tes nouveaux jouets. – **8.** Nous nar…ons nos petits camarades avec nos nouveaux jouets. – **9.** Nous avan…ons lentement. – **10.** J'avan…e très lentement. – **11.** Il déména…e demain. – **12.** Nous déména…ons demain. – **13.** Nous lan…ons un S.O.S. – **14.** Vous lan…ez un S.O. S. – **15.** Ils tra…ent une droite. – **16.** Nous tra…ons une droite.

8 Former une phrase en transposant à la 1re personne du pluriel

Conjuguez les formes verbales à la 1re personne du pluriel du présent de l'indicatif et poursuivez la phrase pour qu'elle ait un sens.

1. Je songe – **2.** Je place – **3.** Je largue – **4.** Je change – **5.** Je nage – **6.** Je trace – **7.** Je m'élance – **8.** Je déplace – **9.** Je nargue.

Vers l'expression écrite

9 Raconter à partir d'une image

a. Que font ces enfants ? Racontez leurs activités en cinq à six lignes. Vous utiliserez obligatoirement les verbes suivants : *jeter* (ou un composé : *rejeter, projeter*), *appeler* (ou un composé : *rappeler*), *lancer, nager*.
b. Transposez ce texte à la 1re personne du pluriel.

H. Simon, *Les Baigneuses* (1968), coll. part.

Évaluation

10 Exercice

Conjuguez les verbes entre parenthèses au présent de l'indicatif.

1. Ils nous (envoyer) aujourd'hui même le colis. – **2.** Tu (espérer) avoir réussi tes examens. – **3.** Ils (balayer) leurs chambres. – **4.** Nous (placer) souvent mal votre confiance. – **5.** Elle n'aime pas que nous fassions du bruit lorsque nous (manger). – **6.** Ils se (lever) toujours très tôt le matin. – **7.** Elles les (appeler), ils (tourner) la tête. – **8.** Si tu lui (acheter) ce CD, elle sera ravie. – **9.** Quelle musique (apprécier)-vous le plus ?

11 Dictée préparée

Les grandes personnes aiment les chiffres. Quand vous leur parlez d'un nouvel ami, elles ne vous questionnent jamais sur l'essentiel. Elles ne vous disent jamais : « Quel est le son de sa voix ? Quels sont les jeux qu'il préfère ? Est-ce qu'il collectionne les papillons ? » Elles vous demandent : « Quel âge a-t-il ? Combien a-t-il de frères ? Combien pèse-t-il ? Combien gagne son père ? » Alors seulement elles croient le connaître. Si vous dites aux grandes personnes : « J'ai vu une belle maison en briques roses, avec des géraniums aux fenêtres et des colombes sur le toit… » elles ne parviennent pas à s'imaginer cette maison. Il faut leur dire : « J'ai vu une maison de cent mille francs. » Alors elles s'écrient : « Comme c'est joli ! »

Antoine de Saint-Exupéry,
Le Petit Prince, © Gallimard, 1946.

➩ voir RÈGLES 31, 41, 46

ENRICHISSEZ VOTRE VOCABULAIRE

L'amitié

1 Complétez les phrases suivantes avec le mot ou l'expression qui convient.

amis (*trois fois*) – chaleureusement – amical – sympathiques – camarades – réconfort – se lier d'amitié – affection – compagnon – tendresse – affectueuse.

1. J'ai été reçu très..., l'... qu'ils m'ont témoignée m'a été d'un grand ... dans les moments pénibles que je vivais alors. – **2.** Les ... de mes ... sont mes ... . **3.** J'éprouve beaucoup de ... pour cet enfant, il me touche par sa naïveté et sa douceur. – **4.** Il faut éviter de ... avec des gens malhonnêtes, on le regrette souvent. – **5.** Notre petite chatte angora est très ..., elle vient se frotter à nos jambes dès que nous rentrons. – **6.** Le labrador est un chien très doux, c'est un ... idéal pour un enfant. – **7.** Si le professeur punit un élève trop sévèrement, ses ... de classe s'étonnent. – **8.** J'ai apprécié qu'il vienne me voir lorsque j'ai été hospitalisé, c'est un geste ... que je n'oublierai pas. – **9.** Tes cousins sont vraiment très ... . Je serai heureuse de les revoir.

2 Les adjectifs qui qualifient l'amitié ont perdu leurs voyelles ! La phrase dans laquelle ils se trouvent vous aidera à les compléter.

1. Une **v _ v _** amitié est une amitié qui s'exprime avec force. – **2.** Une amitié **_ rd _ nt _** est pleine de feu. – **3.** Un ami **_ nt _ r _ ss _** ne cultive votre amitié que dans la mesure où vous lui êtes utile. – **4.** Une **s _ l _ d _** amitié est celle sur laquelle on peut compter. – **5.** Une amitié trop **_ xcl _ s _ v _** est parfois difficile car elle ne supporte pas d'être partagée. – **6.** Une amitié **c _ nf _ _ nt _** est une amitié qui se caractérise par la confiance que l'on a dans les sentiments amicaux de l'autre. – **7.** Un ami **f _ d _ l _** est précieux : quelles que soient les circonstances, il vous conserve son amitié.

ET MAINTENANT, ÉCRIVEZ !

Sujet 1

Comme le Renard dans *Le Petit Prince*, vous expliquez à un camarade ce qu'est pour vous l'amitié.
Votre texte comportera une dizaine de lignes et sera rédigé au présent de l'indicatif.
Vous ne pouvez employer qu'une seule fois le verbe *être* et une seule fois le verbe *avoir*.

■ **Orthographe** : Vous utiliserez au moins quatre verbes du 1er groupe (vous les soulignerez).
■ **Vocabulaire :** Vous emploierez au moins cinq mots des exercices de vocabulaire (vous les encadrerez).

Sujet 2

Racontez la journée où vous avez fait la connaissance de votre meilleur(e) ami(e).
Votre récit sera rédigé au présent de l'indicatif et comportera dix à douze lignes.

■ **Orthographe** : Vous utiliserez au moins quatre verbes du 1er groupe (vous les soulignerez).
■ **Vocabulaire :** Vous emploierez au moins cinq mots des exercices de vocabulaire (vous les encadrerez).

2

Le présent de l'indicatif des verbes des 2e, 3e groupes et des auxiliaires

VOCABULAIRE

La correspondance

EXPRESSION

Écrire une lettre

A. Hugo, *Léopoldine* (1833).

Lettre de Victor Hugo à sa fille Léopoldine

Mardi 25 juin – 8 heures du soir. [1839]

Je te **réponds** tout de suite, chère enfant, afin que cette lettre t'arrive avant ton départ. Ton petit billet[1] m'a fait bien plaisir, tu t'amuses, tu **es** contente, cela **suffit** à tes parents, ma fille ; nous te **sentons** heureuse, nous **sommes** heureux.

Il ne **faut** pas t'étonner si ta bonne mère ne t'a pas écrit. Elle **est** bien occupée, tu le **sais**. Elle **a** toute la maison à tenir, et elle passe tous les jours quatre heures à faire travailler ce pauvre ange de Dédé[2].

Remercie bien en mon nom l'excellente madame Chaley[3] et toute sa famille pour les bontés dont tu as été comblée. Moi je te remercie d'avoir copié ces vers. J'ai pris quelques heures aux promenades, aux jeux, aux causeries[4] sous les arbres, puisque cela ne t'a pas ennuyée, je **suis** content. Cela t'a fait penser à ton père qui n'**a** besoin de rien pour penser à toi.

À jeudi, ma Didine[5] bien-aimée. Tu **vas** nous revenir, et cette idée **remplit** la maison de joie. À jeudi, mon ange.

Ton bon père, V.

Victor Hugo, *Correspondance familiale et écrits intimes.*

1. **billet :** courte lettre. – 2. **Dédé :** surnom d'Adèle Hugo, fille cadette de Victor Hugo. – 3. **Madame Chaley :** nom de la mère d'Eudora Chaley, amie de Léopoldine, chez qui la jeune fille passe ses vacances. – 4. **causeries :** conversations. – 5. **Didine :** surnom que Victor Hugo donne à sa fille Léopoldine.

DÉCOUVREZ

1 Je **réponds** – Tu **es** contente – Cela **suffit** – Nous te **sentons** heureuse – Tu le **sais**.

Les actions désignées par les verbes en bleu sont-elles : **a.** déjà passées et donc au passé simple de l'indicatif ? – **b.** en train de se dérouler et donc au présent de l'indicatif ? – **c.** situées dans l'avenir et donc au futur simple de l'indicatif ?

2 Cette idée **remplit** la maison de joie.

À quel groupe le verbe *remplir* appartient-il ? Complétez sa conjugaison au présent de l'indicatif.
Je rempli... – Tu rempli... – Il rempli... – Nous rempliss... – Vous rempliss... – Ils rempliss... la maison de joie.

3 Nous **sentons** que tu es heureuse.

À quel groupe le verbe *sentir* appartient-il ? Complétez sa conjugaison au présent de l'indicatif.
Je sen... – Tu sen... – Il sen... – Nous sent... – Vous sent... – Ils sent...

4 À partir de vos réponses aux questions 2 et 3, déduisez quelles sont les terminaisons du présent de l'indicatif pour la plupart des verbes des 2e et 3e groupes.

5 ***Pouvoir*** → Je peu**x** – Tu peu**x** – Il peu**t**.

Sachant que les verbes *vouloir* et *valoir* se conjuguent comme le verbe *pouvoir*, complétez les formes suivantes au présent de l'indicatif.
a. Je veu... – **b.** Tu veu... – **c.** Il veu... – **d.** Je vau... – **e.** Tu vau... – **f.** Il vau...

6 ***Répondre*** (verbe en ***-ondre***) → Je répon**ds** – tu répon**ds** – il répon**d**.

Sachant que les verbes en *-endre*, *-andre* et *-oudre* se conjuguent comme les verbes en *-ondre*, conjuguez, au présent de l'indicatif, aux trois personnes du singulier, les verbes :
a. Entendre – **b.** répandre – **c.** coudre

7 ***Craindre*** (verbe en ***-aindre***) → Je crain**s** – tu crain**s** – il crain**t**.

Sachant que les verbes en *-eindre, -oindre, -soudre* se conjuguent comme les verbes en *-aindre*, conjuguez, au présent de l'indicatif, aux trois personnes du singulier les verbes :
a. Peindre – **b.** joindre – **c.** résoudre

8 Conjuguez les verbes ***faire*** et ***dire*** au présent de l'indicatif. Attention à la 2e personne du pluriel, elle est irrégulière !

9 Tu **es** contente – Elle **a** toute la maison à tenir.

Conjuguez au présent de l'indicatif les formes verbales suivantes.
a. ***Être :*** Je ... contente. Il ... ravi. Nous ... heureux. Vous ...satisfaits. Ils ... joyeux.
b. ***Avoir :*** J'... beaucoup de travail. Tu ... deux frères. Nous ... un ennui. Vous ... bonne mine. Elles ... tort.

RETENEZ

Les terminaisons

Presque tous les verbes des 2e et 3e groupes ont les **mêmes terminaisons** au présent de l'indicatif : ***s, -s, -t, -ons, -ez, -ent***.

Finir (2e groupe)

Je finis	Nous finissons
Tu finis	Vous finissez
Elle finit	Ils finissent

Voir (3e groupe)

Je vois	Nous voyons
Tu vois	Vous voyez
Il voit	Ils voient

Exceptions

• Les verbes en ***-ondre, -andre, -endre,*** gardent, au singulier, le « d » de leur radical et se terminent par : ***-ds, - ds, -d***. Les verbes en ***-indre*** ne gardent pas le « d ».
➜ Je réponds – Tu réponds – Il répond – Elle peint – Je crains.

• Les verbes en ***-oudre*** se partagent en deux catégories :
– ceux qui se terminent par ***-soudre*** suivent la règle normale (terminaisons en ***-s, -s, t***)
– les quatre autres (***coudre***, ***découdre***, ***recoudre*** et ***moudre***) gardent le « **d** » de leur radical (terminaisons en ***-ds, - ds, -d***).
➜ Je résous. Tu résous. Il résout – Je couds. Tu couds. Il coud.

• Les verbes ***pouvoir***, ***vouloir*** et ***valoir*** ont les terminaisons ***-x***, ***-x***, ***-t*** aux trois personnes du singulier.
➜ Je veux partir – Tu peux y arriver – Cela ne vaut pas la peine.

• Sept verbes se conjuguent, **au présent comme les verbes du 1er groupe :** ***assaillir, couvrir*** (et ses composés), ***cueillir, offrir, ouvrir, souffrir, tressaillir***.
➜ J'ouvre – Tu ouvres – Il ouvre.

• Les verbes ***dire*** et ***faire*** sont **irréguliers à la 2e personne du pluriel**.
➜ Vous dites – Vous faites.

• Les verbes ***vaincre*** et ***convaincre*** ne prennent **pas de « t » à la 3e personne du singulier**.
➜ Je vaincs – Tu vaincs – Il vainc.

Les radicaux

• Quelques verbes **ne changent pas de radical au cours** de la conjugaison du présent de l'indicatif : ce sont les sept verbes en « e ».
➜ Cueillir : Je cueille – Nous cueillons.

• Tous les verbes du 2e groupe et certains du 3e groupe ont **deux radicaux** au présent de l'indicatif : un pour le **singulier** et un autre pour le **pluriel**.
➜ Finir : Je finis – Nous finissons – Peindre : Je peins – Nous peignons.

• Certains verbes ont **trois radicaux**, au présent de l'indicatif.
➜ Devoir : Je dois – Nous devons – Ils doivent.

Pour les verbes *être*, *avoir* et *aller* :

⇨ **voir tableaux de conjugaison, p. 213-219**

ATTENTION

1 **Le verbe *faire* :** à la **1re personne du pluriel**, on n'écrit pas ce que l'on entend !
→ Nous faisons notre lit. « **ai** » se prononce « **e** »

2 **Les verbes en *-cevoir*** changent le « **c** » en « **ç** » devant le « **o** ».
→ Il s'aperçoit de son erreur.

3 **Les verbes en *-aître*** ne gardent l'accent circonflexe sur le « i » que lorsque ce « i » est **suivi d'un « t »**.
→ Le magicien disparaît derrière le voile. Tu disparais sans cesse !

Astuce

Pour vous souvenir que les verbes en ***-indre*** (*joindre, peindre, craindre*…) ne sont pas des verbes en *-dre* comme les autres, pensez qu'un « i » chasse le « d ».

Craindre → Il craint – joindre → Il joint – peindre → Elle peint.

« i », pas de « d » — « i », pas de « d » — « i », pas de « d »

ENTRAÎNEZ-VOUS

1 Conjuguer un verbe du 2e groupe au présent de l'indicatif

Complétez les formes suivantes pour qu'elles soient au présent de l'indicatif.

1. Nous réagi… avec rapidité. – **2.** Il fini… son repas. – **3.** Tu sali… toujours ton pantalon en jouant dans le jardin ! – **4.** Vous grandi… si vite que vous aurez bientôt la taille de votre père. – **5.** Les propriétaires garanti… la solidité de la toiture. – **6.** Je ne maigri… pas, avec tous ces petits plats que tu mijotes !

2 Connaître les terminaisons des verbes du 3e groupe

Complétez les verbes pour qu'ils soient au présent de l'indicatif.

1. Je m'endor… très vite. – **2.** Nous suiv… des cours de secourisme. – **3.** Il par… demain en vacances. – **4.** Vous écriv… des cartes postales à vos amis. – **5.** Ils connaiss… bien le chemin. – **6.** Tu cour… incroyablement vite. – **7.** Je meur… de faim ! – **8.** Sacha condui… trop vite. – **9.** Tu nous rejoin… au cinéma ? – **10.** Je ne men… jamais.

3 Connaître les terminaisons des verbes en *-dre* au présent de l'indicatif

Choisissez, pour chaque verbe, la terminaison qui convient : *-ds, -d, -s, -t.*

1. Tu te plain… sans cesse, c'est fatigant ! – **2.** Elle repein… sa chambre en jaune. – **3.** La poule ne pon… plus d'œufs. – **4.** Si tu ten… l'oreille, tu pourras entendre leur conversation. – **5.** Pourquoi ne ven…-tu pas ton vieil ordinateur ? – **6.** Tu préten… me faire croire une histoire pareille ! – **7.** Je crain… qu'il n'ait pas compris. – **8.** S'il résou… ce problème avant moi, je mange mon chapeau ! – **9.** Je cou… moi-même mes vêtements. – **10.** Ma grand-mère mou… encore son café.

4 Conjuguer les verbes difficiles du 3e groupe et les auxiliaires

Conjuguez au présent de l'indicatif les verbes entre parenthèses.

1. Si tu lui répètes mon secret, je te (tordre) le cou ! – **2.** Ne t'inquiète pas, ton papa nous (rejoindre) dans un instant. – **3.** Je n'(admettre) pas que les enfants mentent. – **4.** Vous êtes fatiguée, vous ne savez plus ce que vous (dire). – **5.** Nous (faire) beaucoup d'efforts pour vous comprendre, mais vous n'en (faire) pas beaucoup pour vous faire entendre. – **6.** Il pourra s'améliorer, s'il le (vouloir). – **7.** Chaque année, la nature (renaître) au printemps. – **8.** Tu (pouvoir) m'appeler, même tard, je ne me couche jamais avant minuit. – **9.** Je lui préparerai un repas s'il me (prévenir) à temps. – **10.** (Être)-tu là ? – **11.** (Avoir)-je bien entendu ?

5 Distinguer les verbes du 1er groupe et les verbes du 3e groupe

Complétez les verbes dans les phrases suivantes, pour qu'ils soient au présent de l'indicatif. Attention, les verbes des 1er et 3e groupes ont été mélangés ! Pensez à l'infinitif du verbe pour identifier son groupe.

1. L'été, je dor... la fenêtre ouverte. – **2.** Sur la plage, je me dor... au soleil. – **3.** Attention, ce chien mor... ! – **4.** Il pleur... dans mon cœur comme il pleu... sur la ville. (Verlaine) – **5.** Fabrice se meur... d'amour pour Mathilde. – **6.** Si tu avou... tes fautes, tu seras à moitié pardonné. – **7.** Jette les pâtes dans l'eau dès qu'elle bou... ! – **8.** Papa recou... les voiles du bateau. – **9.** Si tu reçoi... les résultats de ton concours aujourd'hui, téléphone-moi vite ! – **10.** Il se noi... dans un verre d'eau. – **11.** Mon frère n'envoi... pas de ses nouvelles !

Vers l'expression écrite

6 Imaginer le contenu d'une lettre au présent de l'indicatif

Vous faites un stage d'escalade à la montagne. Rédigez la lettre que vous écrivez à vos parents. Elle comptera six à huit lignes. Vous utiliserez au moins trois verbes au présent de l'indicatif, parmi ceux qui figurent ci-dessous : *se plaindre – permettre – tordre – rompre* – entreprendre – répondre – gravir – craindre.*

Évaluation

7 Exercice

Conjuguez les verbes entre parenthèses au présent de l'indicatif.

1. Nous (résoudre) un problème complexe. – **2.** Tu (partir) ce soir. – **3.** Je (subvenir) à ses besoins. – **4.** Tu me (recoudre) ce bouton, s'il te plaît ? – **5.** C'est décidé, ce week-end, je (teindre) mes cheveux en rouge ! – **6.** Quelle chance ! Tu (se rendormir) sans difficulté ! – **7.** Ils (se suspendre) aux barres. – **8.** Tu (boire) un verre avec nous avant de partir ? – **9.** À quel moment (faire) -vous votre toilette ? – **10.** Tout cela me (paraître) très facile !

8 Dictée préparée

Maman chérie, aurais-je enfin atteint l'adolescence ? [...]

Si je te dis des choses pareilles, tu auras de la peine, et quand je pense cela, je n'ai plus envie de rien dire. Néanmoins, c'est un sentiment que je ne parviens pas à étouffer. Est-ce que cela arrive à tous les garçons qui atteignent l'adolescence ? Si oui, je trouve que c'est quelque chose de bien triste et de détestable. Moi qui croyais que cela ne m'arriverait jamais !...

Quand je pense à mon cœur où pénètre ce petit vent coulis, comme par une fissure, il me semble que je perds toute confiance en moi. [...]

Je sais que tu es très occupée, mais je t'en prie, écris vite pour tranquilliser ton Ichîro, qui a peur de s'enrhumer avec ce petit vent coulis.

Isoko et Ichîro Hatano, *L'Enfant d'Hiroshima*, 1959, trad. Seiichi Motono, © Société Française du Livre.

1. **vent coulis** : courant d'air

➪ voir RÈGLES 29, 33 et MÉMOS 7, 10, 13

ENRICHISSEZ VOTRE VOCABULAIRE

La correspondance

Complétez les phrases en recopiant le mot ou l'expression qui convient.
manques – hâte – à regret – impatience – reconnaissance – déçue – surprise.

1. Ma chérie, ne sois pas trop **...**, nous ne pourrons pas venir te voir cette année. – **2.** Je constate avec **...** que tu as oublié de nous parler de tes résultats scolaires. – **3.** J'ai quitté mes amis **...**, j'ai **...** de les revoir bientôt ! – **4.** Reviens vite, lorsque tu n'es pas là, tu me **...** . – **5.** Mamie a été si gentille ! Je lui dois une **...** éternelle pour tout ce qu'elle a fait pour moi. – **6.** Akim a reçu la lettre de Sonia qu'il attendait tant : si tu avais vu avec quelle **...** il l'a ouverte !

ET MAINTENANT, ÉCRIVEZ !

Sujet 1

Vous écrivez une lettre à votre père ou à votre mère pour lui raconter les vacances que vous passez en colonie de vacances, en classe verte... Vous leur faites part de vos jeux et de votre plaisir, mais vous leur dites aussi combien ils vous manquent.
Votre lettre comptera une dizaine de lignes.

■ **Orthographe :** Vous utiliserez au moins quatre verbes du 3e groupe au présent de l'indicatif (vous les soulignerez).
■ **Vocabulaire :** Vous emploierez au moins trois mots de l'exercice de vocabulaire (vous les encadrerez).

Sujet 2

Rédigez la lettre de Léopoldine, à laquelle Victor Hugo répond p. 16, en vous inspirant de l'image ci-contre.
Votre lettre comptera une dizaine de lignes.

■ **Orthographe :** Vous utiliserez au moins quatre verbes du 3e groupe au présent de l'indicatif (vous les soulignerez).
■ **Vocabulaire :** Vous emploierez au moins trois mots de l'exercice de vocabulaire, (vous les encadrerez).

C. Larsson, *La Pêche aux écrevisses*, 1894-1896.

3

L'imparfait de l'indicatif

VOCABULAIRE

Le merveilleux

EXPRESSION

Imaginer les pouvoirs d'un être « merveilleux »

La Petite Sirène, illustration des *Contes* d'Andersen, début du XXe s.

Le pouvoir des sirènes

Le Roi de la mer a six filles, des sirènes. Elles ont le droit de monter à la surface le jour de leurs quinze ans. La petite sirène, qui est la plus jeune, attend ce moment avec impatience. Mais, contrairement à certaines de ses sœurs, elle ne fera aucun mal aux êtres humains, bien au contraire…

Souvent, le soir, les cinq sœurs, se tenant par le bras, **montaient** ainsi à la surface de l'eau. Elles **avaient** des voix enchanteresses comme nulle créature humaine, et, si par hasard quelque orage leur **faisait** croire qu'un navire **allait** sombrer, elles **nageaient** devant lui et **entonnaient** des chants magnifiques sur la beauté du fond de la mer, invitant les marins à leur rendre visite. Mais ceux-ci ne **pouvaient** comprendre les paroles des sirènes, et ils ne virent jamais les magnificences qu'elles **célébraient** ; car, aussitôt le navire englouti, les hommes **se noyaient**, et leurs cadavres seuls **arrivaient** au château du roi de la mer.

Hans Christian Andersen, *La Petite Sirène*, conte traduit du danois par D. Soldi, 1856.

DÉCOUVREZ

1 Les cinq sœurs **montaient** à la surface de l'eau. Elles **avaient** des voix enchanteresses.

Les actions désignées par les verbes en bleu sont-elles des actions passées qui :
a. sont limitées dans le temps et sont donc au passé simple ?
b. ne sont pas limitées dans le temps ou se répètent et sont donc à l'imparfait ?

2 Complétez les formes suivantes pour qu'elles soient à l'imparfait.

a. Je mont... – **b.** Tu finiss... – **c.** Elle pouv... – **d.** – Nous ét... – **e.** Vous all... – **f.** Ils av...

3 Conjuguez le verbe *être* à l'imparfait de l'indicatif.

4 ***Avoir*** → Nous avons → Nous **avions.**
Craindre → Nous craignons → Nous **craignions.**

À quelle personne du présent de l'indicatif trouve-t-on le radical qui sert à former l'imparfait de l'indicatif ?

5 Elle **recommence.** → Elle **recommençait.**

Quelle modification la lettre « c » a-t-elle subi à l'imparfait ? Pourquoi ?

6 Nous **nagions** → Elles **nageaient.**

Quelle lettre a-t-on ajoutée au radical *nag-* pour conserver le son [ʒ], dans *nageaient* ?

7 **a.** Nous **criions** – **b.** Nous **crions** – **c.** Vous **payez** – **d.** Vous **payiez** – **e.** Nous **travaillons** – **f.** Nous **travaillions.**

Parmi les formes verbales ci-dessus, recopiez celles qui sont à l'imparfait.

8 Conjuguez le verbe *conjuguer* à l'imparfait de l'indicatif.

9 L'orage leur **faisait** croire qu'un navire allait sombrer.

Le radical de la forme *faisait* se prononce-t-il comme *nous faisons* ou comme dans *vous faites* ?

10 **1.** Toutes les semaines, elles **montaient** à la surface de l'eau.
2. Elles **avaient** des voix enchanteresses.
3. Mais les hommes ne **pouvaient** comprendre les paroles des sirènes.

On emploie souvent l'imparfait, en français, dans les cas ci-dessous. Faites correspondre à chaque emploi de l'imparfait le numéro de la phrase qui convient.

a. Pour faire une description, un portrait, dans un récit au passé : phrase ...
b. Pour évoquer une action dont la durée n'est pas déterminée : phrase ...

RETENEZ

■ Les **terminaisons** des verbes à **l'imparfait de l'indicatif** sont les **mêmes** pour tous les verbes : ***-ais, -ais, -ait, -ions, -iez, -aient***.

■ Le **radical** de l'imparfait est celui du verbe à la **1re personne du pluriel du présent de l'indicatif (nous)**, sauf pour le verbe *être*.

➜ Nous prenons → Je prenais
Nous craignons → Tu craignais
Nous avons → Il avait

■ **L'imparfait** est utilisé principalement :

- pour exprimer une **répétition dans le passé** ;

➜ Toutes les semaines, elles montaient à la surface de l'eau.

- pour faire une **description**, un **portrait**, dans un récit au **passé** ;

➜ Elles avaient des voix enchanteresses.

- pour évoquer une action dont la **durée** n'est **pas déterminée**.

➜ Mais les hommes ne pouvaient comprendre les paroles des sirènes.

ATTENTION

1 Les verbes en *-ier, -yer, -gner, -iller, -indre*

• Les verbes en ***-ier*** prennent **deux « i »** aux 1re et 2e personnes du pluriel, car on ajoute les terminaisons « **-ions** » et « **-iez** » au radical qui se termine par un « i ».

➜ Nous criions – Vous pliiez.

• N'oubliez pas le « i » des terminaisons **« -ions »** et **« -iez »** de l'imparfait aux 1re et 2e personnes du pluriel après le **radical des verbes en *-gner*** (*saigner*), ***-iller*** (*travailler*), ***-yer*** (*payer*), ***-indre*** (*peindre*).

➜ Nous saignions – Vous travailliez – Nous payions – Nous peignions.

2 Les verbes en *-cer* (*commencer*), *-ger* (*plonger*), *-guer* (*conjuguer*)

• Pour les verbes en ***-cer***, pensez à modifier le « **c** » en « **ç** » devant « **a** ».

➜ Elles recommençaient leur manège.

• Pour les verbes en ***-ger***, pensez à ajouter un « **e** » devant « **a** ».

➜ Elles plongeaient avec grâce.

• Pour les verbes en ***-guer***, pensez à conserver le « **u** » après le « **g** » dans **toute** la conjugaison.

➜ Je conjuguais un verbe. – Tu naviguais sur la mer.

3 Pour les verbes en *-eler* et *-eter*, on garde le **radical de l'infinitif** car on entend le son **« e »**.

➜ *Appeler* : J'appelais – Nous appelions.

voir RÈGLE 62

4 Le son que vous entendez lorsque vous conjuguez le verbe ***faire*** n'est pas celui que vous devez écrire. Vous entendez « fe », il faut écrire **« fai »**, à toutes les personnes.

→ Je ne faisais pas peur aux hommes.
Nous faisions du mal aux hommes.

ENTRAÎNEZ-VOUS

1 Repérer les formes verbales à l'imparfait

Recopiez les formes verbales à l'imparfait. Un indice, il y en a huit !

1. Elle apprit – **2.** Elle apprenait – **3.** Tu appelais – **4.** Tu appelas – **5.** Vous disiez – **6.** Ils avaient – **7.** Je courus – **8.** Je courais – **9.** Je courrais – **10.** Vous étiez revenus – **11.** Ils étaient nés – **12.** Je prendrais – **13.** Je prenais – **14.** Il eut – **15.** Il fut – **16.** Il était – **17.** Je marcherai – **18.** Je marchais.

2 Connaître les terminaisons de l'imparfait

Complétez les formes verbales suivantes avec les terminaisons de l'imparfait qui conviennent.

1. Je jou... – **2.** Nous parl... – **3.** Ils buv... – **4.** Tu appel... – **5.** Vous fais... – **6.** Elles soign...

3 Passer du présent à l'imparfait

Conjuguez ces verbes à l'imparfait, à la même personne.

1. Nous louons – **2.** Il nage – **3.** Elles font – **4.** Tu crois – **5.** Ils mangent – **6.** Vous remerciez – **7.** Tu nargues – **8.** Nous remuons.

4 Reconnaître l'imparfait

Recopiez les phrases dans lesquelles le verbe en bleu est à l'imparfait.

1. Nous prions pour qu'elle revienne vite. – **2.** Quand elle rentrait, nous nous mettions à travailler. – **3.** Si vous criez aussi fort, je ne m'étonne plus qu'elle ait peur ! – **4.** Lorsque vous disiez son nom, un sourire éclairait votre visage. – **5.** Chaque matin, nous faisions le même trajet. – **6.** Chaque matin, nous faisons le même trajet. – **7.** Où étiez-vous en vacances l'été dernier ? – **8.** Vous liez connaissance avec une grande facilité !

5 Conjuguer les verbes à l'imparfait

Conjuguez les verbes suivants à l'imparfait de l'indicatif, d'abord à la 1re personne du singulier, puis à la 1re personne du pluriel.

a. Passer – glacer – penser – panser – brasser – lancer – remplacer – renverser. – **b.** Nager – saccager – déranger. – **c.** Conjuguer – se fatiguer. – **d.** Louer – crier – travailler – balayer - payer – craindre – peindre – joindre – créer.

6 Conjuguer des verbes à l'imparfait

Conjuguez les verbes entre parenthèses à l'imparfait de l'indicatif. Attention aux modifications du radical.

1. Fabien (aller) en ville. – **2.** Elles (faire) plaisir à voir. – **3.** Tu (croire) pouvoir réussir aisément. – **4.** J'(être) le plus heureux des hommes. – **5.** À chaque roulade, nous (crier) de bon cœur. – **6.** Les portes (grincer) sans cesse. – **7.** Nous (craindre) de nous faire mal. – **8.** Elle (juger) sa situation très délicate. – **9.** Il ne (songer) plus guère à elle. – **10.** À l'école, nous (jouer) surtout à la marelle. – **11.** Nous nous demandions pourquoi vous (grogner) sans cesse.

7 Conjuguer un texte à l'imparfait

Conjuguez à l'imparfait les verbes qui sont à l'infinitif.

Je dis et j'(achever) de prévenir mes gens, tandis qu'en pleine course, le solide navire que (pousser) le bon vent (s'approcher) des Sirènes. [...] Elles (chanter) ainsi et leurs voix admirables me (remplir) le cœur du désir d'écouter. Je (froncer) les sourcils pour donner à mes gens l'ordre de me défaire. Mais, tandis que, courbés sous la rame, ils (tirer), Euryloque (venir), aidé de Périmède, (resserrer) mes liens et (mettre) un tour de plus.

D'après Homère.

8 Connaître les valeurs de l'imparfait

À quelle valeur de l'imparfait chacune des phrases suivantes correspond-elle : a. faire une description, un portrait, dans un récit au passé ? – b. évoquer une action dont la durée n'est pas déterminée ? – c. exprimer une répétition dans le passé ?

1. La chevelure rousse de Marine flottait sur ses épaules. – **2.** Chaque jour, Antoine promenait son chien sur la plage au coucher du soleil. – **3.** La place sur laquelle donnaient ses fenêtres était ombragée de majestueux platanes. – **4.** Lorsque Bastien était enfant, il croyait aux fantômes. – **5.** Denis pensait tous les jours à elle, son visage lui revenait sans cesse en mémoire. – **6.** Léa contemplait la mer, espérant voir l'un de ces fameux dauphins dont on lui avait parlé.

Vers l'expression écrite

9 Poursuivre un texte

Poursuivez le texte p. 22 de cinq lignes en utilisant au moins trois des verbes suivants à l'imparfait : ***plonger – se jeter – admirer – nager – menacer.***

10 Raconter des actions qui se répètent dans le passé

Racontez, à l'imparfait, le déroulement d'une de vos matinées habituelles de l'an dernier. Vous éviterez soigneusement les répétitions.
Votre texte commencera ainsi : ***L'an dernier, tous les matins, je…***

Évaluation

11 Exercice

Conjuguez à l'imparfait les verbes entre parenthèses.

1. Lorsque nous (jouer), le temps passait plus vite. – **2.** Chaque soir, Marc (rincer) son maillot de bain pour en ôter le sel. – **3.** Il ne (pouvoir) pas supporter de perdre. – **4.** Sophie ne (finir) jamais son repas, elle (être) toujours pressée de reprendre ses activités. – **5.** La petite sirène (nager) avec beaucoup d'aisance. – **6.** Quand le rideau se baissait, nous (saluer) tous ensemble sur la scène. – **7.** Il ne (se faire) aucun souci pour son avenir. – **8.** Pendant que nous (peindre) notre appartement, le soleil entrait à flots par les fenêtres. – **9.** Lorsque vous étiez petits, vous (se soucier) très peu de salir vos vêtements !

12 Dictée préparée

« J'espère que tu ne crains pas la mer mon enfant », lui dit-il sur le bateau qui les emportait. Puis il lui parla des tempêtes et de la mer en fureur, des étranges poissons et de tout ce que les plongeurs trouvent au fond des eaux. Ces discours la faisaient sourire, car elle connaissait le fond de la mer mieux que personne assurément.
Au clair de lune, lorsque les autres dormaient, assise sur le bord du vaisseau, elle plongeait ses regards dans la transparence de l'eau, croyant apercevoir le château de son père, et sa vieille grand-mère les yeux fixés sur la carène*.

Hans Christian Andersen, *La Petite Sirène*, conte traduit du danois par D. Soldi, 1856.

➪ voir RÈGLES 19, 27, 31, 54, 55, 60

ENRICHISSEZ VOTRE VOCABULAIRE

Le merveilleux

1 Complétez chaque mot auquel il manque des lettres. La phrase qui le suit vous aidera à le retrouver.

1. B _ _ _ e _ _ e m _ _ _ _ _ e : grâce à cet objet, la fée peut transformer ce qui l'entoure. – **2.** El _ _ _ r : préparation liquide faite à partir de différents ingrédients* et qui a des pouvoirs magiques. – **3.** P _ _ _ _ n m _ _ _ _ _ e : Obélix est tombé dedans quand il était tout petit ! – **4.** « A _ _ a _ a _ _ _ a » : c'est l'une des formules magiques les plus connues. – **5.** « S _ s _ _ e, ouvre-toi » : c'est une formule magique qui permet l'ouverture de la caverne aux voleurs dans *Ali Baba*. – **6.** Mé _ _ m _ _ _ _ _ _ e : c'est un changement de forme si important que l'être ou l'objet est difficilement reconnaissable. – **7.** S _ _ _ _ è _ e : à l'inverse d'une fée, elle ne vous veut pas de bien ! – **8.** E _ _ _ _ _ _ e _ r : Merlin en était un. – **9.** T _ _ _ s v _ _ _ _ t : grâce à lui, les êtres humains peuvent partir loin et pourtant il ne fait pas de bruit et ne consomme pas d'essence !

2 Complétez les phrases suivantes avec le mot ou l'expression qui convient.

jette un sort – faire des prédictions – enchantaient – ensorcelaient – malfaisante – bienveillante.

1. Une voyante ou une fée peut ... : elle vous dira ce qui va vous arriver. – **2.** Une méchante fée ... à la princesse Aurore, à sa naissance : elle se piquera le doigt et mourra. Cette fée est une créature .... – **3.** Mais heureusement, une autre fée ... atténue ces paroles : la princesse tombera dans un profond sommeil. – **4.** Les sirènes ... les hommes avec leurs voix. On peut aussi dire qu'elles les ....

ET MAINTENANT, ÉCRIVEZ !

Sujet 1

Dans une autre vie, vous étiez un être « merveilleux » et aviez de nombreux pouvoirs. Racontez qui vous étiez et à quoi vous servaient ces pouvoirs.

Votre texte comptera une dizaine de lignes.

■ **Orthographe :** Vous utiliserez au moins quatre verbes à l'imparfait (vous les soulignerez).

■ **Vocabulaire :** Vous emploierez au moins quatre mots des exercices de vocabulaire (vous les encadrerez).

Sujet 2

Imaginez par quels moyens une fée ou une sorcière a transformé cet animal et racontez ce qu'il était auparavant.

Votre texte comptera une dizaine de lignes.

■ **Orthographe :** Vous utiliserez au moins quatre verbes à l'imparfait (vous les soulignerez).

■ **Vocabulaire :** Vous emploierez au moins quatre mots des exercices de vocabulaire (vous les encadrerez).`

crapaud commun (Bufo Bufo).

4

Le passé simple des verbes du 1er groupe

VOCABULAIRE

Les êtres monstrueux

EXPRESSION

Raconter une rencontre avec un monstre

O. Redon, *Le Cyclope* (1898), Rijksmuseum, Amsterdam.

Ulysse au pays des Cyclopes

L'*Odyssée* d'Homère raconte les aventures d'Ulysse. Après avoir gagné la guerre de Troie, il désire rentrer chez lui, en Grèce, avec ses compagnons, à bord de navires. Ils arrivent au pays des Cyclopes, géants ne possédant qu'un œil.

En débarquant, j'**ordonnai** à mon fidèle équipage de rester près du navire pour le surveiller. Puis je me mis en route avec douze de mes meilleurs compagnons [...]. Nous atteignîmes rapidement l'antre[1], mais le Cyclope n'y était pas : il était parti faire paître[2] ses gras troupeaux. Une fois à l'intérieur, nous **examinâmes** tout. [...] En l'attendant, nous prîmes des fromages et les **mangeâmes**, assis dans l'antre. Quand le Cyclope **rentra** du pâturage, il portait un lourd fardeau de bois sec qui lui servirait à préparer son repas : il le **jeta** bruyamment à l'intérieur et nous **reculâmes**, effrayés, au fond de l'antre. Il **poussa** dans la vaste caverne toutes les grasses brebis qu'il voulait traire, laissant les mâles, boucs et béliers, près de la porte, dans un profond enclos. Puis il **souleva** un immense bloc de pierre avec lequel il **ferma** l'entrée.

Homère, *Odyssée*, Chant IX, ©, Hachette Livre, « Bibliocollège »,
trad. M.-R. Rougier, 1999.

1. antre : cavité naturelle profonde servant d'abri, en général, à des animaux, par exemple à l'ours. **2. paître :** brouter.

DÉCOUVREZ

1 J'**ordonnai** de rester près du navire. – Nous **examinâmes** tout. – Le Cyclope **rentra** du pâturage.

Les actions désignées par les verbes en bleu sont-elles des actions passées qui :
a. sont limitées dans le temps et sont donc au passé simple ?
b. ne sont pas limitées dans le temps ou se répètent et sont donc à l'imparfait ?

2 À quel groupe appartiennent les verbes en bleu, de la question 1 ?

3 Complétez, à l'aide des terminaisons *-âtes, -âmes, -as, -ai, -a, -èrent*, la conjugaison du verbe *ordonner* au passé simple de l'indicatif.

1. J'ordonn... – **2.** Tu ordonn... – **3.** Il ordonn... – **4.** Nous ordonn... – **5.** Vous ordonn... – **6.** Elles ordonn...

4 Quelle voyelle trouve-t-on toujours (sauf à la 3e personne du pluriel) au début de la terminaison du passé simple des verbes du 1er groupe ?

5 À quelles personnes faut-il mettre un accent circonflexe sur la voyelle ?

6 Quand je rentrais du pâturage, je comptais toujours mes moutons. ***(imparfait)***
J'étais dans les champs, quand tout à coup, je **comptai** mes moutons ; il m'en manquait un. ***(passé simple)***

Complétez la règle suivante :
« À la 1re personne du singulier, la terminaison du passé simple des verbes du 1er groupe est ..., alors qu'à l'imparfait c'est ... . »

7 J'**avançai** – Tu **avanças** – Ils **avancèrent**.

Pourquoi le **« c »** du verbe *avancer* prend-il une cédille à certaines personnes, au passé simple ?

8 Il **mange** – Nous **mangeâmes**.

Complétez la règle suivante : « Pour garder le son [ʒ] à certaines personnes, il faut ajouter, à la consonne finale du radical ***mang-***, la lettre ... . »

9 Je **conjugue** – Je **conjuguai**.

Complétez la règle suivante : « Les verbes en ***-guer*** gardent leur ... après le « g » dans toute la conjugaison du passé simple. »

10 Je **jetai** – J'**appelai**

Poursuivez la conjugaison, au passé simple, des verbes *jeter* et *appeler*.
Que constatez-vous ?

11 Conjuguez le verbe *aller* au passé simple, sachant qu'il a les mêmes terminaisons qu'un verbe du 1er groupe, bien qu'il soit du 3e groupe.

RETENEZ

■ **Les terminaisons du passé simple des verbes du 1er groupe** sont les suivantes : ***-ai, -as, -a, -âmes, -âtes, -èrent.***

J'ordonn**ai**	Nous ordonn**âmes**
Tu ordonn**as**	Vous ordonn**âtes**
Elle ordonn**a**	Ils ordonn**èrent**

ATTENTION : Les radicaux du passé simple

1 Certains radicaux se modifient pour qu'on puisse reconnaître la sonorité du verbe.

- **Verbes en *-cer*:** le **« c »** se transforme en **« ç »** devant le **« a »**.

➜ Je commen**ç**ai – Il commen**ç**a – *mais* Ils commen**c**èrent.

- **Verbes en *-ger*:** il faut ajouter un **« e »** entre le radical et le **« a »**.

➜ Je mang**e**ai – Il mang**e**a – *mais* Ils man**g**èrent.

2 Certains radicaux se ne modifient pas au passé simple.

- **Les verbes en *-guer*** gardent le « gu » dans la conjugaison du passé simple.

➜ Je conju**gu**ai – Il conju**gu**a – Ils conju**gu**èrent.

- **Les verbes en *-eler* et *-eter*** gardent le radical de l'infinitif, car on entend toujours le son « e ».

➪ **voir RÈGLE 62**

➜ J'app**el**ai – Nous app**el**âmes – Tu j**et**as – Ils j**et**èrent.

Astuces

■ Pour savoir si un verbe du 1er groupe est **au passé simple ou à l'imparfait**, à la 1re personne du singulier, **remplacez** la 1re personne (*Je*) par la 3e personne (*Il*). Si vous entendez, à la 3e personne du singulier, le son « a », il s'agit du **passé simple** ; si vous entendez le son « é », il s'agit de **l'imparfait**.

➜ Je **commençai** par appeler doucement et soudain **criai** très fort.
Il **commença** par appeler doucement et soudain **cria** très fort.

■ Pour savoir si un verbe est au passé simple, **faites-le précéder d'un adverbe** ou d'une expression telle que : *soudain, tout à coup*….

➜ Il le **jeta** bruyamment. → **Soudain**, il le jeta bruyamment.

ENTRAÎNEZ-VOUS

1 Conjuguer un verbe du 1er groupe au passé simple

Complétez la conjugaison des verbes suivants, au passé simple.

1. Je jou... de la batterie ce soir-là. – **2.** Nous parl... tous en même temps. – **3.** Ils démarr... difficilement en côte. – **4.** Tu appel... au mauvais numéro. – **5.** Vous vous arrêt... en pleine course. – **6.** Elle soign... son petit frère pendant toute sa varicelle.

2 Passer du présent au passé simple

Voici des formes verbales au présent. Conjuguez-les au passé simple.

1. Nous louons des bicyclettes. – **2.** Il nage au large. – **3.** Elles vont à l'école. – **4.** Tu te laves les mains. – **5.** J'entre après avoir frappé. – **6.** Ils mangent des glaces – **7.** Vous jouez avec le feu ! – **8.** Je conjugue le verbe *aller*. – **9.** Je range la vaisselle. – **10.** Il place son argent.

3 Utiliser les terminaisons du passé simple

Dans le texte suivant, complétez les formes verbales pour qu'elles soient au passé simple.

Lorsque mes parents m'annonc... que nous déménagerions en septembre, je me jet... sur mon lit en pleurant. Pour me consoler, ils me propos... d'aller au cinéma. Nous décid... de prendre la voiture car il pleuvait. Quand nous arriv... au cinéma, mon père se pench... vers moi et me parl... doucement, en m'expliquant que nous allions avoir une maison et le chien dont je rêvais depuis si longtemps. Je cess... de pleurer et imagin... quelle serait ma vie à la rentrée. Cela soulag... mes parents.

4 Distinguer imparfait et passé simple

Complétez chaque forme verbale par la terminaison qui convient, selon que le verbe est à l'imparfait ou au passé simple. Rappel : une action au passé simple est limitée dans le temps, souvent brève ; une action à l'imparfait n'est pas limitée dans le temps et parfois répétitive.

1. Tous les matins, il se réveill... à sept heures. – **2.** Tous les matins, je me réveill... à sept heures. – **3.** Il se réveill... en sursaut lorsqu'il entendit le téléphone sonner. – **4.** Je me réveill... en sursaut lorsque j'entendis le téléphone sonner. – **5.** Quand il apprit que le facteur était passé, il arriv... en trombe dans l'entrée. – **6.** Quand j'appris que le facteur était passé, j'arriv... en trombe dans l'entrée.

5 Repérer les verbes au passé simple

Lisez ce texte et recopiez les verbes du 1er groupe conjugués au passé simple.

Ulysse accosta[1] sur l'île de la magicienne Circé. Il se demanda où il pouvait bien être et décida d'envoyer quelques hommes repérer les lieux. Circé transforma aussitôt ces hommes en cochons en leur faisant boire une potion, mais Ulysse trouva un moyen de remédier[2] à la situation. Il raconta cette histoire par la suite : « Hermès m'apporta une antidote[3]. J'absorbai ce breuvage[4] qui me protégea contre les sorts de la magicienne et je lui ordonnai de rendre à mes hommes leur allure humaine. »

D'après Homère, *Odyssée*.

1. accosta : aborda. **2. remédier :** trouver une solution. **3. antidote :** contrepoison, remède. **4. breuvage :** boisson.

6 Modifier les personnes d'un texte au passé simple

Voici le texte de l'exercice précédent modifié. Lisez-le et conjuguez les verbes au passé simple. Attention aux sujetx des verbes !

Ulysse et ses compagnons accost... sur l'île de la magicienne Circé. Ils se demand... où ils pouvaient bien être et décid... d'envoyer quelques hommes repérer les lieux. Circé et une autre magicienne transform... aussitôt ces hommes en cochons en leur faisant boire une potion, mais Ulysse et ses compagnons trouv... un moyen de remédier à la situation. Ils racont... cette histoire par la suite : « Hermès et Athéna nous apport... un antidote. Nous absorb... ce breuvage qui nous protég... contre les sorts des magiciennes et nous leur ordonn... de rendre à nos hommes leur allure humaine. »

C. E. Brock, *La magicienne Circé transforme les compagnons d'Ulysse en cochons.*

Vers l'expression écrite

7 Raconter une scène de l'*Odyssée*

Vous êtes l'un des personnages de ce tableau et vous racontez vos pensées, vos actions et la réaction des autres personnages. Utilisez le passé simple, à la 1re personne. Employez le plus possible de verbes du 1er groupe. Écrivez une dizaine de lignes.

Évaluation

8 Exercice

Conjuguez au passé simple les verbes qui sont à l'infinitif.

1. Lorsque j'(appeler) à l'aide, l'orage n'avait pas encore éclaté. – **2.** Bertrand me (chuchoter) à l'oreille une blague qui me fit éclater de rire. – **3.** Je (placer) ma valise dans le compartiment réservé aux bagages. – **4.** Vous (arriver) trop tard pour nous accompagner. – **5.** Les élections (se dérouler) dans un climat de tension. – **6.** Ulysse (nager) de longues heures avant d'arriver à l'embouchure du fleuve. – **7.** Nous (naviguer) longtemps sur une mer déchaînée. – **8.** L'élève (aller) faire signer le mot au bureau des absences. – **9.** Je (plonger) avec une légère appréhension. – **10.** Tu nous (jeter) un sort !

9 Dictée préparée

Le Cyclope **alluma** le feu, se mit à traire des bêtes, en bon ordre, et **plaça** les nouveaux-nés sous leur mère. Il eut vite fait d'achever sa besogne ; mais ensuite, il saisit deux de mes compagnons et les **dévora**. Une fois repu, il fit sortir ses gras troupeaux de son antre. [...] Le Cyclope **dirigea** alors en sifflant ses gras troupeaux vers la montagne. Moi, je restais là, à méditer comment provoquer son malheur ; et voici le plan qu'en mon esprit je **jugeai** le meilleur.

Homère, *Odyssée*, Chant IX, trad. M.-R. Rougier, © Hachette, « Bibliocollège », 1999.

➩ voir RÈGLES 13, 23 et MÉMO 19

ENRICHISSEZ VOTRE VOCABULAIRE

Les êtres monstrueux

Complétez les phrases suivantes avec le mot ou l'expression qui convient.
difforme – griffus – gigantesque – terrifiants – hideuses – redoutable – vorace – ténébreuse – lugubre – sinistres – malveillant.

1. Je dois rencontrer un adversaire **...** : il est très difficile de gagner contre lui. – **2.** Ces personnages me font une peur atroce : ils sont **...** . – **3.** On dit de quelqu'un qu'il est d'une taille **...** lorsqu'il est véritablement immense. – **4.** On dit qu'un être est **...** lorsqu'il n'a pas la taille et les proportions naturelles. – **5.** Le héros doit se battre contre ces monstres **...** : j'ai peur que ces êtres horribles ne lui déchirent le visage ! – **6.** Ces sorcières sont **...** : leur laideur est repoussante. – **7.** Le Cyclope est **...** : il peut manger plusieurs êtres humains sans être jamais rassasié. – **8.** Ce château est **...** : il y règne une atmosphère très triste, comme si la mort y rôdait. – **9.** Tes amis sont **...** : ils ne respirent vraiment pas la joie de vivre ! – **10.** Ce soir, la forêt était **...** : on n'y voyait goutte ! – **11.** Lorsque quelqu'un commet des actes pour nuire à quelqu'un d'autre, on dit qu'il est **...** .

ET MAINTENANT, ÉCRIVEZ !

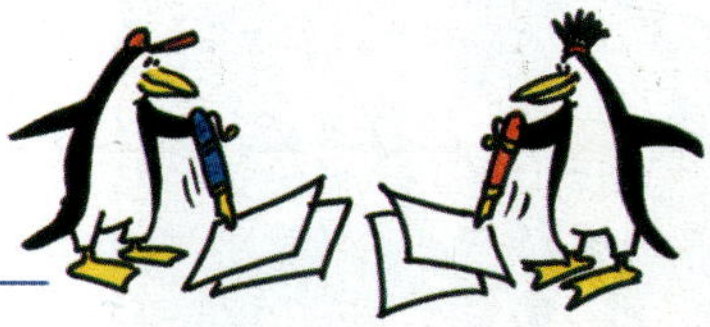

Sujet 1

Imaginez que vous vous arriviez, avec un groupe d'amis, dans un endroit habité par un monstre. Vous découvrez le lieu où il habite, puis son entrée alors que vous êtes cachés chez lui, et ses occupations. Décrivez votre arrivée, la découverte du monstre, ses activités... Vous ne rédigerez pas la fin de cet épisode, laissant du suspense...

Votre texte, d'une dizaine de lignes, sera écrit à la 1re personne du singulier et au passé simple.

■ **Orthographe :** Vous utiliserez au moins trois verbes du 1er groupe au passé simple (vous les soulignerez).

■ **Vocabulaire :** Vous emploierez au moins trois mots de l'exercice de vocabulaire (vous les encadrerez).

Sujet 2

Vous avez certainement vu des films ou des dessins animés mettant en scène un ou plusieurs monstres. Imaginez que vous puissiez rentrer dans l'un de ces films et en devenir un acteur. Décrivez ce(s) monstre(s) et vos réactions.

Votre texte, de dix lignes environ, sera écrit à la 1re personne du singulier et au passé simple.

■ **Orthographe :** Vous utiliserez au moins trois verbes du 1er groupe au passé simple (vous les soulignerez).

■ **Vocabulaire :** Vous emploierez au moins trois mots de l'exercice de vocabulaire (vous les encadrerez).

5

Le passé simple des verbes des 2e, 3e groupes et des auxiliaires

VOCABULAIRE

La peur

EXPRESSION

Exprimer un sentiment : la peur

Ulysse et Polyphème, vase grec (550 av. J.-C.), Bibliothèque nationale, Paris.

L'œil du Cyclope

L'*Odyssée* d'Homère raconte les aventures d'Ulysse et de ses compagnons. Après avoir gagné la guerre de Troie, ils embarquent, à bord de navires, pour Ithaque. Ils découvrent le pays des Cyclopes, géants ne possédant qu'un œil. Loin de leur offrir l'hospitalité, l'un d'eux les enferme dans sa caverne pour les dévorer. Ulysse décide alors de l'enivrer.

Puis je **fis** tirer au sort ceux de mes compagnons qui auraient assez d'audace pour soulever avec moi ce pieu et l'enfoncer dans l'œil du Cyclope, une fois que le doux sommeil se serait emparé de lui. Le sort désigna ceux que j'aurais moi-même choisis : ils étaient quatre, et je **me joignis** à eux comme cinquième. Le soir, le Cyclope revint avec ses troupeaux à-l'épaisse-toison. [...] Après avoir placé l'énorme rocher devant l'entrée, il **s'assit**, **se mit** à traire ses brebis et ses chèvres bêlantes, en bon ordre, puis plaça les nouveaux-nés sous leur mère. Il eut vite fait d'achever la besogne ; mais il **saisit** ensuite deux de mes compagnons et en **fit** son souper. *Ulysse offre alors du vin au Cyclope.* Le doux breuvage[1] lui **plut** tellement qu'il en réclama. [...] À ces mots, je lui versai une nouvelle rasade[2] de mon vin-couleur-de-feu. Trois fois je lui en **offris**, trois fois il le **but** goulûment, le pauvre fou.

Homère, *Odyssée*, Chant IX, © Hachette Livre, « Bibliocollège », trad. M.-R. Rougier, 1999.

1. breuvage : boisson. – **2. rasade :** quantité de boisson servie à ras bords.

DÉCOUVREZ

1 Je **fis** tirer au sort. – Il **s'assit**. – Le Cyclope **revint**. – Il **but** goulûment.

Les actions désignées par les verbes en bleu sont-elles des actions passées qui :

a. sont limitées dans le temps et sont donc au passé simple ?

b. ne sont pas limitées dans le temps ou se répètent et sont donc à l'imparfait ?

2 Il saisit ensuite deux de mes compagnons.

Le verbe en bleu appartient-il au :
a. 2e groupe car la 1re personne du pluriel au présent se termine par *-issons* ?
b. 3e groupe car la 1re personne du pluriel au présent se termine par *-ons* ?

3 Complétez, à l'aide des terminaisons *-îtes, -îmes, -is, -is, -it, -irent*, la conjugaison du verbe *saisir*.

Je sais... – Tu sais... – Il sais... – Nous sais... – Vous sais... – Ils sais...

4

Je lui en **offris**.	Nous leur en **offrîmes**.	(le son avant la terminaison est ***-i***)
Il **but**.	Nous **bûmes**.	(le son avant la terminaison est ***-u***)
Le Cyclope **revint**.	Nous **revînmes**.	(le son avant la terminaison est ***-in***)

Conjuguez ces trois verbes à toutes les personnes du passé simple.

5 Les **radicaux** des verbes du 3e groupe, au passé simple, sont à mémoriser.
Conjuguez au passé simple, à la 3e personne du singulier, les verbes ci-dessous qui sont à l'infinitif.
Le son avant la terminaison est ***-i*** : voir – écrire – vaincre – faire
Le son avant la terminaison est ***-u*** : courir – lire – plaire – pleuvoir – boire
Le son avant la terminaison est ***-in*** : venir – tenir – revenir – contenir

6 Je fus le premier. J'eus peur.

Conjuguez les verbes *être* et *avoir* au passé simple.

RETENEZ

■ **Au passé simple, tous les verbes** des 2e et 3e groupes et des auxiliaires ont la **même terminaison** : ***-s, -s, -t, -^mes, -^tes, -rent***.

Remarque : attention, n'ajoutez pas d'accent circonflexe à la 3e personne du singulier.
→ Il fut – Il eut.

■ Voici la conjugaison des verbes du **2e groupe** au passé simple de l'indicatif. La voyelle qui précède la terminaison est toujours la même : **« i »**.
→ Je finis – Tu finis – Il finit – Nous finîmes – Vous finîtes – Ils finirent.

■ La conjugaison des verbes du 3e groupe se classe en trois catégories :

	Le son est -i	Le son est -u	Le son est -in
→	Je partis	J'aperçus	Je vins
	Tu partis	Tu aperçus	Tu vins
	Il partit	Il aperçut	Il vint
	Nous partîmes	Nous aperçûmes	Nous vînmes
	Vous partîtes	Vous aperçûtes	Vous vîntes
	Ils partirent	Ils aperçurent	Ils vinrent

• **Pour les verbes *être* et *avoir* :** ⇨ **voir tableaux de conjugaison, p. 213-219.**

ATTENTION : Les radicaux du passé simple

1 Voici quelques **radicaux courants** des verbes du 3e groupe. Il faut les savoir par cœur. Pour les autres, reportez-vous à un tableau de conjugaison.

• **Passé simple en *-i* :** ***écrire*** → J'écrivis – ***rire*** → Je ris – ***prendre*** → Je pris – ***dire*** → Je dis – ***conduire*** → Je conduisis – ***naître*** → Je naquis – ***faire*** → Je fis – ***fuir*** → Je fuis – ***s'asseoir*** → Je m'assis – ***cueillir*** → Je cueillis.

• **Passé simple en *-u* :** ***courir*** → Je courus – ***savoir*** → Je sus – ***croire*** → Je crus – ***pouvoir*** → Je pus – ***connaître*** → Je connus – ***boire*** → Je bus – ***se taire*** → Je me tus – ***devoir*** → Je dus – ***lire*** → Je lus – ***plaire*** → Je plus.

• **Passé simple en *-in* :** ce sont les verbes *venir* et *tenir* et tous leurs composés. ***venir*** → Je vins – ***revenir, parvenir…*** → Je revins, Je parvins – ***tenir*** → Je tins – ***retenir, contenir…*** → Je retins, Je contins.

2 **Verbes en *-aindre, -eindre, -oindre* :** ils font leur passé simple en *-aignis, -eignis, -oignis* :
→ Je craignis. – Nous peignîmes. – Ils joignirent.

3 **Verbes en *-cevoir* :** le **« c »** se transforme en **« ç »** à toutes les personnes.
→ J'aperçus. – Il reçut.

4 Le verbe ***haïr*** garde le **tréma** à toutes les personnes, ce qui change la prononciation.
→ Je haïs – Tu haïs – Il haït – Nous haïmes – Vous haïtes – Ils haïrent.

Astuces

■ Pour beaucoup de verbes en « -i », le **radical** du **passé simple** est le même que celui de l'**imparfait** :
→ **Je peignais** → **Je peignis**
Je conduisais → **Je conduisis**
J'écrivais → **J'écrivis**

■ Pour savoir si un verbe est au passé simple, **faites-le précéder d'un adverbe** ou d'une expression telle que : *soudain, tout à coup*….
→ Il **saisit** mes compagnons. **Soudain**, il **saisit** mes compagnons.

ENTRAÎNEZ-VOUS

1 Repérer des formes verbales au passé simple

Recopiez uniquement les formes verbales au passé simple de l'indicatif. Un indice : il y en a dix !

1. Il fit son lit. – **2.** Il dit qu'il était d'accord. – **3.** Nous vîmes nos amis pendant le mois d'août. – **4.** Nous vînmes tous à la réunion. – **5.** Je lis toute la journée. – **6.** Je lus une heure tous les jours l'été dernier. – **7.** Je vins à huit heures ce matin-là. – **8.** Il mourut à la guerre. – **9.** Vous prîtes de sages résolutions. – **10.** Nous fûmes les premiers à comprendre. – **11.** Vous preniez le bus l'an dernier.

2 Connaître les terminaisons du passé simple

Donnez le groupe de chaque verbe, puis conjuguez-le au passé simple, à toutes les personnes.

a. Bondir hors de son lit – **b.** prendre son petit déjeuner tôt – **c.** courir pendant tout le trajet.

3 Connaître les radicaux du passé simple

Rendez, à chaque verbe au passé simple, son infinitif : *boire – plaire – pleuvoir – savoir – vivre – mourir – connaître – lire – vouloir – se taire – résoudre – pouvoir.*

1. Je voulus connaître la vérité. – **2.** Tu sus ta leçon. – **3.** Il plut à ma sœur. – **4.** Il plut toute la journée. – **5.** Nous bûmes la tasse. – **6.** Vous vous tûtes car le professeur exigeait le silence. – **7.** Ils moururent tristement à l'hôpital. – **8.** Je connus des jours heureux. – **9.** Je lus mon magazine en goûtant. – **10.** Tu résolus facilement ce problème. – **11.** Je vécus ici entre cinq et dix ans. – **12.** Nous pûmes nous rendre compte de sa gentillesse.

4 Connaître les radicaux du passé simple

Rendez, à chaque radical de la liste 1, sa terminaison au passé simple prise dans la liste 2, puis donnez l'infinitif du verbe.

Liste 1 : **1.** Je v... – **2.** Nous écriv... – **3.** Elles cour... – **4.** Tu pr... – **5.** Vous naqu... – **6.** Elle déf... – **7.** Il véc... – **8.** Vous mour... – **9.** Nous l... – **10.** Je ret... – **11.** Ils part... – **12.** Nous ret... – **13.** Je l...

Liste 2 : **a.** is – **b.** is – **c.** îmes – **d.** îtes – **e.** urent – **f.** ins – **g.** it – **h.** ûmes – **i.** ûtes – **j.** ut – **k.** înmes – **l.** irent – **m.** us

5 Conjuguer des verbes au passé simple

Conjuguez au passé simple, à la 1re personne du singulier (je) puis à la 1re personne du pluriel (nous), les verbes suivants. Exemple : *prendre l'avion → Je pris l'avion. Nous prîmes l'avion.*

1. Naître à Lyon – **2.** boire dans une tasse – **3.** vouloir avoir raison – **4.** recevoir des amis – **5.** bondir sur l'occasion – **6.** lire le journal – **7.** rire de bon cœur – **8.** parvenir à son but – **9.** mourir de rire – **10.** peindre un paysage – **11.** être à la hauteur – **12.** avoir des idées – **13.** dire la vérité – **14.** recoudre un bouton

6 Conjuguer des verbes qui se ressemblent au passé simple

Conjuguez le verbe au passé simple à la personne demandée.

1. Il (plaire) à toute la famille. – **2.** Il (pleuvoir) le jour du départ. **3.** Elle (être) heureuse. – **4.** Il (faire) la grimace. – **5.** Elle (devoir) renoncer à son projet. – **6.** Il (dire) des mensonges. – **7.** Elle (lire) *Matilda* en deux heures.

7 Distinguer passé simple et participe passé

Conjuguez chaque verbe au passé simple, puis au passé composé, à la 3e personne du singulier.

1. Lire – **2.** voir – **3.** croire – **4.** devoir – **5.** dire – **6.** faire – **7.** savoir – **8.** être – **9.** pouvoir.

8 Rédiger un texte au passé simple

Dans le texte suivant, complétez les formes verbales pour qu'elles soient au passé simple.

Raphaël naqu... le 8 mars 1985. C'était un bébé superbe et ses parents s'en réjou.... À l'âge de deux mois, il f... son premier sourire et à six mois, il s'ass... dans son parc. À onze mois, il se m... debout sur ses deux petites jambes. Il appr... à lire à quatre ans ! À cinq, il s... faire sa première addition. Ses parents f... si fiers de lui qu'ils lui offr... une petite bicyclette rouge. Elle lui pl... beaucoup ! Ils eu... toutes les peines du monde à lui faire comprendre qu'il ne pouvait pas la ranger dans sa chambre.

Vers l'expression écrite

9 Poursuivre un récit au passé simple

Vous êtes l'un des personnages du tableau ci-contre. Racontez vos pensées, vos actions et la réaction des autres personnages. Utilisez le passé simple, à la 1re personne. Employez le plus possible des verbes des 2e et 3e groupes. Écrirez une dizaine de lignes.

A. Zick, *Polyphème*, gravure colorisée (XIXe siècle).

Évaluation

10 Exercice

Conjuguez au passé simple et à la personne qui convient le verbe à l'infinitif.

1. La première fois que Julie (conduire) un scooter, elle avait quinze ans. – **2.** Lorsque nous (s'apercevoir) que la maison était en feu, nous (prendre) la fuite. – **3.** Aïcha (être) la première à atteindre le sommet. – **4.** Nous (tenir) parole et (venir) le voir disputer sa première compétition. – **5.** Ils (vivre) heureux et (avoir) beaucoup d'enfants. – **6.** Lorsqu'il (lire) l'article dénonçant les expérimentations sur les animaux, il n'en (croire) pas ses yeux !

11 Dictée préparée

Nous retrouvons Ulysse qui cherche à échapper au Cyclope.

Quand le pieu[1] d'olivier fut sur le point de brûler, je le retirai du feu. Mes compagnons firent cercle autour de moi ; une divinité leur avait insufflé un grand courage, si bien qu'ils saisirent le pieu aiguisé par le bout et l'enfoncèrent dans l'œil du Cyclope. [...] Avec des gémissements et des cris de douleur, le Cyclope vint à tâtons[2] pousser le rocher qui servait de porte. Il s'assit en travers de l'entrée, et étendit ses bras...

Homère, *Odyssée*, Chant IX, © Hachette Livre « Bibliocollège », trad. M.-R. Rougier, 1999.

1. pieu : morceau de bois pointu. **2. à tâtons :** à l'aveugle, en touchant avec les mains.

⇨ voir RÈGLES 45, 55 ET 61

ENRICHISSEZ VOTRE VOCABULAIRE

La peur

Complétez chaque mot auquel il manque des lettres. La phrase qui le suit vous aidera à le retrouver.

1. Avoir la **ph _ _ _ e** de quelque chose, c'est en avoir une peur incontrôlable. Par exemple, certaines personnes ont celle des insectes. – **2.** Beaucoup d'adolescents adorent aller voir des films d'**ép _ _ va _ te** pour se faire peur ! – **3.** Vous avez une mine épouvantable, c'est **eff _ _ y _ _ t**, rentrez vite vous coucher ! – **4.** Lorsque l'on croit voir un mort, on dit que c'est son fantôme ou son **s _ e _ _ _ e**. – **5.** **Cr _ _ _ _ re** quelqu'un c'est le redouter, en avoir peur. – **6.** On a la **c _ _ a _ r de p _ _ _ e** quand on a très peur ou très froid ; cela se voit sur la peau. – **7.** Ce n'est pas la peine de pousser ce **h _ _ le _ e _ t**, ce n'est qu'un bourdon inoffensif ! – **8.** **T _ rr _ r _ _ _ r** quelqu'un, c'est faire naître en lui une très grande peur. – **9.** **T _ rr _ f _ _ r** quelqu'un, c'est aussi faire naître en lui une très grande peur. – **10.** Le Cyclope, parce qu'il est énorme et ne possède qu'un seul œil, est un être **m _ _ st _ u _ ux**. – **11.** Tu es fou de téléphoner en pleine nuit, tu m'as fait une de ces **fr _ _ _ _ rs**. – **12.** J'ai **h _ rr _ _ r** des araignées et je n'arrive pas à me contrôler, je pousse des hurlements dès que j'en vois une !

ET MAINTENANT, ÉCRIVEZ !

SUJET 1

Relisez le texte de la dictée p. 38. Imaginez la suite de l'histoire en commençant par « Le Cyclope devint alors enragé… ». N'oubliez pas qu'Ulysse est le narrateur et s'exprime donc à la 1re personne.

Votre texte comptera huit à dix lignes. Veillez à respecter les caractères des personnages et pensez à la réaction d'Ulysse et de ses compagnons.

■ **Orthographe :** Vous utiliserez au moins trois verbes conjugués au passé simple, n'appartenant pas au 1er groupe (vous les soulignerez).

■ **Vocabulaire :** Vous emploierez au moins trois mots de l'exercice de vocabulaire (vous les encadrerez).

SUJET 2

Vous avez peut-être déjà éprouvé une peur ou une terreur : racontez cette aventure. Vous pouvez raconter une histoire vraie ou l'inventer. Votre texte comportera huit à dix lignes. Vous êtes le narrateur et vous vous exprimez donc à la 1re personne.

■ **Orthographe :** Vous utiliserez au moins trois verbes conjugués au passé simple et n'appartenant pas au 1er groupe (vous les soulignerez).

■ **Vocabulaire :** Vous emploierez au moins trois mots de l'exercice de vocabulaire (vous les encadrerez).

6

Le futur des verbes du 1er groupe

VOCABULAIRE

La faute et la punition

EXPRESSION

Faire parler un personnage biblique

Adam et Ève tentés par le serpent, naissance de la Mort sous forme d'un cadavre, miniature (1473), BNF.

La faute originelle

Le début de *La Bible* raconte la création du monde. Dieu, en six jours, crée la terre et le ciel, les végétaux, les animaux et enfin l'être humain, Adam, puis Ève. Il les laisse libres de tout dans le jardin d'Éden… sauf de toucher à l'arbre aux fruits défendus. Mais le serpent pousse Ève à cueillir un fruit : les deux humains le mangent. C'est alors que la malédiction divine s'abat…

Alors le Seigneur Dieu dit au serpent : « Parce que tu as fait cela, maudit sois-tu entre tous les bestiaux et toutes les bêtes sauvages. Tu **marcheras** sur ton ventre et tu **mangeras** de la terre tous les jours de ta vie. Je mettrai une hostilité[1] entre toi et la femme, entre ta descendance[2] et la sienne. Elle t'**écrasera** la tête et tu la **blesseras** au talon. » À la femme, il dit : « Je **multiplierai** tes douleurs, quand tu **enfanteras**[3] des fils. Ta convoitise[4] te **poussera** vers ton mari et lui **dominera** sur toi. »

La Bible de Jérusalem, « La Genèse, III 14-16, La Création et la Chute », © éd. du Cerf, 1973.

1. hostilité : sentiment d'être ennemi. **2. descendance :** ensemble des personnes dont on est à l'origine, postérité. **3. enfanteras :** mettras au monde, donneras naissance. **4. convoitise :** très fort désir de posséder quelque chose.

DÉCOUVREZ

1 Tu **marcheras** sur ton ventre. – Elle t'**écrasera** la tête. – Je **multiplierai** tes douleurs.

Les actions désignées par les verbes sont-elles :
a. au présent, car elles sont en train de se dérouler ?
b. à l'imparfait, car elles sont déjà passées ?
c. au futur simple, car elles vont probablement se produire ?

2 Je **manger**ai – Je **multiplier**ai – Nous **manger**ons – Ils **multiplier**ont.

Quelle est la terminaison du futur à la 1re personne du singulier ? À la 1re personne du pluriel ? À la 3e personne du pluriel ?

3 Retrouvez la conjugaison du verbe *marcher* au futur simple en rendant à chaque personne sa terminaison : *-a, -ont, -ons, -ai, -as, -ez.*

Je marcher... – Tu marcher... – Elle marcher... – Nous marcher... – Vous marcher... – Ils marcher...

4 ***Manger*** → Je **mangerai** – ***Marcher*** → Tu **marcheras** – ***Dominer*** → Il **dominera.**

Complétez la règle suivante :
« Pour la plupart des verbes du 1er groupe, le radical du futur correspond à l'... du verbe. »

5 Je **multiplierai.** Tu **créeras.** Il **tuera.**

Complétez chaque verbe pour qu'il soit au futur simple.
Multiplier : Il multipli... tes douleurs.
Tuer : Tu ne tu... point.
Créer : Dieu cré... l'homme à son image.

6 Je ne me **noierai** pas. Il **s'ennuiera.** Nous **payerons.** Vous **paierez.**

Complétez chaque verbe pour qu'il soit au futur simple.
Se noyer : Tu ne te no... pas.
S'ennuyer : Nous ne nous ennu... pas en votre compagnie.
***Payer** (deux possibilités)* : Nous pa... notre repas. *ou* Nous pa... notre repas.

7 Complétez la conjugaison du verbe *envoyer* au futur.

J'env... – Tu env... – Il env... – Nous env... – Vous env... – Ils env...

8 Je me **lèverai.** Je **sèmerai.** J'**espérerai.**

Complétez chaque verbe pour qu'il soit au futur simple.
Se lever : Le soleil se l... demain à 8 heures.
Semer : Tu s... le blé dans une semaine.
Repérer : Il rep... l'arbre aux fruits défendus.

9 J'**appellerai.** Je **jetterai.**

Quel son entendez-vous avant les deux « l » ou les deux « t », « e » ou « è » ?

10 Complétez la conjugaison de ces deux verbes au futur simple.

J'appellerai – Tu appe... – Il appe... – Nous appe... – Vous appe... – Ils appe...
Je jetterai – Tu je... – Il je... – Nous je... – Vous je... – Ils je...

RETENEZ

Les terminaisons du futur de l'indicatif des verbes du 1er groupe

• Voici la conjugaison des verbes du 1er groupe au futur simple de l'indicatif :

Je manger**ai**	Nous manger**ons**
Tu manger**as**	Vous manger**ez**
Il manger**a**	Ils manger**ont**

Les terminaisons sont donc ***-ai, -as, -a, -ons, -ez, -ont***.

Remarques

• Au futur, on note la présence d'un **-r** à la fin du radical.

→ Nous mangerons.

• La terminaison de la 1re personne du pluriel (*-ons*) est différente de la terminaison de la 3e personne du pluriel (*-ont*)

• Pour la plupart des verbes du 1er groupe, le **radical** du futur correspond à **l'infinitif**.

→ **Manger** → Je **mangerai**.

ATTENTION

1 Le « e » des verbes du 1er groupe

Les verbes qui se terminent par ***-ier*** (*multiplier*), ***-éer*** (*créer*), ***-uer*** (*tuer*) forment leur futur **normalement**. Mais attention à ne pas oublier le **« e »** même lorsque l'on **ne l'entend pas** !

→ Je **multiplierai** – Je **créerai** – Je **tuerai** – Je **jouerai**.

2 « y » ou « i » ?

• Les verbes qui se terminent en ***-uyer*** (*s'ennuyer*) et en ***-oyer*** (*se noyer*) changent le **« y »** en **« i »**, au futur, à toutes les personnes, sauf *envoyer* : ***Envoyer*** → J'**enverrai**.

→ Je **m'ennuierai**. – Je **me noierai**.

• Les verbes qui se terminent en ***-ayer*** (*payer*) peuvent s'écrire de **deux manières** au futur : conservez le « y » ou changez le **« y »** en **« i »**.

→ Je **payerai** ou Je **paierai**.

3 Les verbes comme *espérer*, *céder*, conservent leur **accent aigu sur le « e » du radical au futur, bien qu'on le prononce grave**.

→ J'**espérerai**. – Je **céderai**.

4 Les verbes en *-eler* et *-eter*

Le radical n'est pas celui de l'infinitif, mais il reste identique tout au long de la conjugaison du futur.

→ ***Jeter*** → Je **jetterai** – Tu **jetteras** – Il **jettera**… ⇨ voir RÈGLE 62

5 Les verbes en *-rer*

Ne confondez pas le passé simple et le futur des verbes en *-rer*.

→ ***Préparer*** → Tu **prépareras** (futur) ≠ Tu **préparas** (passé simple)

Astuce

■ Pour savoir si un verbe est au futur simple, ou pour le conjuguer à ce temps, faites-le précéder d'un **adverbe** ou d'une expression telle que : *bientôt, demain*...
→ Le serpent marchera sur son ventre. → **Bientôt**, le serpent marchera ...

ENTRAÎNEZ-VOUS

1 Conjuguer un verbe du 1er groupe au futur simple

Rendez à chaque personne sa terminaison du futur : *-a, -ez, -ons, -ont, -ai, -as.*

1. Je penser... – **2.** Tu penser... – **3.** Il penser... – **4.** Nous penser... – **5.** Vous penser... – **6.** Ils penser...

2 Repérer des formes verbales au futur simple

Recopiez uniquement les formes verbales au futur simple. Un indice : il y en a sept !

1. Je passerai par la route nationale. – **2.** Je passais te dire bonjour ! – **3.** Je passai mon permis à vingt ans. – **4.** Nous habitions la campagne. – **5.** Nous habiterons en banlieue. – **6.** Nous habitons en province. – **7.** Ils parlent tous en même temps. – **8.** Ils parleraient espagnol s'ils habitaient Madrid. – **9.** Ils parleront espagnol quand ils habiteront Madrid. – **10.** Il ramassa son sac. – **11.** Il ramassera son sac. – **12.** Il ramassait ses affaires. – **13.** Vous ne lâcherez surtout pas le fil. – **14.** Vous ne lâchez pas le fil ! – **15.** Vous lâchiez le fil. – **16.** Tu préparas le dîner. – **17.** Tu prépareras le dîner.

3 Distinguer futur et autres temps de l'indicatif

Recopiez uniquement les formes verbales au futur simple. Indiquez le temps des autres formes.

1. Vous oublierez vos soucis. – **2.** Ils appelleront à l'aide. – **3.** Nous créons notre entreprise. – **4.** Nous créerons notre entreprise. – **5.** Tu jouas tout l'été au football. – **6.** Tu joueras au tennis. – **7.** Tu payeras l'addition. – **8.** Tu paieras l'addition. – **9.** Tu appuyais au mauvais endroit. – **10.** Tu appuieras au bon endroit.

4 Modifier la personne et conjuguer au futur simple

Supposons que Dieu s'adresse à l'ensemble des serpents et à l'ensemble des femmes. Conjuguez les verbes entre parenthèses au futur, à la personne qui convient.

« Vous (marcher) sur votre ventre et vous (manger) de la terre tous les jours de votre vie. Je mettrai une hostilité entre vous et les femmes, entre votre descendance et la leur. Elles vous (écraser) la tête et vous les (blesser) au talon. » Aux femmes, il dit : « Je (multiplier) vos douleurs, quand vous (enfanter) des fils. Votre convoitise vous (pousser) vers vos maris et eux (dominer) sur vous. »

5 Conjuguer au futur simple en ajoutant une indication de temps

Conjuguez les verbes entre parenthèses au futur simple. Ajoutez, en début de phrase, un adverbe de temps ou une expression qui indique le futur, comme *demain, bientôt, bien vite*...

1. Tu (crier) victoire. – **2.** Il (oublier) ses soucis. – **3.** Je (créer) mon site Internet. – **4.** Tu (se noyer) dans un verre d'eau, si tu n'apprends pas à mieux t'organiser ! – **5.** Nous (essuyer) nos pieds avant d'entrer. – **6.** Avec un bon livre, vous ne (s'ennuyer) pas toute seule. – **7.** Ils (secouer) la couette de leur lit. – **8.** Je (balayer) ma chambre *(deux possibilités)*. – **9.** Tu (envoyer) un SMS à Julie : c'est son anniversaire !

6 Transposer du présent au futur simple

Conjuguez au futur simple les verbes entre parenthèses.

1. Tu (gèles) sur place ! – **2.** Nous (achetons) des fruits. – **3.** Vous (semez) des graines. – **4.** Nous (jetons) un sort. – **5.** Vous (envoyez) une carte postale. – **6.** Nous (pelons) notre pomme. – **7.** Nous (balayons) notre chambre. – **8.** Vous (cédez) votre place. – **9.** Dieu (crée) le monde en six jours et se (repose) le septième. – **10.** Tu n'(oublies) pas de reboucher le tube de dentifrice. – **11.** Ils (aboient) sans cesse.

7 Transposer du présent au futur simple et enrichir la phrase

Conjuguez au futur simple les verbes entre parenthèses qui sont au présent. Ajoutez un complément qui enrichisse la phrase. Exemple : *Tu (appelles) → La semaine prochaine, tu appelleras tes grands-parents.*

1. Tu (jettes) – **2.** Elle (caquette*) – **3.** Je (décachette*) – **4.** Elle (appelle) – **5.** Elles (ensorcellent) – **6.** J'(achète) – **7.** Ils (harcèlent) – **8.** Je (congèle) – **9.** Il (pèle) – **10.** Tu (lèves) – **11.** Il (sème) – **12.** Nous (espérons) – **13.** Tu (cèdes).

8 Compléter un texte au futur, puis modifier la personne

a. Conjuguez au futur simple les verbes qui sont à l'infinitif.

b. Recopiez le texte en transformant les « nous » en « je » devant les verbes entre parenthèses ; vous mettrez ces verbes au futur simple.

Nous (monter) derrière la maison. [...] Notre gibier – ne nous faisons pas d'illusion –, ce n'est évidemment pas la bartavelle, mais c'est au moins la perdrix, le lapin et le lièvre. Je crois que nous en (trouver) aux Escaouprès[1] [...]. Nous les (remonter) jusqu'au pied du Taoumé[1] que nous (contourner) à droite pour atteindre le Puits du Mûrier[1]. C'est là que nous (déjeuner), vers midi et demi.

Marcel Pagnol, *La Gloire de mon père*, © éd. De Fallois, 1957.

1. Escaouprès, Taoumé, le Puits du Mûrier : lieux situés en Provence.

Vers l'expression écrite

9 Prendre des résolutions

Le 31 décembre, à minuit, vous décidez de prendre de bonnes résolutions pour l'année qui commence. Rédigez un paragraphe de six lignes environ, au futur et en utilisant des verbes du 1er groupe, dans lequel vous exprimez ces résolutions.

Évaluation

10 Exercice

Conjuguez au futur simple les verbes entre parenthèses.

1. Elle (nouer) son mouchoir. – **2.** Tu (créer) toujours des problèmes. – **3.** Il (acheter) un téléviseur. – **4.** Ils (penser) à faire leur lit. – **5.** Nous (crier) de joie. – **6.** Vous (semer) le blé. – **7.** Je (lever) la tête. – **8.** Je ne (se noyer) pas ! – **9.** Tu nous (envoyer) une carte postale d'Italie ! – **10.** Vous nous (appeler) à votre arrivée.

11 Dictée préparée

À l'homme il dit : [...] « Maudit soit le sol à cause de toi ! À force de peines, tu en tireras subsistance[1] tous les jours de ta vie. Il produira pour toi épines et chardons et tu mangeras l'herbe des champs. À la sueur de ton visage, tu mangeras ton pain, jusqu'à ce que tu retournes au sol, puisque tu en fus tiré. Car tu es glaise[2] et tu retourneras à la glaise. »

La Bible de Jérusalem, III, © ed. du Cerf, 1973.

1. subsistance : de quoi survivre. **2. glaise :** terre argileuse.

⇨ voir RÈGLES 55, 60

ENRICHISSEZ VOTRE VOCABULAIRE

La faute et la punition

Complétez chaque mot auquel il manque des lettres. Le sens de la phrase vous aidera à le retrouver.

1. Tu as commis une faute, tu éprouves de la cul _ _ _ i _ i _ é. – **2.** Il a commis un meurtre, il en est co _ p _ b _ e. – **3.** Il ne faut pas se tr _ _ per lorsque l'on choisit ses amis ! – **4.** Tu n'as pas mis d'antivol à ta bicyclette, tu es donc en partie resp _ n _ _ b _ e du vol ! – **5.** R _ pr _ mander quelqu'un, c'est le gronder. (en langage soutenu !) – **6.** Les adultes sont parfois obligés de pu _ _ r les enfants, s'ils font des bêtises. – **7.** On menace souvent les petits enfants de les pr _ _ _ r de dessert ! – **8.** D'accord, il a dit du mal de nous, mais ce n'est pas une raison pour le b _ nn _ r définitivement de notre famille. – **9.** Napoléon a été contraint de quitter la France ; il a été e _ _ lé à Sainte-Hélène, où il est mort. – **10.** In _ er _ ire aux enfants de regarder des films violents est normal : il faut les protéger ! – **11.** Lorsqu'un criminel a été arrêté, il passe en j _ g _ _ _ _ t. – **12.** Méfiez-vous de la d _ m _ ation éternelle, qui vous enverra en enfer !

ET MAINTENANT, ÉCRIVEZ !

SUJET 1

Ce n'est pas le serpent mais un autre animal qui donne à Ève le fruit défendu… Imaginez quelle malédiction s'abat sur cet animal.

Votre texte d'environ huit lignes commencera ainsi :

« Alors le Seigneur Dieu dit à (*ou* au) … (nom de l'animal choisi) : « Parce que tu as fait cela, maudit sois-tu entre tous les bestiaux et toutes les bêtes sauvages. Tu (verbe du 1er groupe au futur)… »

■ **Orthographe :** Vous utiliserez au moins cinq verbes du 1er groupe au futur simple (vous les soulignerez).

■ **Vocabulaire :** Vous emploierez au moins trois mots de l'exercice de vocabulaire (vous les encadrerez).

SUJET 2

Pour punir Pharaon et les Égyptiens qui ne voulaient pas libérer le peuple de Moïse, Dieu provoqua des catastrophes. Elles sont appelées « les dix plaies d'Égypte ». En vous inspirant de l'image et de son titre, imaginez le discours de Dieu aux Égyptiens.

Vous écrirez un discours d'environ huit lignes.

■ **Orthographe :** Vous utiliserez au moins cinq verbes du 1er groupe au futur simple (vous les soulignerez).

■ **Vocabulaire :** Vous emploierez au moins trois mots de l'exercice de vocabulaire (vous les encadrerez).

Les dix plaies d'Égypte : les sauterelles, coll. part.

7

Le futur des verbes des 2e, 3e groupes et des auxiliaires
Le conditionnel présent

VOCABULAIRE

Le temps et la famille

EXPRESSION

Imaginer sa vie future

Abraham invité par Dieu à quitter sa terre, miniature (xve siècle), bibliothèque de Lodi.

Abraham, père du peuple

Après avoir créé le Ciel et la Terre, les animaux et l'homme, après avoir chassé ce dernier du Paradis terrestre, Dieu fait d'Abraham le « père » de son peuple.

« Moi, voici mon alliance avec toi : tu **deviendras** père d'une multitude de peuples. Et l'on ne t'appellera plus Abram mais ton nom **sera** Abraham, car je te fais père d'une multitude de peuples. Je te **rendrai** extrêmement fécond, de toi je **ferai** des peuples et des rois **sortiront** de toi. J'instituerai mon alliance entre moi et toi, et ta race après toi, de génération en génération, une alliance perpétuelle, pour être ton Dieu et celui de ta race après toi. À toi et à ta race après toi, je donnerai le pays où tu séjournes, tout le pays de Canaan[1], en possession à perpétuité[2], et je **serai** votre Dieu. »

La Bible de Jérusalem, « La Genèse, histoire d'Abraham, 17 4-8 », © éd. du Cerf, 1973.

1. **Canaan :** nom de la Phénicie-Palestine, terre promise. 2. **à perpétuité :** pour toujours.

DÉCOUVREZ

1 Tu **deviendras** père. Ton nom **sera** Abraham. Je **ferai** des peuples. De toi **sortiront** des peuples. Je **serai** votre Dieu.

Les actions désignées par les verbes en bleu sont au futur simple de l'indicatif. Retrouvez la conjugaison du verbe *sortir* au futur simple en rendant à chaque personne sa terminaison : *-a, -ont, -ons, -ai, -as, -ez.*

Je sortir… – Tu sortir… – Elle sortir… – Nous sortir… – Vous sortir… – Ils sortir…

2 Je **serai** votre Dieu. Tu **auras** des enfants.

Conjuguez les verbes *être* et *avoir* au futur de l'indicatif.

3 *Partir* → Je **partirai** – *finir* → Je **finirai**.

Complétez la règle suivante : « pour la plupart des verbes du 2e groupe et du 3e groupe en *-ir*, le radical du futur correspond à l'... du verbe. »

4 *Mettre* → Je **mettrai** – *battre* → Je **battrai** – *descendre* → Je **descendrai**.

Complétez la règle suivante : « pour les verbes du 3e groupe en *-re*, le radical du futur est l'... auquel on a retiré le "e" ».

5 *Devenir* → Je **deviendrai** – *faire* → Je **ferai**.

Pour les verbes *être* et *avoir* et certains verbes du 3e groupe, le radical du futur est différent de celui de l'infinitif. Rendez à chaque forme verbale au futur (liste a) son infinitif (liste b).

a. Je vaudrai – Je voudrai – Je ferai – Je saurai – Je serai – Je pourrai – Je verrai – Je viendrai – J'irai – Je tiendrai – Je m'assiérai – Je m'assoirai – J'aurai
b. Pouvoir – vouloir – savoir – tenir – s'asseoir – avoir – faire – aller – venir – être – voir – valoir

6 **a.** Je **mourrai.** Je **courrai.**
b. Je **mourais.** Je **courais.**

À quel temps sont conjugués les verbes de la ligne **a** ? Et ceux de la ligne **b** ?

7 Quelques verbes prennent **deux « r »** au futur, mais pas aux autres temps de l'indicatif. Conjuguez les verbes *pouvoir*, *courir* et *mourir* au futur, à la 1re personne du singulier et du pluriel.

8 **1.** Je **serai** votre Dieu.
2. Je **serais** votre Dieu si vous le vouliez.

Quelle action est soumise à une condition, celle de la phrase 1 ou celle de la phrase 2 ?

9 Dans la phrase 2 ci-dessus, le verbe est au **conditionnel**. Retrouvez la conjugaison du verbe *être* au conditionnel présent, en rendant à chaque personne sa terminaison : *-ais, -ions, -iez, -ait, -ais, -aient.*

Je ser... – Tu ser... – Elle ser... – Nous ser... – Vous ser... – Ils ser...

RETENEZ

Au futur simple, tous les verbes ont les mêmes terminaisons.

Je finirai	Nous finirons	Je dirai	Nous dirons
Tu finiras	Vous finirez	Tu diras	Vous direz
Il finira	Ils finiront	Elle dira	Ils diront

Les **terminaisons** sont donc ***-ai, -as, -a, -ons, -ez, -ont***.

Remarque : Pour tous les verbes, on note la présence d'un **-r** à la fin du radical.
→ *Aller* : J'irai – *Avoir* : J'aurai – *Être* : Je serai.

• **Pour les verbes *être* et *avoir* :** ⇨ **voir tableaux de conjugaison, p. 213-219.**

Le conditionnel présent exprime une action en général soumise à une **condition**, ou un **souhait**, donc **des faits incertains** ou **imaginaires**.
→ Si vous le vouliez, je serais votre Dieu.

• Il se forme sur le **même radical que le futur** mais avec les **terminaisons de l'imparfait**, pour tous les verbes de tous les groupes.
→ Je partirais – Je mangerais – Je ferais – Je serais – J'aurais

Je mangerais	Nous mangerions
Tu mangerais	Vous mangeriez
Il mangerait	Ils mangeraient

• Le **futur** et le **conditionnel** ont une **conjugaison très proche**, mais ne les confondez pas !

ATTENTION : Les radicaux du futur et du conditionnel

• Pour la plupart des verbes du 2e groupe et du 3e groupe en ***-ir***, **le radical du futur correspond à l'infinitif du verbe**.
→ *Finir* : Je finirai – *Sortir* : Je sortirai.

• Pour les verbes du 3e groupe en ***-re***, le radical du futur est **l'infinitif du verbe auquel on a retiré le « e »**.
→ *Boire* : Je boirai.

• Pour les verbes ***être*** et ***avoir*** et certains verbes du 3e groupe, **le radical du futur est différent de l'infinitif**.
→ *Valoir :* Je vaudrai – *Vouloir :* Je voudrai – *Savoir :* Je saurai ((à ne pas confondre avec le futur du verbe *être :* Je serai) – *Venir :* Je viendrai – *Tenir :* Je tiendrai.

• **Quelques** verbes prennent **deux « r » à l'indicatif futur** et au **conditionnel présent**, mais pas aux autres modes ni temps. Voici la liste de ces verbes : ***pouvoir***, ***voir*** et ses composés, ***mourir*** et ***courir, acquérir*** et les composés de ***quérir***.
→ Bientôt, les enfants d'Abraham **courront** dans les champs.

Attention donc à ne pas confondre :
Indicatif **imparfait** : Je mourais → Indicatif **futur** : Je mourrai.
Indicatif **présent** : Nous courons → Indicatif **futur** : Nous courrons.

ENTRAÎNEZ-VOUS

1 Conjuguer un verbe du 2e groupe au futur

Rendez à chaque personne sa terminaison du futur : *-a, -ez, -ons, -ont, -ai, -as.*

1. Je maigrir... – **2.** Tu maigrir... – **3.** Il maigrir... – **4.** Nous maigrir... – **5.** Vous maigrir... – **6.** Elles maigrir....

2 Repérer des formes verbales au futur simple

Recopiez uniquement les formes verbales au futur simple. Un indice, il y en a huit.

1. Je grandirai à l'adolescence. – **2.** Je grandissais encore quand j'avais dix-sept ans. – **3.** Je croyais que tu viendrais. – **4.** Je ne croirai plus jamais Max : il me ment sans arrêt ! – **5.** Nous atteignons notre but. – **6.** Nous atteindrons l'aéroport dans une heure et quarante minutes. – **7.** Savaient-ils leurs tables d'addition ? – **8.** Ils savent leur leçon. – **9.** Ils sauront leur poésie demain. – **10.** Je courais à perdre haleine. – **11.** Je courrai plus vite que tout le monde, au cross, lundi prochain ! – **12.** Il devait rendre ce livre à la bibliothèque. – **13.** Oriana devra faire de la rééducation quand on lui retirera son plâtre. – **14.** Vous ne buvez pas assez ! – **15.** Vous boirez un litre et demi par jour.

3 Repérer des formes verbales au futur simple et enrichir la phrase

Recopiez uniquement les débuts de phrases dont le verbe est au futur. Puis complétez la phrase pour qu'elle ait un sens.

1. Vous valez – **2.** La baguette vaudra – **3.** Il voudra – **4.** Nous voulions – **5.** Nous valions – **6.** Nous voulons – **7.** Tu mourais – **8.** Le soldat mourra – **9.** Tu seras – **10.** Tu sauras.

4 Passer du futur à l'infinitif

Retrouvez l'infinitif des verbes conjugués au futur.

1. Ton pantalon t'ira mieux une fois raccourci. – **2.** Nous verrons bien ! – **3.** Je saurai mon rôle la semaine prochaine. – **4.** Je serai votre beau-père dès le jour de votre mariage. – **5.** Il voudra continuer. – **6.** Ta voiture de collection vaudra encore plus cher dans quelques années. – **7.** Vous courrez la semaine prochaine. – **8.** Ils pourront toujours venir à la maison. – **9.** Je viendrai lundi soir, promis !

5 Conjuguer des verbes des 2e et 3e groupes au futur

Conjuguez les verbes entre parenthèses au futur simple. N'oubliez pas d'ajouter, dans votre tête, une expression indiquant le futur, comme *demain, bientôt, l'an prochain*...

1. Tu (devoir) rentrer seul de l'école. – **2.** Il (falloir) y penser ! – **3.** Je (venir) avec ma cousine. – **4.** Vous (finir) par comprendre. – **5.** Nous y (croire). – **6.** J'(aller) au bord de la mer. – **7.** Ils (boire) à la réussite de leur fille. – **8.** Je (être) en vacances. – **9.** Je (voir) ta nouvelle chambre. – **10.** Tu (mourir) de froid sans ton blouson.

6 Conjuguer *être* et *avoir* au futur

Conjuguez la phrase suivante, à toutes les personnes, au futur.

Dimanche prochain, j'(avoir) dix-huit ans et je (être) majeur.

7 Conjuguer un texte au futur simple

Lisez ce texte, puis conjuguez les verbes en bleu au futur simple.

Arthur entend, par la fenêtre, des petits piaillements dans le jardin. Il sort et découvre un oisillon tombé du nid. Puis deux, puis trois, puis quatre ! Ils ont l'air très fragiles. La mère n'est plus là. Il faut les nourrir. Comment faire ? Il court chercher son frère Charles et tous deux mettent des bouts de pain à tremper dans du lait. Ils doivent trouver un moyen d'introduire la nourriture dans le gosier des petits. Ils prennent alors un pinceau humide et les oisillons affamés ouvrent grand leur bec. Les enfants sont heureux : les petits reprennent des forces peu à peu. Leur père leur **dit** : « Vous **savez** désormais comment sauver des oiseaux. »

8 Conjuguer au conditionnel présent

Rendez à chaque personne sa terminaison du conditionnel présent : *-aient, -ions, -ais, -ait, -ais, -iez.*

1. Je croir... – **2.** Tu croir... – **3.** Il croir... – **4.** Nous croir... – **5.** Vous croir... – **6.** Ils croir....

9 Distinguer futur de l'indicatif et conditionnel présent

Remplacez le verbe à l'infinitif entre parenthèses par la forme verbale appropriée, à l'indicatif futur ou au conditionnel présent.

1. Si tu savais comme je suis désolée, tu ne m'en (vouloir) pas ! – **2.** Tu sais comme je suis désolée, tu ne m'en (vouloir) pas ! – **3.** Il (être) capable de franchir cet obstacle quand il sera bien échauffé. – **4.** Il (être) capable de franchir cet obstacle s'il était bien échauffé. – **5.** Il (venir) demain comme il l'a promis. – **6.** Il (venir) demain s'il l'avait promis. – **7.** Je ne (parler) que quand mon avocat sera présent. – **8.** Je ne (parler) que si mon avocat était présent.

Vers l'expression écrite

10 Utiliser le conditionnel présent

Quel est votre vœu le plus cher ? Expliquez-le en cinq à huit lignes. Utilisez le conditionnel présent. Votre paragraphe commencera ainsi : *Si cela était possible, je (ou j')...*

11 Utiliser le futur

Regardez attentivement l'illustration. En cinq à huit lignes, dites ce que vous aurez le droit de faire à dix-huit ans. Tous les verbes seront au futur. Utilisez le moins possible de verbes du 1er groupe.

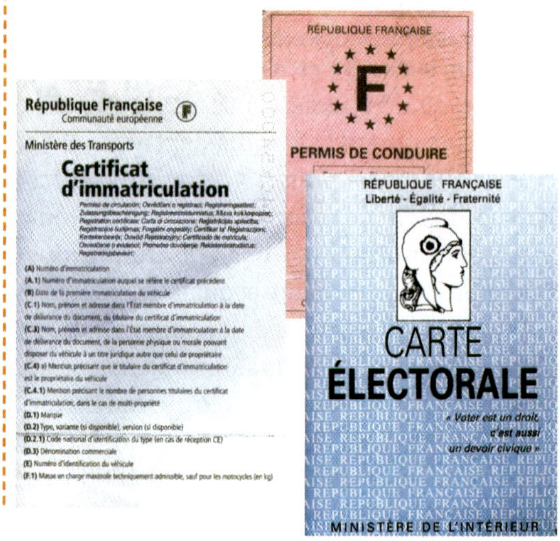

Évaluation

12 Exercice

Conjuguez au futur simple les verbes entre parenthèses.

1. Elle (prendre) son temps. – **2.** Tu (vouloir) partir de la maison. – **3.** Il (être) en retard. – **4.** Ils (avoir) très faim. – **5.** Nous (courir) plus vite grâce aux entraînements. – **6.** Vous (tenir) votre promesse. – **7.** Je (savoir) le reconnaître. – **8.** La mère (nourrir) son enfant – **9.** Tu nous (faire) une démonstration de tes talents. – **10.** Vous nous (recevoir) dans votre maison de vacances.

13 Dictée préparée

Quitte ton pays, ta parenté et la maison de ton père, pour le pays que je t'indiquerai. Je **ferai** de toi un grand peuple, je te **bénirai**, je magnifierai ton nom, qui **servira** de bénédiction. Je **bénirai** ceux qui te **béniront**, je réprouverai ceux qui te **maudiront**. Par toi se **béniront** toutes les nations de la terre.

La Bible de Jérusalem, « La Genèse, Histoire d'Abraham, 17 », © éd. du Cerf, 1973.

⇨ voir RÈGLES 45, 52 et MÉMO 22

ENRICHISSEZ VOTRE VOCABULAIRE

Le temps et la famille

1 Lisez attentivement les expressions suivantes, puis recopiez-les en les classant dans les six catégories proposées.

1. Le passé lointain *(3 expressions)* – 2. Le passé proche *(3 expressions)* – 3. Le présent *(6 expressions)* – 4. Le futur proche *(7 expressions)* – 5. Le futur lointain *(2 expressions)* – 6. Jamais *(2 expressions).*

Bientôt – jadis* – naguère* – incessamment* – demain – à la Saint-Glinglin* (familier) – aux calendes grecques* – autrefois – actuellement – maintenant – aujourd'hui – tout de suite – hier – avant-hier – immédiatement – sous peu – tout à l'heure – prochainement – après-demain – dans l'avenir – bien plus tard – en ce moment même – il y a longtemps.

2 Complétez les phrases suivantes avec le mot ou l'expression qui convient.

descendance – génération – fratrie* – postérité – aïeul – aïeule – aïeux – arbre généalogique – ancêtres.

1. Mon père est en train de faire un ... de la famille : il note qui sont ses parents, ceux de ma mère, leurs grands-parents... – **2.** On parle souvent de nos ... les Gaulois, car la France, jadis, s'appelait la Gaule. – **3.** L'ensemble des enfants d'une même famille s'appelle une .... – **4.** Mon grand-père est mon ... , ma grand-mère mon ... et tous les deux sont mes ... . – **5.** J'ai parfois l'impression que mes parents n'approuvent pas ma façon de m'habiller ou de parler : c'est normal, ils sont d'une autre ... . – **6.** Mon arrière-grand-mère est très fière de sa ... : son quarantième arrière-petit-enfant vient de naître ! – **7.** Les chansons de cet artiste sont très belles ; elles passeront sûrement à la ... .

ET MAINTENANT, ÉCRIVEZ !

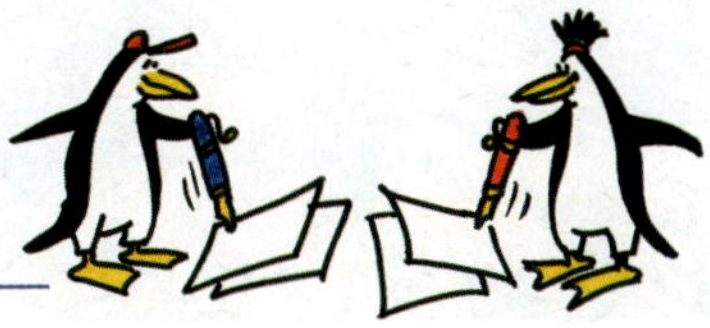

Sujet 1

Dimanche prochain, vous irez avec vos parents à une grande réunion de famille : racontez qui vous rencontrerez et comment se déroulera cette journée.
Votre texte comptera environ dix lignes.

■ **Orthographe :** Vous utiliserez au moins trois verbes du 2e ou 3e groupe et un auxiliaire au futur simple (vous les soulignerez).

■ **Vocabulaire :** Vous emploierez au moins trois mots ou expressions des exercices de vocabulaire (vous les encadrerez).

Sujet 2

Comment aimeriez-vous que soit votre vie à dix-huit ans ? Quand vous aurez trente ans ? Quand vous aurez soixante-dix ans ?
Choisissez l'une de ces périodes et rédigez un paragraphe de dix lignes expliquant ce que vous souhaitez.

■ **Orthographe :** Vous utiliserez au moins quatre verbes au conditionnel (vous les soulignerez).

■ **Vocabulaire :** Vous emploierez au moins trois mots ou expressions des exercices de vocabulaire (vous les encadrerez).

8

L'impératif présent

VOCABULAIRE

La tempête

EXPRESSION

Raconter une action périlleuse

Ulysse dans la tempête

Ulysse se débat au milieu d'une terrible tempête et va mourir lorsque paraît Athéna, une déesse qui lui donne ces conseils.

« **Suis** donc mes conseils, car tu me sembles raisonnable. **Ôte** tes vêtements, et **laisse** les vents emporter ton radeau. **Nage** de toutes tes forces jusqu'au rivage de Phéacie[1] où le destin t'offre le salut. Avec ce voile divin que tu étendras sur ta poitrine, tu n'auras à craindre ni la souffrance ni la mort. Mais, quand tu auras atteint la terre ferme, **détache-le**, **jette-le** dans la mer couleur de vin, loin du rivage, et **détournes-en** tes regards. »

Homère, *Odyssée*, Chant V, © Hachette, « Bibliocollège », trad. M.-R. Rougier, 1999.

1. **Phéacie :** île située à l'est de la Grèce, près d'Ithaque, probablement imaginaire.

Ulysse dans la tempête, in *Arkéo Junior*, p. 36, n° 51, mars 1999.

DÉCOUVREZ

1 **Ôte** tes vêtements. **Nage** de toutes tes forces.

La déesse Athéna veut-elle :

a. expliquer à Ulysse ce qui s'est passé ?

b. lui donner des conseils ?

c. lui prédire l'avenir ?

2 Nage de toutes tes forces. – Nageons de toutes nos forces. – Nagez de toutes vos forces.

Les verbes en bleu sont à **l'impératif** : combien de **personnes** existe-t-il à ce mode ? Nommez-les.

3 Reconnaissez-vous la marque de personne dans les exemples ci-dessus :
a. par un pronom qui précède le verbe ? – **b.** par la terminaison du verbe ?

4 Nage de toutes tes forces ! *(impératif présent).*
Tu nages de toutes tes forces. *(indicatif présent).*

À quel **groupe** les verbes en bleu appartiennent-ils ? Quelle différence notez-vous entre la **terminaison** de l'impératif présent et celle de l'indicatif présent, à la 2e personne du singulier ?

5 Prends la mer ! *(impératif présent)* – Tu prends la mer. *(indicatif présent)*

À quel **groupe** les verbes en bleu appartiennent-ils ? La **terminaison** de l'impératif présent est-elle différente de celle de l'indicatif présent, à la 2e personne du singulier ?

6 Aie confiance en moi. Sois courageux.

Quels sont les **infinitifs** des deux verbes en bleu ? Conjuguez ces verbes au trois personnes de l'impératif.

7 **Détourne** tes regards de la mer. – **Détournes-en** tes regards.

Comparez les formes verbales : par quel type de lettre commence le mot qui suit ***Détournes***, une voyelle ou une consonne ?

8 **Détache**-le. – **Jette**-le.

Que remarquez-vous **entre** le verbe à l'impératif et le pronom complément qui le suit ?

9 Suis mes conseils. – Ne suis pas mes conseils.

Ces phrases sont-elles toutes deux à l'impératif ?

10 **a.** Va-t'en ! – **b.** Je t'en prie, écoute-moi !
c. Aie confiance en toi ! – **d.** Ne remonte pas sur ton radeau !

L'impératif peut servir à donner un **ordre**, un simple **conseil**, à adresser une **prière** ou une **demande**, ou à formuler une **interdiction**. À quoi sert l'impératif dans chacune des phrases ci-dessus ?

RETENEZ

La conjugaison de l'impératif présent des verbes du 1er groupe

2e personne du singulier : Laisse !
1re personne du pluriel : Laissons !
2e personne du pluriel : Laissez !

C'est la même conjugaison que celle de l'indicatif présent pour les personnes du pluriel mais attention, il n'y a **pas de « s » à la 2e personne du singulier**.
Les **terminaisons** sont donc les suivantes : ***-e, -ons, -ez***.

La conjugaison de l'impératif présent des verbes des 2e et 3e groupes

Finis ! – Finissons ! – Finissez ! Prends ! – Prenons ! – Prenez !

C'est la même que celle de l'indicatif pour les trois personnes.
Les terminaisons sont donc les suivantes : ***-s, -ons, -ez***.

Exceptions : ***Savoir :*** Sache ! Sachons ! Sachez. – ***Vouloir :*** Veux *ou* Veuille ! Voulons ! Voulez *ou* Veuillez !

La conjugaison de l'impératif présent des verbes *être* et *avoir*

Avoir : Aie ! Ayons ! Ayez ! – ***Être :*** Sois ! Soyons ! Soyez !

ATTENTION

1 **Les radicaux** de certains verbes varient selon les personnes, à l'indicatif présent. Ils varient de la même manière à l'impératif présent.
→ Dis ! Disons ! **Dites** ! – Fais ! Faisons ! **Faites** ! – Appelle ! Appelons !

voir RÈGLE 62

2 **Les terminaisons**

• Les verbes ***assaillir, couvrir, cueillir, offrir, ouvrir, souffrir, tressaillir,*** qui ont l'indicatif présent en **« -e »** (*j'offre*), font leur impératif en ***-e, -ons, -ez,*** comme ceux du 1er groupe.
→ Offre ! – Souffre ! – Ouvre ! – Cueille !

• Bien qu'il ne soit pas du 1er groupe, le verbe ***aller*** ne prend pas de « s » à la 2e personne du singulier de l'impératif présent.
→ Va sur les mers ! – Allons sur les mers ! – Allez sur les mers !

3 Pour faciliter la prononciation, on ajoute un **« s » à la 2e personne du singulier du verbe à l'impératif**, quand le pronom qui le suit commence par une **voyelle**.
→ Détournes-en tes regards ! – Vas-y !

4 Si le verbe à l'impératif est **suivi d'un pronom personnel complément (*en, moi, la, le, les, y*…)**, il faut mettre **un trait d'union** entre ces deux mots.
→ Crois-moi ! – Regarde-le ! – Suivez-vous de près ! ≠ Va-t'en !

5 Formes de phrases et valeurs de l'impératif

• Une phrase à l'impératif peut être, comme toutes les phrases :
- à la forme **affirmative** → Ayez honte de vos paroles !
- à la forme **négative** → N'ayez pas honte de vos paroles !

• Une phrase à l'impératif sert, en général, à :
- donner un **ordre** → Va-t'en !
- donner un **conseil** → Aie confiance en toi !
- adresser une **prière** ou une demande → Je t'en prie, écoute-moi !
- formuler une **interdiction** → Ne remonte pas sur ton radeau !

ENTRAÎNEZ-VOUS

1 Repérer des formes verbales à l'impératif présent

Recopiez uniquement les formes verbales à l'impératif présent. Un indice : il y en a sept.

1. Je suis d'accord avec toi. – **2.** Suis le bon chemin. – **3.** Pars-tu demain ? – **4.** Pars demain, il n'y aura pas trop de monde sur les routes. – **5.** La marche est un sport accessible à tous. – **6.** Marche sans te retourner. – **7.** Joue avec moi, s'il te plaît ! – **8.** Tu joues avec moi ? – **9.** Si tu cherches un peu, tu trouveras la solution. – **10.** Cherche donc à comprendre ! – **11.** J'ai peur. – **12.** N'aie pas peur. – **13.** Il ne faut pas qu'il le sache. – **14.** Sache que je ne suis pas du tout d'accord avec toi !

2 Conjuguer à l'impératif présent

À l'aide des indications entre parenthèses, complétez les formes verbales pour qu'elles soient à l'impératif présent.

1. Pass…-moi le sel, s'il vous plaît. *(2e pluriel, passer)* – **2.** Pren… ma voiture. *(1re pluriel, prendre)* – **3.** Croi…-moi sur parole. *(2e singulier, croire)* – **4.** Ne fai… pas cette tête ! *(2e singulier, faire)* – **5.** Jou… en silence. *(2e singulier, jouer)* – **6.** Part… maintenant pour éviter les embouteillages. *(2e pluriel, partir)* – **7.** Appe…-moi demain ! *(2e pluriel, appeler)* – **8.** Envo…-leur des nouvelles. *(1re pluriel, envoyer)* – **9.** Ach… des enveloppes ! *(2e pluriel, acheter)* – **10.** Di… toute la vérité ! *(2e pluriel, dire)* – **11.** Souven… de votre enfance ! *(2e pluriel, se souvenir)* – **12.** Sach… que tu as parfois tort. *(2e singulier, savoir)*

3 Former une phrase à l'impératif présent

Conjuguez les groupes verbaux suivants successivement aux trois personnes de l'impératif pour former des phrases.

1. Jouer au ballon – **2.** Ouvrir la porte – **3.** Offrir de l'aide – **4.** Cueillir des cerises – **5.** Aller à la gare – **6.** Ne pas prendre la mouche – **7.** Peindre le paysage – **8.** Ne pas avoir peur – **9.** Être heureux.

4 Mettre une phrase à l'impératif présent

Transformez les phrases suivantes pour les mettre à l'impératif présent. Attention, vous devrez parfois ajouter un trait d'union et / ou un « -s ». N'oubliez pas la majuscule en début de phrase. Exemple : *Tu prends du fromage → Tu en prends. → Prends-en.*

1. Tu vas à la piscine. → Tu y vas. → … – **2.** Tu défais ta valise. → Tu la défais. → … – **3.** Vous allez à la maison. → Vous y allez. → … – **4.** Tu penses à ton match. → Tu y penses. → … – **5.** Tu jettes ton mouchoir. → Tu le jettes. → … – **6.** Tu crois que tu réussiras ton examen. → Tu y crois. → … – **7.** Tu repeins ta chambre. → Tu la repeins. → … – **8.** Nous appelons nos enfants. → Nous les appelons. → …

5 Transformer un texte

Pour expliquer comment se nage la brasse, notre professeur a choisi d'utiliser différents modes. Transformez, dans le texte suivant, les expressions en bleu, afin qu'elles soient à l'impératif présent. Attention aux modifications. Recopiez le texte transformé. Exemple : ***Il faut que tu fasses ce mouvement. → Fais ce mouvement.***

Il faut que tu te sentes en confiance et que tu commences par rester quelques secondes la tête sous l'eau sans respirer, là où tu as pied. Puis tu dois joindre tes mains, lancer tes bras en avant, les étendre, mettre tes paumes à plat et les ramener ensuite sur les côtés. Avec les jambes, tu fais le mouvement de la grenouille : tu les plies, les groupes puis tu les étends afin de te donner de l'élan. Puis, il te faut les rassembler, les allonger et refaire ce mouvement. Pour apprendre la technique des jambes, tu te serviras d'une planche flottante à laquelle tu t'accrocheras avec les mains. Peu à peu, tu lâcheras la planche et tu effectueras les mouvements des bras et des jambes en même temps.

Vers l'expression écrite

6 Donner des ordres ou des conseils

Écrivez un petit paragraphe contenant au moins sept ordres, interdictions ou conseils que vous pourriez entendre chez vous tous les jours, en commençant par ***Lève-toi, c'est l'heure…***

Évaluation

7 Exercice

Recopiez les phrases en conjuguant les verbes à l'impératif présent et à la personne qui convient. N'oubliez pas le trait d'union, l'ajout d'un « s », si cela est nécessaire, ni la majuscule en début de phrase.

1. Ne (*jouer*, 2e pers. du sing.) pas avec le feu, tu vas te brûler. – **2.** (*Prendre*, 2e pers. du sing.) tes affaires de rechange. – **3.** (*Croire*, 2e pers. du sing.) moi, tu ferais mieux de partir ! – **4.** Si tu n'as pas d'arc, (*fabriquer*, 2e pers. du sing.) en un avec une branche d'arbre. – **5.** Sylvain, (*appeler*, 2e pers. du sing.) moi dès ton arrivée ! – **6.** Si vous allez en forêt, (*se méfier*, 2e pers. du plur.) de l'orage ! – **7.** Les enfants, (*goûter*, 2e pers. du plur.) ce raisin, il est délicieux. – **8.** La « Marseillaise » commence par : « (*Aller*, 1re pers. du plur.) enfants de la patrie, le jour de gloire est arrivé ». – **9.** Ne (*être*, 2e pers. du plur.) pas découragés par vos résultats ! – **10.** (*Avoir*, 2e pers. du sing.) l'air de ne t'être aperçu de rien !

8 Dictée préparée

Hermès, le messager des dieux, donne à Ulysse des conseils pour qu'il délivre ses compagnons que la magicienne Circé a transformés en cochons.

« Mais allons, je veux te sauver du danger. Tiens, avec cette herbe de vie, tu peux aller chez Circé […]. Écoute bien mes conseils : quand la déesse t'aura frappé avec sa longue baguette, dégaine l'épée aiguisée qui pend le long de ta cuisse, et précipite-toi sur Circé, comme si tu allais la tuer. Épouvantée, elle t'invitera à partager son lit. Ne refuse pas, car elle seule peut délivrer tes compagnons et te ramener chez toi, mais fais-lui auparavant prêter le grand serment des dieux […]. »

Homère, *Odyssée*, Chant X.

⇨ voir RÈGLE 61 et MÉMOS 1 à 4

ENRICHISSEZ VOTRE VOCABULAIRE

La tempête

Complétez les phrases suivantes avec le mot ou l'expression qui convient.

houle – ouragan – Déferler* – s'échouer* – coque – Sombrer* – chavirer* – rescapée – creux**

1. ..., c'est se briser avec violence, en parlant des vagues. – **2.** Je ne pense pas que nous fassions du bateau à moteur aujourd'hui, la ... est trop forte. – **3.** Le drapeau rouge a été hissé sur la plage hier, les ... atteignaient cinq mètres ! – **4.** Une tempête est appelée ... si les vents sont très violents. – **5.** Pour un bateau, ... c'est être renversé, retourné. – **6.** ..., c'est pour un bateau, couler au fond de l'eau. – **7.** Si une personne parvient à survivre à un accident (de bateau, d'avion...), on dit qu'elle est ... . – **8.** Il est fréquent de voir des bateaux ... sur le banc de sable de cette baie à marée basse. – **9.** La ... de ce bateau est en bois verni.

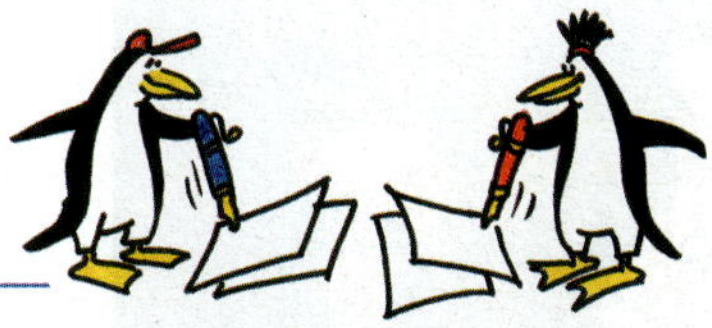

ET MAINTENANT, ÉCRIVEZ !

SUJET 1

Ulysse perd « le voile divin » qu'Athéna lui a offert et la tempête se transforme en ouragan... Mais la déesse vole à nouveau à son secours : elle lui donne alors des conseils. À vous d'imaginer ce qu'elle lui dit.

Vous rédigerez un paragraphe de huit lignes environ.

■ **Orthographe :** Vous utiliserez au moins un verbe de chaque groupe à l'impératif présent à la 2e personne du singulier (vous les soulignerez).

■ **Vocabulaire :** Vous emploierez au moins trois mots de l'exercice de vocabulaire (vous les encadrerez).

SUJET 2

Imaginez les dialogues entre les différents personnages figurant sur cette illustration.

Vous rédigerez un paragraphe de huit lignes environ.

■ **Orthographe :** Vous utiliserez au moins un verbe de chaque groupe à l'impératif présent à la 2e personne du singulier (vous les soulignerez).

■ **Vocabulaire :** Vous emploierez au moins trois mots de l'exercice de vocabulaire (vous les encadrerez).

Scène de naufrage in *Le Livre des merveilles de Marco Polo* (1400-1450), BNF.

9

Le présent du subjonctif

VOCABULAIRE

L'expression de la volonté et du désir

EXPRESSION

Imaginer un affrontement verbal entre deux personnes

Le Médecin malgré lui, avec A. Leblanc (Martine) et P. Lenczner (Sganarelle), mise en scène de Y. Le Guillochet (2001).

Scène de ménage

Voici la première scène de la pièce *Le Médecin malgré lui* de Molière. Les deux personnages principaux, mari et femme, sont encore une fois en pleine dispute…

Sganarelle, Martine, paraissant sur le théâtre en se querellant.

SGANARELLE. – Non, je te dis que je n'en veux rien faire, et que c'est à moi de parler et d'être le maître.

MARTINE. – Et je te dis, moi, que je veux que tu **vives** à ma fantaisie[1], et que je ne me suis point mariée avec toi pour souffrir[2] tes fredaines[3].

SGANARELLE. – Ô la grande fatigue que d'avoir une femme ! et qu'Aristote[4] avait raison, quand il dit qu'une femme est pire qu'un démon !

MARTINE. – Voyez un peu l'habile homme avec son benêt[5] d'Aristote !

SGANARELLE. – Oui, habile homme : trouve-moi un faiseur de fagots[6] qui **sache**, comme moi, raisonner des choses, qui **ait servi** six ans un fameux médecin, et qui **ait su**, dans son âge, son rudiment[7] par cœur. […]

MARTINE. – Que maudits **soient** l'heure et le jour où je m'avisai d'aller dire oui !

Molière, *Le Médecin malgré lui*, 1666, acte I, scène 1.

1. fantaisie : comme je le désire. **2. souffrir :** supporter. **3. fredaines :** folies. **4. Aristote :** philosophe grec du IVe siècle av. J.-C. **5. benêt :** imbécile. **6. faiseur de fagots :** Sganarelle est bûcheron. **7. rudiment :** la grammaire latine destinée aux enfants.

DÉCOUVREZ

1 Je veux que tu **vives** à ma fantaisie.

Dans cette phrase, Martine exprime-t-elle :
a. une volonté ? – **b.** un désir ? – **c.** une certitude ?

2 Que maudits soient l'heure et le jour… !

Par quel mot cette phrase commence-t-elle ? Qu'exprime-t-elle ?

3 Tu vis à ma fantaisie. → Je veux que tu vives à ma fantaisie.
L'heure et le jour sont maudits. → Que maudits soient l'heure et le jour… !

Les verbes en bleu sont-ils conjugués :
a. à l'indicatif présent ? – **b.** au subjonctif présent ?

4 Il faut que je vienne. – Il faut que tu viennes. – Il faut qu'il vienne.
Il faut que nous venions. – Il faut que vous veniez. – Il faut qu'ils viennent.

Complétez la règle suivante : « Au **subjonctif présent**, **tous** les verbes (sauf *être* et *avoir*) ont les mêmes terminaisons : -…, -…, -…, -…, -…, -…. »

5 Il faut que tu sois une femme obéissante. Il faut que j'aie un mari obéissant.

Rendez à chaque radical sa terminaison au présent du subjonctif.

Radicaux			Terminaisons
Que je soi- Que nous soy-	Que tu soi- Que vous soy-	Qu'il soi- Qu'ils soi-	*-ons, -ent, -s, -s, -t, -ez*
Que j'ai- Que nous ay-	Que tu ai- Que vous ay-	Qu'il ai- Qu'ils ai-	*-ons, -ent, -e, -es, -t, -ez*

6 Indiquez le mode, le temps et la personne des verbes dont le radical est en bleu, dans les deux colonnes. Quelle remarque pouvez-vous faire sur les radicaux ?

1. Ils finissent leur repas. Ils peignent leur chambre. Ils tiennent bon.	**2.** → Il faut que je finisse mon repas. → Il faut que tu peignes ta chambre. → Il faut qu'il tienne bon !

7 Complétez la phrase suivante :
« Pour tous les verbes (sauf neuf), le **radical du subjonctif présent**, à toutes les personnes sauf aux deux premières personnes du pluriel, est celui de la … personne du pluriel de l'indicatif …. »

8 Neuf verbes font exception à la règle ci-dessus. Pour les mémoriser, indiquez l'infinitif des verbes en bleu ci-dessous, conjugués au subjonctif présent.

1. Il faut qu'il ait chaud. – **2.** Il faut qu'il soit heureux. – **3.** Il faut qu'il aille mieux. – **4.** Je ne crois pas qu'il faille s'inquiéter. – **5.** Je souhaite qu'il puisse venir. – **6.** Il faut qu'il sache sa leçon. – **7.** Il faut que ça en vaille la peine. – **8.** Bien que tu ne le veuilles pas, je mangerai deux glaces ! – **9.** J'exige que vous fassiez des excuses !

RETENEZ

■ Les **terminaisons** du présent du subjonctif de **tous les verbes**, à l'exception de ***être*** et ***avoir***, sont : ***-e, -es, -e, -ions, -iez, -ent***.

→ **Savoir** (3e groupe) : Que je sache – Que tu saches – Qu'il sache – Que nous sachions – Que vous sachiez – Qu'ils sachent.

■ **Les radicaux**

• Pour tous les verbes (sauf neuf), **le subjonctif présent**, aux deux premières personnes du pluriel (***nous*** et ***vous***) est identique à l'**indicatif imparfait**.

→ Nous vivions ensemble. → Il faut que nous vivions ensemble.
Vous viviez ensemble. → Il faut que vous viviez ensemble.

• Pour tous les verbes (sauf neuf), **le radical du subjonctif présent,** à toutes les personnes **sauf aux deux premières personnes du pluriel** est celui de la **3e personne du pluriel** (***ils***) de **l'indicatif présent**.

→ Ils peignent leur chambre. → Il faut que tu peignes ta chambre.

• Les **neuf verbes** qui ont un radical irrégulier sont les suivants :
Avoir → qu'il ait – ***être*** → qu'il soit – ***aller*** → qu'il aille – ***faire*** → qu'il fasse – ***falloir*** → qu'il faille – ***pouvoir*** → qu'il puisse – ***savoir*** → qu'il sache – ***valoir*** → qu'il vaille – ***vouloir*** → qu'il veuille.

■ **Les verbes *être* et *avoir***

Avoir : Que j'aie – Que tu aies – Qu'il ait – Que nous ayons – Que vous ayez – Qu'ils aient.
Être : Que je sois – Que tu sois – Qu'il soit – Que nous soyons – Que vous soyez – Qu'ils soient.

ATTENTION

1 De nombreux **verbes des 2e et 3e groupes**, à toutes les personnes (sauf à la 1re et la 2e du pluriel), au subjonctif présent, **se prononcent de la même façon** qu'à l'indicatif présent. Mais **ne confondez pas les orthographes** !

Indicatif	Subjonctif	Indicatif	Subjonctif
Je vois	→ Il faut que je voie.	Tu cours	→ Il faut que tu coures.
Il croit	→ Il faut qu'il croie.	Il meurt	→ Il faut qu'il meure.

2 **Les verbes en *-ier, -yer, -gner, -iller, -indre***

N'oubliez pas le « i » de la terminaison des deux premières personnes du pluriel.
→ Il faut que nous travaillions dur ! – Il faut que vous criiez fort.

3 **Le radical des verbes en *-eler* et *-eter***, au subjonctif présent, change à certaines personnes.
→ Que j'appelle – que je jette – que j'achète – que je gèle.
→ Que nous appelions – que nous achetions.

voir RÈGLE 62

Astuces

- Pour retrouver **le radical** du présent du subjonctif, ajoutez mentalement ***Il faut que*** devant la forme verbale.
  → *Savoir* : « Il faut que je le sache. »
- Si vous **hésitez** entre la terminaison du **présent de l'indicatif** et celle du **présent du subjonctif**, remplacez le verbe par un verbe qui change de radical au subjonctif, par exemple le verbe ***faire***.
  → Il faut que je le (voir). → Il faut que je le fasse. → Il faut que je le voie.
  Il s'agit donc d'un **subjonctif**.

ENTRAÎNEZ-VOUS

1 Reconnaître les verbes au subjonctif

Recopiez les verbes au subjonctif. Un indice, il y en a six.

1. Il sait que j'ai le temps. – **2.** Il souhaite que j'aie de la chance. – **3.** Je pense qu'il est intelligent. – **4.** Je ne pense pas qu'il soit intelligent. – **5.** Vous pouvez venir demain. – **6.** J'aimerais que vous puissiez venir demain. – **7.** Nous savons qu'elle le reconnaîtra. – **8.** Nous souhaitons qu'elle le reconnaisse. – **9.** Il sait que je suis d'accord avec lui. – **10.** Qu'il sache que je suis d'accord avec lui. – **11.** Bien qu'il voie mal, il se refuse à mettre ses lunettes. – **12.** Alors qu'il voit mal, il se refuse à mettre ses lunettes.

2 Trouver les radicaux réguliers

a. Conjuguez le verbe à la 3e personne du pluriel (Ils) de l'indicatif présent.

b. Conjuguez-le ensuite à la 1re personne du singulier (Je) du subjonctif présent en le faisant précéder de l'expression *Il faut que* ou *Il ne faut pas que*; puis complétez ce début pour former une phrase qui ait un sens.

Exemple : *craindre → Ils craignent → Il ne faut pas que je craigne de me tromper.*

1. Repeindre – **2.** prendre – **3.** trouver – **4.** connaître – **5.** s'ennuyer – **6.** boire – **7.** rougir – **8.** croire – **9.** voir – **10.** descendre.

3 Mémoriser les radicaux irréguliers

Conjuguez les verbes entre parenthèses au subjonctif présent.

1. Je ne crois pas qu'il (vouloir) nous accompagner. – **2.** Il souhaite qu'on (être) fier de lui. – **3.** Je ne pense pas qu'il (falloir) l'attendre. – **4.** Croyez-vous qu'il (savoir) comment s'y prendre ? – **5.** Bien qu'il (faire) son stage, il pourra vous rejoindre en fin de vacances. – **6.** Il ne pense pas que cela (valoir) la peine de faire tant de kilomètres ! – **7.** Je n'aimerais pas qu'il (avoir) l'impression que nous l'évitons. – **8.** Pensez-vous que je (pouvoir) aller au cinéma ce soir ? – **9.** Il faut absolument que j'(aller) voir cette exposition.

4 Conjuguer au subjonctif présent

Conjuguez au subjonctif présent les verbes entre parenthèses.

1. Je veux que nous (voir) ce nouveau monument. – **2.** Il faut que vous (prier) pour qu'il ne se blesse pas. – **3.** Il faut que nous (peindre) cette pièce avant d'emménager. – **4.** Il faut que vous (crier) plus fort si vous voulez vous faire entendre. – **5.** Il ne faut pas que vous (bâiller), c'est impoli ! – **6.** Il ne faut pas que nous (craindre) de nous tromper ! – **7.** Il faut que vous (travailler) moins !

5 Conjuguer *être* et *avoir* au subjonctif présent

Complétez les phrases suivantes avec le verbe *être* ou *avoir* conjugués au subjonctif présent.

1. Il travaille avec beaucoup de cœur, bien que je ... très exigeante. – **2.** Je crains que vous ne ... légèrement en retard ! – **3.** Il attendait que nous ... prêts. – **4.** Je voudrais que tu ... moins bavard ! – **5.** Je m'arrange toujours pour que les enfants ... déjà au lit, lorsque nous recevons des invités. – **6.** Bien que nous n' ... pas encore l'âge de passer notre permis, nous avons très envie d'apprendre à conduire. – **7.** Il n'est pas juste qu'il ... une punition si rude. – **8.** Je crains que vous n'... du mal à comprendre ses explications ! – **9.** Pourquoi voudriez-vous que j'... peur de lui ? – **10.** Le professeur d'E.P.S. exige que les élèves ... toujours leur tenue de sport. – **11.** Je veux bien que tu sortes, à condition que tu ... la permission de tes parents.

6 Différencier le subjonctif et l'indicatif

Conjuguez le verbe qui est à l'infinitif au présent de l'indicatif, puis au présent du subjonctif.

1. Il ne (courir) pas assez vite. → J'ai bien peur qu'il ne (courir) pas assez vite. – **2.** Vous (croire) qu'il n'en est pas capable. → Il ne faut pas que vous (croire) qu'il n'en est pas capable. – **3.** Il dit qu'il (mourir) de soif. → Nous avons peur qu'il ne (mourir) vraiment de soif. – **4.** Ce chien ne (voir) plus très bien. → Je crains même qu'il ne (voir) plus du tout ! – **5.** L'enfant (sourire) gentiment au commerçant. → La mère exige que l'enfant (sourire) gentiment au commerçant.

Vers l'expression écrite

7 Compléter au subjonctif

Complétez les phrases suivantes en ajoutant, chaque fois, un verbe au subjonctif présent.

1. Je veux que ... – **2.** Il déteste que ... – **3.** Mes parents rêvent que nous ...

Évaluation

8 Exercice

Conjuguez au subjonctif présent les verbes entre parenthèses.

1. Sa mère le couvre trop, car elle craint toujours qu'il (avoir) froid. – **2.** Pourvu que tu ne (rire) pas trop fort, tu risquerais de réveiller nos parents ! – **3.** J'aime que mes enfants (faire) leur travail avec sérieux. – **4.** Pour que tu (pouvoir) écouter tes messages, il faudrait que tu (recharger) la batterie de ton portable. – **5.** Pour que j'(envoyer) des messages, il faudrait que je (savoir) me servir de mon mail. – **6.** Il est fort possible que nous (être) en retard, à cause de la neige. – **7.** Je m'attends à ce que vous (crier) de joie en apprenant la nouvelle. – **8.** Pourvu que tu (avoir) le temps de passer me voir, même cinq minutes !

9 Dictée préparée

MARTINE. – Et que veux-tu, pendant ce temps que je fasse avec ma famille ?

SGANARELLE. – Tout ce qu'il te plaira.

MARTINE. – J'ai quatre pauvres petits enfants sur les bras.

SGANARELLE. – Mets-les à terre.

MARTINE. – Qui me demandent à toute heure du pain.

SGANARELLE. – Donne-leur le fouet : quand j'ai bien bu et que j'ai bien mangé, je veux que tout le monde soit saoul dans ma maison.

MARTINE. – Et tu prétends, ivrogne, que les choses aillent toujours de même ?

Molière, *Le Médecin malgré lui*, 1666, acte I, scène 1.

➪ voir **RÈGLE 55**
et **MÉMOS 1, 2, 11, 13**

ENRICHISSEZ VOTRE VOCABULAIRE

L'expression de la volonté et du désir

1 Vous pouvez utiliser des adjectifs pour exprimer la volonté ou le désir. Complétez ceux dont le début vous est donné. Le nombre de traits correspond au nombre de lettres.

1. On dit, à propos de quelqu'un qui a du pouvoir, qu'il est puis _ _ _ _. – **2.** Un acte qui est accompli parce qu'on le décide est un acte volon _ _ _ _ _. – **3.** Une personne qui est décidée, résolue est une personne déter _ _ _ _ _. – **4.** Quelqu'un qui veut se faire obéir à tout prix est aut _ _ _ _ _ _ _ _. – **5.** Lorsqu'un second ordre vient contredire le premier, on dit que ces deux ordres sont contrad _ _ _ _ _ _ _ _.

2 Il nous faut parfois atténuer nos souhaits… Trouvez les verbes qui ont la même racine que les noms communs suivants. Exemple : *désir* → *désirer*.

1. Volonté – **2.** souhait – **3.** ordre – **4.** réclamation – **5.** convoitise* – **6.** exigence – **7.** rêve.

ET MAINTENANT, ÉCRIVEZ !

SUJET 1

Une sœur aînée est très autoritaire avec son petit frère qui commence à en avoir assez et se rebelle. Imaginez leur dialogue. Vous veillerez à conserver un langage très correct.

Vous leur donnerez à chacun un prénom et présenterez votre texte comme un dialogue de théâtre (voir p. 58).

■ **Orthographe :** Vous utiliserez au moins trois verbes au subjonctif présent (vous les soulignerez).

■ **Vocabulaire :** Vous emploierez au moins cinq mots des exercices de vocabulaire, dont trois verbes qui expriment la volonté (vous les encadrerez).

SUJET 2

Quel peut être le sujet de la dispute qui oppose ces deux personnages ? Imaginez leur dialogue. Vous veillerez à conserver un langage très correct.

Vous leur donnerez à chacun un prénom et présenterez votre texte comme un dialogue de théâtre (voir p. 58).

■ **Orthographe :** Vous utiliserez au moins trois verbes au subjonctif présent (vous les soulignerez).

■ **Vocabulaire :** Vous emploierez au moins cinq mots des exercices de vocabulaire, dont trois verbes qui expriment la volonté (vous les encadrerez).

Uderzo et Goscinny, *Le Domaine des dieux*, p. 14.

10

Les temps composés

VOCABULAIRE

Donner et recevoir

EXPRESSION

Faire un récit autour de Noël

Sacré père Noël !

Dessin d'Emmanuel Letouzé.

DÉCOUVREZ

1

1.	**2.**
Tu **demandes** un cadeau.	→ Tu **as demandé** un cadeau.
Vous **descendiez** par la cheminée.	→ Vous **étiez descendu** par la cheminée.
Je **finirai** de jouer.	→ J'**aurai fini** de jouer.
Elle **demanda** une poupée.	→ Dès qu'elle **eut demandé** une poupée, elle le regretta.

Combien de mots comportent les formes verbales en bleu de la colonne 1 ?
Et celles de la colonne 2 ?

2 Un verbe qui **« aide »** les autres verbes à former leurs temps composés s'appelle-t-il : **a.** un auxiliaire ? – **b.** un participe passé ?

3 Dans quelle colonne trouvez-vous ces verbes qui **« aident »** à former les temps composés ?

4 Dans la colonne 1, quel **verbe** est au présent ? À l'imparfait ? Au futur ? Au passé simple ? Dans la colonne 2, quel **auxiliaire** est au présent ? À l'imparfait ? Au futur ? Au passé simple ?

5 Dites à quel temps composé sont conjuguées les phrases suivantes :

1. Tu as demandé une poupée. – **2.** Vous étiez descendu par la cheminée. – **3.** J'aurai fini de jouer à la poupée. – **4.** Dès qu'elle eut demandé une poupée, elle le regretta.
a. plus-que-parfait – **b.** passé antérieur – **c.** passé composé – **d.** futur antérieur

6 Chaque **temps composé** est formé d'un **auxiliaire** à un temps simple. Chaque temps composé a donc un temps simple qui lui correspond. Complétez les phrases et les exemples suivants.

1. Le présent de l'auxiliaire sert à former le ... des verbes.
→ J'... demandé.

2. L'imparfait de l'auxiliaire sert à former le ... des verbes.
→ J'... demandé.

3. Le passé simple de l'auxiliaire sert à former le ... des verbes.
→ J'... demandé.

4. Le futur simple de l'auxiliaire sert à former le ... des verbes.
→ J'... demandé.

7 Complétez la règle suivante :

« Un verbe conjugué à un temps composé est formé d'un ... et du **participe passé** du verbe conjugué. Les deux auxiliaires sont le verbe ... et le verbe ... . C'est l'... qui **permet de déterminer** le **temps composé** du verbe. »

8 **a.** Tu reçois la poupée que tu as demandée. – **b.** Elle découvrit le cadeau qu'elle avait demandé l'année précédente. – **c.** Elle pleura quand elle eut découvert le cadeau. – **d.** Tu pleureras quand tu auras découvert le cadeau.

Pour chaque phrase, précisez quelle action se déroule en premier : celle du verbe en rouge ou celle du verbe en bleu ? Que pouvez-vous conclure de vos réponses ?

9 Ils ont été heureux. – Elles ont eu de la chance.

Conjuguez chaque phrase au présent et donnez l'infinitif de chaque verbe.

RETENEZ

■ Un temps composé est constitué de l'**auxiliaire *être* ou *avoir*** et du **participe passé** du verbe conjugué. La forme verbale est donc constituée de **deux mots** au minimum.

→ J'ai reçu un cadeau. (auxiliaire *avoir* + participe passé du verbe *recevoir*)

→ Il était descendu par la cheminée. (auxiliaire *être* + participe passé du verbe *descendre*)

■ Au mode indicatif, il existe **quatre temps composés**.

- le **passé composé** : l'auxiliaire est au **présent**.

→ J'ai demandé – Je suis descendue.

- le **plus-que-parfait** : l'auxiliaire est à **l'imparfait**.

→ J'avais demandé – J'étais descendue.

- le **passé antérieur** : l'auxiliaire est au **passé simple**.

→ J'eus demandé – Je fus descendue.

- le **futur antérieur** : l'auxiliaire est au **futur simple**.

→ J'aurai demandé – Je serai descendue.

■ Les **événements évoqués aux temps composés** se déroulent **avant** ceux évoqués aux temps simples (présent, imparfait, passé simple et futur simple).

→ **1.** La petite fille n'aime pas le cadeau qu'elle a reçu à Noël.
Présent — Passé composé

2. La petite fille attendait le cadeau qu'elle avait commandé pour Noël.
Imparfait — Plus-que-parfait

3. La petite fille pleura dès qu'elle eut découvert son cadeau.
Passé simple — Passé antérieur

4. La petite fille pleurera quand elle aura découvert son cadeau.
Futur simple — Futur antérieur

ATTENTION

1 Le participe passé n'est **pas toujours placé juste après l'auxiliaire**. Pensez à lire la phrase entière pour connaître le temps du verbe.

→ J'ai depuis longtemps arrêté de jouer à la poupée.

2 **L'accord du participe passé**

• Le **participe passé** d'un verbe conjugué avec l'auxiliaire ***avoir* ne s'accorde pas avec le sujet du verbe**. Il s'accorde en genre et en nombre avec le COD, si celui-ci est placé avant le verbe.

→ Ils ont **reçu** un cadeau. – Elle a **reçu** un cadeau. ≠ Regarde la poupée que j'ai **reçue** !

• Le **participe passé** d'un verbe conjugué avec l'auxiliaire ***être* s'accorde en genre et en nombre** avec **le sujet du verbe**.

→ **Ils** sont **venus** fêter Noël à Strasbourg. – **Elle** est **venue** fêter Noël à Strasbourg.

3 **Pour les verbes *être* et *avoir*** ⇨ **voir tableaux de conjugaison, p. 213-219**

ENTRAÎNEZ-VOUS

1 Distinguer verbe et auxiliaire

Recopiez les phrases où *être* ou *avoir* sont des auxiliaires, et aident donc à former un temps composé. Pensez à chercher si les phrases comportent un participe passé.

1. Je n'ai pas le scénario de cette bande dessinée. – **2.** Je n'ai pas tous les albums de *L'Épervier*. – **3.** Picsou a beaucoup d'argent. – **4.** Vous êtes tous partis avant d'avoir terminé votre lecture ? – **5.** Vous êtes tous des abonnés du *Journal de Mickey* ? – **6.** Au début du XXe siècle, tous les enfants n'avaient pas appris à lire à l'âge de six ans. – **7.** Au début du XXe siècle, tous les enfants n'avaient pas de livres.

2 Revoir la conjugaison des auxiliaires

Conjuguez le verbe *avoir*, puis le verbe *être*, aux personnes et aux temps de l'indicatif demandés.

1. Présent : *je* ; *nous* – **2.** Imparfait : *tu* ; *vous* – **3.** Passé simple : *elle* ; *ils* – **4.** Futur : *je* ; *nous* – **5.** Passé composé : *tu* ; *vous* – **6.** Plus-que-parfait : *elle* ; *ils* – **7.** Passé antérieur : *je* ; *nous* – **8.** Futur antérieur : *tu* ; *vous*.

3 Repérer un verbe conjugué à un temps composé

Recopiez le verbe conjugué à un temps composé puis donnez son infinitif.

1. Quand aurez-vous terminé le dernier épisode de *Spirou* ? – **2.** Jonathan était revenu du Japon avec de nombreux mangas*. – **3.** Depuis combien de temps n'aviez-vous pas lu d'album de bande dessinée ? – **4.** Les créateurs d'*Astérix*, sont parvenus à faire connaître les Gaulois à des millions d'étrangers. – **5.** Côme n'a pas été content lorsque son frère a déchiré sa bande dessinée.

4 Employer les temps composés

Complétez les phrases suivantes en choisissant dans la liste la forme appropriée : *eus fini - avais fini - ai fini - aurai fini.*

1. Je suis content parce que j'... mes devoirs rapidement. – **2.** J'étais content parce que j'... mes devoirs rapidement. – **3.** Je serai content quand j'... mes devoirs. – **4.** Je fus content quand j'... mes devoirs.

5 Reconnaître les temps composés

Revoyez la conjugaison des verbes *avoir* et *être* à l'indicatif puis indiquez le temps de chaque forme verbale.

1. Je serai partie – **2.** Tu étais allé – **3.** Il aura pris – **4.** Nous eûmes compris – **5.** Vous avez dessiné – **6.** Ils auront tracé – **7.** J'aurai bu – **8.** Tu eus rangé – **9.** Il a surpris – **10.** Nous étions parvenus – **11.** Vous êtes descendus – **12.** Ils ont écrit – **13.** Il fut parti.

6 Choisir l'auxiliaire

Choisissez, pour les phrases suivantes, la forme qui convient : *aura – êtes – eûmes – avais.*

1. Quand nous ... enfin terminé nos leçons, nous pûmes lire notre bande dessinée favorite. – **2.** Si tu ... pu voir cette adaptation de *Spider Man* sur grand écran, cela t'aurait certainement plu ! – **3.** Depuis que vous ... partis, je passe mes journées seul à lire des bandes dessinées. – **4.** Quand le dessinateur ... terminé ses dessins, il devra passer des encres de couleur sur son ouvrage.

7 Conjuguer à un temps composé

Complétez la forme verbale au temps demandé entre parenthèses.

1. Je ... beaucoup ... en lisant ce nouvel album de *Gaston*. (s'amuser, *passé composé*) – **2.** Tu ... souvent ... comment les dessinateurs créaient leurs personnages. (se demander, *plus-que-parfait*) – **3.** Il sera content quand il ... à dessiner. (apprendre, *futur antérieur*) – **4.** Quand ils ... de lire leur *Boule et Bill*, ils s'amusèrent à s'interroger sur les détails de l'histoire. (finir, *passé antérieur*)

8 Conjuguer un verbe à un temps composé

Dans chacune des phrases suivantes, choisissez d'une part l'auxiliaire, d'autre part le participe passé qui convient.

Auxiliaires : ***furent - aura – ai – sont - seront – avais – étaient.***

Participes passés : ***parvenus – prêté – revenues – terminé – revenus – parvenues – menti.***

1. Quand elles … … au sommet, elles seront fières. – **2.** Quand ils … … de l'autre côté du lac, ils s'effondrèrent, épuisés par la traversée à la nage. – **3.** Si tu n'… pas …, tes parents ne t'auraient pas puni. – **4.** Lorsqu'il … enfin … son travail, il pourra aller jouer. – **5.** Sophie ne m'a pas rendu le livre que je lui … … . – **6.** Depuis qu'ils … … du cinéma, ils ne cessent de répéter des phrases du film. – **7.** Depuis qu'elles … … du cinéma, elles ne cessaient de répéter des phrases du film.

Vers l'expression écrite

9 Modifier les dialogues d'une bande dessinée

Reprenez la bande dessinée p. 64 et inventez une autre histoire : la petite fille sera, cette fois, satisfaite. Vous utiliserez les mêmes temps composés que dans les dessins d'origine mais emploierez d'autres verbes. Vous pouvez refaire le dessin.

Évaluation

10 Exercice

Conjuguez les verbes entre parenthèses au temps de l'indicatif demandé.

1. Patricia et Jean, quand vous (arriver, *futur antérieur*), n'oubliez pas de téléphoner ! – **2.** Je (ne pas s'apercevoir, *plus-que-parfait*) de sa générosité avant de vivre avec elle. – **3.** Il m'(cacher, *plus-que-parfait*) qu'il (s'entraîner, *plus-que-parfait*) la veille du match. – **4.** Quand Batman (débarrasser, *futur antérieur*) Gotham City* de tous ses criminels, les gens pourront enfin circuler tranquillement. – **5.** Je me demande pourquoi Tintin (ne jamais tomber, *passé composé*) amoureux. – **6.** Si tu (pouvoir, *plus-que-parfait*), tu aurais acheté tout le magasin ! – **7.** Quand le printemps (revenir, *passé antérieur*), les oiseaux réapparurent dans le jardin. – **8.** Quand le printemps (revenir, *futur antérieur*), les oiseaux réapparaîtront dans le jardin. – **9.** Dès que les passants (entrevoir, *passé composé*) la star, ils se sont précipités en hurlant sur la limousine* noire.

11 Dictée préparée

Or, un jour que les Romains avaient attaqué (nos pères et nos aînés étaient partis et nos mères étaient occupées à faire rôtir les sangliers de la victoire), nous, les petits Gaulois, nous nous trouvions dans la cour de l'école, sans surveillance, et nous cherchions à nous distraire.

– Si on faisait une bataille contre les Romains ? proposa Gommarabix.

Gommarabix était le plus fort de la classe ; un vrai dur qui ne rêvait que de plaies et de bosses ; tout le monde a été d'accord avec lui, sauf moi qui ai demandé où il comptait trouver des Romains.

Comment Obélix est tombé dans la marmite du druide quand il était petit,
© éd. Albert René, 1989.

➪ voir RÈGLES 12, 60 et MÉMO 10

ENRICHISSEZ VOTRE VOCABULAIRE

Donner et recevoir

Complétez les phrases en recopiant le mot ou l'expression qui convient.

offrir - générosité - joie - surprise - accepter - émotion - cadeaux - présent - colis

1. Pour la fête des mères, Thalia compte ... un collier à sa maman. – **2.** Mes enfants m'ont fait une belle ... : ils ont invité tous mes amis pour mon anniversaire sans me le dire. – **3.** Il m'a envoyé une montre par ... express pour Noël. – **4.** Baptiste a montré beaucoup de ... : il a donné son plus beau jouet à son petit frère qui s'était cassé la jambe. – **5.** C'est toujours un plaisir de voir la ... des enfants quand ils découvrent leurs ... sous l'arbre de Noël. – **6.** Lorsque Guillaume a déballé son énorme paquet, son ... était telle que ses mains tremblaient. – **7.** Je n'ose ... un tel ... : je ne vous ai rendu qu'un petit service !

ET MAINTENANT, ÉCRIVEZ !

SUJET 1

Un enfant démuni reçoit, le soir de Noël, un cadeau merveilleux de la part d'un inconnu généreux. Imaginez la scène et le dialogue entre l'enfant et l'inconnu.

Votre texte comportera une dizaine de lignes.

■ **Orthographe :** Vous utiliserez au moins trois verbes conjugués à un temps composé (vous les soulignerez).

■ **Vocabulaire :** Vous emploierez au moins trois mots de l'exercice de vocabulaire (vous les encadrerez).

SUJET 2

Imaginez ce que peut penser ce petit garçon qui vient de faire une très étonnante découverte !

■ **Orthographe :** Vous utiliserez au moins trois verbes conjugués à un temps composé (vous les soulignerez).

■ **Vocabulaire :** Vous emploierez au moins trois mots de l'exercice de vocabulaire (vous les encadrerez).

N. Rockwell, *Le Tiroir du bas* (1950), musée Rockwell, Stockbridge.

11

L'accord du sujet avec le verbe

VOCABULAIRE

La ruse

EXPRESSION

Faire dialoguer des animaux et des hommes

Un petit poisson astucieux

Dans les *Histoires comme ça*, Rudyard Kipling imagine un monde où les animaux parlent. Voici le début d'un conte qui prouve que la taille ne fait pas l'intelligence.

Il y avait une fois, ô ma Mieux-Aimée[1], il y avait dans la mer une Baleine, et qui **mangeait** les poissons. Tous les poissons qu'elle **pouvait** attraper dans toute la mer, elle les **mangeait** avec sa bouche – comme ça ! Jusqu'à ce qu'enfin, il ne restât plus qu'un seul petit poisson dans toute la mer, et c'**était** un petit Poisson-plein-d'astuce, et il **se tenait** en nageant juste derrière l'oreille droite de la Baleine, crainte de malentendu[2].

Alors la Baleine **se dressa** debout sur sa queue et **dit** :

– J'**ai** faim.

Et le petit Poisson-plein-d'astuce **dit** d'une voix pleine d'astuce également :

– Noble et généreux Cétacé[3], **as**-tu jamais **goûté** de l'Homme ?

– Non, **dit** la Baleine, à quoi ça **ressemble** ?

– C'est bon, **dit** le petit Poisson-plein-d'astuce.

Rudyard Kipling, *Histoires comme ça*,
trad. R. d'Humières et L. Fabulet, © Delagrave, 1984.

1. ma Mieux-Aimée : le narrateur raconte une histoire à celle qu'il aime. **2. crainte de malentendu :** par crainte de ne pas être compris. **3. cétacé :** mammifère marin.

Un requin-baleine en eaux profondes.

DÉCOUVREZ

1 La Baleine **se dressa** debout sur sa queue. – J'**ai** faim.

Recopiez le sujet de chaque verbe en bleu. À quelle personne chacun de ces verbes est-il conjugué ?

2 Qu'est-ce qui vous a permis de trouver les réponses à la question ci-dessus ?

3 C'est bon, **dit** le petit Poisson-plein-d'astuce.

Quel est le sujet du verbe *dit* ? Se trouve-t-il avant le verbe ou après le verbe ?

4 **Aimerais**-tu manger de l'Homme ?

Relevez le sujet du verbe en bleu. De quel type de phrase s'agit-il ?

5 Elle **les** mangeait avec sa bouche.

Dans la phrase ci-dessus, qui fait l'action de manger ?
a. « Elle » (la baleine) – **b.** « les » (les poissons)

6 Le petit Poisson dit : « La Baleine et moi **sommes** dans la mer. »

À quelle personne le verbe *être* est-il conjugué ? Pourquoi ?

7 La Baleine et toi **pourrez** bientôt manger une autre nourriture.

À quelle personne le verbe *pouvoir* est-il conjugué ? Pourquoi ?

8 **a.** Il y avait une Baleine **qui mangeait** les poissons.
b. Il y avait des Baleines **qui mangeaient** des poissons.
c. Vous **qui aimez** les baleines, protégez-les.

Relevez, dans chaque phrase, le groupe de mots ou le mot repris par le pronom *qui*. Justifiez, chaque fois, l'accord du verbe en bleu.

9 C'**était** un petit Poisson-plein-d'astuce.

Le sujet de *était* est le pronom « C' ». Quel groupe nominal remplace ce pronom ?

10 Accordez correctement le verbe à l'imparfait dans la phrase ci-dessous.
Attention, le pronom « C' » remplace désormais un groupe nominal au pluriel.

C'**...** des petits Poissons-pleins-d'astuce.

RETENEZ

■ Le verbe **s'accorde** en personne et en nombre avec son **sujet.**
→ La baleine **se dressa** sur sa queue. – Les baleines **se dressèrent** sur leur queue.
La règle est valable **quelle que soit la place du sujet**.

■ Le sujet est parfois **éloigné du verbe.**
→ Les poissons dont la Baleine se régalait **avaient** très peur d'elle.

■ Il peut arriver que le sujet soit placé **après le verbe**. C'est le cas :
- dans les phrases **interrogatives** :
→ Que **mangent** les baleines ?
- dans des phrases qui commencent par un **complément circonstanciel** ou par certains **adverbes** :
→ Au beau milieu des flots, **nageait** un banc de poissons. – Peut-être le **mangera**-t-elle.
- après des **paroles rapportées** directement :
→ – Non, **dit** la Baleine.
- dans certaines **propositions subordonnées**, dans un registre soutenu :
→ Vous ignorez tout des difficultés que **rencontrent** les baleines pour se nourrir.

ATTENTION

1 L'accord avec plusieurs sujets

• Si le verbe a plusieurs sujets à la **3e personne** du singulier, il se conjugue à la **3e personne du pluriel**.
→ Le mulet, le merlan et le maquereau **sont** des poissons.

• Si le verbe a plusieurs sujets, dont un à la **2e personne**, il se conjugue à la **2e personne du pluriel**.
→ La Baleine et **toi** **pourrez** bientôt manger une autre nourriture.

• Si le verbe a plusieurs sujets, dont un à la **1re personne**, il se conjugue à la **1re personne du pluriel. La 1re personne l'emporte toujours sur les autres !**
→ La baleine, toi et **moi** **pourrons** bientôt manger une autre nourriture

2 Si le pronom relatif *qui* est sujet du verbe, on accorde le verbe avec le nom ou pronom que remplace ***qui***.
→ Vous qui **êtes** des petits poissons, méfiez-vous des baleines ! (***qui*** représente *vous* dans la proposition subordonnée relative).

3 Si le sujet du verbe être est le pronom ***ce*** (ou « **c'** » devant une voyelle), on accorde, en général, le verbe avec le **nom**, le **pronom** ou le **groupe nominal que représente *ce*** (ou ***c'***).
→ C'**est** un poisson. – Ce **sont** des poissons.

Astuce

Pour trouver le sujet d'un verbe, posez-vous la question **« Qu'est-ce qui »** ou **« Qui est-ce qui fait l'action du verbe ? »**.

➜ Au large **s'élevaient** de grands jets d'eau.

Qu'est-ce qui « s'élevaient » au large ? → « de grands jets d'eau ».
On met donc le verbe à la 3e personne du pluriel.

Ayez ce réflexe lorsque le sujet et le verbe sont séparés par un pronom.

➜ La baleine **les** mange.

ENTRAÎNEZ-VOUS

1 Reconnaître le sujet du verbe

Dans les phrases suivantes, relevez le sujet de chaque verbe en bleu.

1. Il connaît les jeux que préfèrent les enfants. – **2.** De qui me parles-tu ? – **3.** Quand pourrez-vous venir nous voir ? – **4.** Les exercices nous ont paru très difficiles. – **5.** Qui est libre ce soir ? – **6.** Dans le ciel où volent de magnifiques oiseaux de passage, la lumière du soleil décline peu à peu.

2 Repérer le sujet et accorder le verbe

Dans le texte suivant, recopiez les phrases en encadrant les sujets des verbes en bleu et en complétant la terminaison du verbe.

Toute la journée, les enfants jouai... dans les grandes salles du château, où des fleurs vivantes poussai... sur les murs. Lorsqu'on ouvrai... les fenêtres d'ambre jaune, les poissons y entrai... comme chez nous les hirondelles, et ils mangeai... dans la main des petites princesses qui les caressai.... Devant le château étai... un grand jardin avec des arbres d'un bleu sombre ou d'un rouge de feu. Les fruits brillai... comme l'or, et les fleurs, agitant sans cesse leur tige et leurs feuilles, ressemblai... à de petites flammes.

Andersen, *La Petite Sirène*, trad. D. Soldi, 1856.

3 Accorder le verbe avec son sujet

Recopiez les phrases suivantes en soulignant le(s) sujet(s) des verbes et en conjuguant ces verbes au temps de l'indicatif demandé.

1. Que (*faire*, présent)-vous ? – **2.** Il accomplit scrupuleusement les devoirs que lui (*imposer*, présent) ses parents. – **3.** (*Prendre*, futur simple)-vous le temps de vous reposer ? – **4.** Au centre de la pièce (*se dresser*, présent) deux magnifiques fauteuils. – **5.** « C'est incroyable ! » (*s'écrier*, passé simple) Maria et Leila. – **6.** Je les connais, ce (*être*, présent) les amis que tu m'as présentés l'an dernier.

4 Accorder un verbe qui a plusieurs sujets

Conjuguez les verbes au présent de l'indicatif.

1. Géraldine et moi (être) amies. – **2.** Ton frère et toi (avoir) de la chance de bien vous entendre ! – **3.** Ton père, toi et moi (partir) dimanche prochain. – **4.** Vous et eux n'(arriver) pas à trouver de bonne solution. – **5.** Toi et moi (avoir) toujours des confidences à nous faire. – **6.** Vous et moi (croire) que l'argent ne fait pas le bonheur. – **7.** Ton entraîneur et moi (penser) que tu devrais te reposer.

5 Accorder un verbe dont le sujet est *qui*

Conjuguez les verbes entre parenthèses au présent de l'indicatif.

1. C'est nous qui (avoir) rendez-vous à cinq heures. – **2.** Nous faire attendre ainsi, nous qui (être) toujours à l'heure ! – **3.** Hier, j'ai rencontré Jérôme et Sacha qui (travailler) désormais dans l'entreprise en face de chez moi. – **4.** Mathilde et toi, qui (connaître) le quartier, vous l'accompagnerez. – **5.** J'ai beaucoup pensé à vous qui (aimer) tant l'Italie, pendant ce voyage à Rome. – **6.** Toi qui (savoir) tout, réponds à cette question ! – **7.** Lui qui (savoir) tout, il pourra certainement te répondre.

6 Faire l'accord sujet / verbe avec un pronom intercalé

Accordez le verbe entre parenthèses avec son sujet, au temps demandé. Les verbes sont au mode indicatif.

1. Philippe les (*regarder*, présent) avec tendresse. – **2.** Tu lui (*plaire*, présent) beaucoup. – **3.** Je ne me sers plus de ces livres, je vous les (*donner*, présent) volontiers ! – **4.** Je vous (*demander*, imparfait) simplement de me rendre ce service. – **5.** Ils nous (*rendre*, futur simple) la monnaie de notre pièce. – **6.** Tu leur (*parler*, présent) trop vite, articule !

Vers l'expression écrite

7 Inventer un dialogue

Inventez un dialogue en complétant ces phrases.

« C'est vous qui … ?

– Non, c'est toi qui … .

– Impossible, jamais Nemo et moi n'… .

– Pourtant la plupart d'entre nous … .

– Ce ne sont pas … . »

Évaluation

8 Exercice

Conjuguez les verbes entre parenthèses au présent de l'indicatif.

1. Les rideaux que l'on a fait installer dans la salle de réception du château (être) en soie. – **2.** Pourquoi ne (prendre)-vous pas le temps d'y réfléchir plus longuement ? – **3.** (Modifier)-ils les limitations de vitesse ? – **4.** Je ne le ferai pas, à moins que ce ne soit toi qui le (demander) ! – **5.** La salle où (entrer) les élèves a été repeinte pendant l'été. – **6.** La seule chose que nous vous (demander) (être) de vous tenir tranquilles ! – **7.** Ce ne (être) pas vos affaires ! – **8.** Toi et moi (être) toujours d'accord. – **9.** Il les (regarder) avec curiosité.

9 Dictée préparée

– Au secours ! Au secours ! Ô pauvre de moi ! N'y **a-t-il** personne pour venir me sauver ?

– Qui **veux-tu qui** te **sauve**, <u>malheureux</u> ?... **dit** dans l'obscurité **une voix fêlée** de <u>guitare</u> désaccordée.

– **Qui parle** ainsi ? **demanda Pinocchio**, glacé d'épouvante.

– **C'est** moi ! Un pauvre <u>thon</u> avalé par le Requin en même temps que toi. Et toi, quel poisson **es-tu** ?

– Moi, **je** n'**ai** rien à voir avec les poissons. **Je suis** un pantin.

– Et alors, si **tu** n'**es** pas un poisson, pourquoi t'**es-tu fait** avaler par le monstre ?

– Ce n'**est** pas moi **qui** me **suis fait** avaler : **c'est** lui **qui** m'**a avalé** !

Carlo Collodi, *Les Aventures de Pinocchio*, © Hachette Livre, « Le Livre de Poche Jeunesse », 1983.

➩ voir RÈGLE 21 et MÉMOS 16, 20

ENRICHISSEZ VOTRE VOCABULAIRE

La ruse

Complétez chaque phrase avec le mot de la liste qui convient.

futé – ingénieux* – tromper – prudent – piège – malin – rusée – réfléchit – astuces.

1. Cet enfant est ... comme un singe, il sait contourner toutes les difficultés. – **2.** Ce livre est plein d'... qui permettent de ne plus faire de fautes d'orthographe. – **3.** Il n'est pas tombé dans le ... que lui avaient tendu ses ennemis. – **4.** C'est un garçon ... qui ... avant d'agir. – **5.** Impossible de la ..., elle devine toujours tout ce qu'on veut lui cacher, elle est ... comme un renard ! – **6.** Ne prenez pas l'autoroute cet après-midi, Bison ... a prévu des embouteillages. – **7.** Il a trouvé un système très ... pour classer ses photos.

ET MAINTENANT, ÉCRIVEZ !

SUJET 1

Imaginez comment le petit Poisson-plein-d'astuce organise la rencontre entre la Baleine et son nouveau repas : l'Homme.
Votre texte comportera une dizaine de lignes dont un passage de dialogue de quatre ou cinq lignes. Vous tiendrez compte des caractères des animaux : petit poisson astucieux, baleine gloutonne.

■ **Orthographe :** Vous utiliserez au moins une phrase à la forme interrogative avec inversion du sujet et une phrase contenant le pronom relatif *qui* (vous soulignerez les verbes ainsi que leurs sujets).
■ **Vocabulaire :** Vous emploierez au moins trois mots de l'exercice de vocabulaire (vous les encadrerez).

SUJET 2

Vous visitez cet aquarium et vous vous arrêtez devant d'étranges poissons. L'un d'eux vous demande de le sortir de là. Vous mettez au point un plan d'évasion.
Votre texte comportera une dizaine de lignes dont un passage de dialogue de quatre ou cinq lignes.

■ **Orthographe :** Vous utiliserez au moins deux phrases à la forme interrogative avec inversion du sujet et une phrase contenant le pronom relatif *qui* (vous soulignerez les verbes ainsi que leurs sujets).
■ **Vocabulaire :** Vous emploierez au moins trois mots de l'exercice de vocabulaire (vous les encadrerez).

Un bien bel aquarium...

12

L'accord des adjectifs qualificatifs

VOCABULAIRE

Le souvenir et les sensations

EXPRESSION

Raconter la vie d'un objet

W.M. Chase, *Dans l'atelier*, Brooklyn Museum of Art, New York.

Le buffet

C'est un **large** buffet **sculpté**; le chêne **sombre**,
Très **vieux**, a pris cet air si **bon** des **vieilles** gens;
Le buffet est ouvert, et verse dans son ombre
Comme un flot de vin **vieux**, des parfums **engageants**;

Tout plein, c'est un fouillis de **vieilles** vieilleries,
De linges **odorants** et **jaunes**, de chiffons
De femmes ou d'enfants, de dentelles **flétries**[1],
De fichus de grand-mère où sont peints des griffons[2];

C'est là qu'on trouverait les médaillons[3], les mèches
De cheveux **blancs** ou **blonds**, les portraits, les fleurs [**sèches**
Dont le parfum se mêle à des parfums de fruits.

Ô buffet du **vieux** temps, tu sais bien des histoires,
Et tu voudrais conter tes contes et tu bruis
Quand s'ouvrent lentement tes **grandes** portes **noires**.

Octobre 70

Arthur Rimbaud, *Poésies*.

1. flétries : qui ont perdu leur éclat. **2. griffon :** animal fantastique à tête de lion et corps d'oiseau. **3. médaillon :** bijou arrondi contenant un portrait.

DÉCOUVREZ

1 Les mèches de cheveux **blancs** ou **blonds** – Tes **grandes** portes **noires**.

Les mots en bleu appartiennent-ils à la classe grammaticale des :
a. noms ? – **b.** adjectifs qualificatifs ? – **c.** déterminants ?

2 Un buffet **sculpté** – Des **grandes** portes

Intervertissez les adjectifs et accordez-les. « Un **g...** buffet – des portes **s...** »
Quelle est donc en général la marque du féminin ? Celle du pluriel ?

3 Un **grand** buffet – Un linge **odorant**.

Prononcez les adjectifs *grand* et *odorant* à haute voix. Entendez-vous leur terminaison ?
Accordez-les au féminin.
Une g... armoire – une serviette o...
Grâce au féminin de l'adjectif, qu'avez-vous repéré ?

4 Un **beau** buffet → De **beaux** buffets.

Complétez la règle suivante :
« Les adjectifs en *-eau* font leur masculin pluriel en -.... »

5 Un trait **vertical** → Des traits **verticaux**.

Complétez la règle suivante :
« La plupart des adjectifs en *-al* font leur masculin pluriel en -..., sauf les sept adjectifs suivants : *banal, bancal*, fatal, final, glacial, natal, naval*.* »

6 Accordez au féminin les adjectifs suivants.
Un regard cruel → Une parole cruel... – Un meuble ancien → Une armoire ancien...

7 Les adjectifs en *-et* forment leur féminin en *-ète* ou en *-ette*. Accordez au féminin les adjectifs suivants : complet – muet – inquiet – net – secret.

8 Certains radicaux se modifient au féminin. Accordez les adjectifs suivants au féminin.
Fier - neuf – veuf - séducteur - menteur - enchanteur - franc – nerveux – vif – fou – beau - vieux - malin.

9 Classez les adjectifs suivants en deux colonnes : ceux qui ont une forme identique au masculin et au féminin et ceux qui ont une forme différente.
Aquatique – pratique – caractéristique – public – préparatoire – obligatoire – noir – immobile – habile – utile – civil – viril.

10 Des linges odorants et **jaunes** – Tes grandes portes **noires**.

Les adjectifs en bleu s'accordent-ils avec le nom ?

11 Des tissus **orange** – **L'orange** est un fruit délicieux.

L'adjectif en bleu s'accorde-t-il avec le nom ? À quelle classe grammaticale autre que celle des adjectifs, appartient le mot *orange* ?

12 Tes portes **bleu foncé** – Des feuilles **vert clair**.

Pourquoi les adjectifs de couleur ne s'accordent-ils pas ?

RETENEZ

L'accord de l'adjectif qualificatif

• L'adjectif qualificatif **s'accorde** en **genre** et en **nombre** avec le **nom** qu'il qualifie. La marque du **féminin** est, en général, « **e** ». La marque du pluriel est, en général, « **s** ».

→ Un **grand** buffet → des **grands** buffets.

→ Une **grande** armoire → des **grandes** armoires.

• Lorsque l'adjectif qualifie **plusieurs noms**, si l'**un** au moins des noms est **masculin**, l'adjectif s'accorde au **masculin pluriel**.

→ Le buffet et l'armoire sont **grands**.

Les adjectifs de couleur

• En règle générale, **les adjectifs de couleur s'accordent** avec le nom qu'ils qualifient, comme des adjectifs qualificatifs normaux.

→ Tes grandes portes noires.

• Les adjectifs de couleur **ne s'accordent pas** :

– si on leur ajoute un nom, un autre adjectif, une expression qui apporte une **nuance** à la couleur.

→ Tes portes bleu foncé – des feuilles vert clair.

– si la couleur vient d'un **nom commun**.

→ Des tissus orange – tes grandes portes marron.

Exceptions : Certains adjectifs, bien qu'ils viennent d'un nom commun, s'accordent. C'est le cas pour quatre adjectifs : *pourpre - écarlate - rose - mauve.*

→ Ses chaussettes orange étaient striées de bandes roses.

(Pourtant la rose est une fleur.)

ATTENTION

1 **Les adjectifs en *-eau* et en *-al***

• Les adjectifs en ***-eau*** font leur masculin pluriel en ***-eaux***.

→ Un **beau** cadeau → De **beaux** cadeaux.

• Les adjectifs en ***-al*** font leur masculin pluriel en ***-aux***.

→ Un geste **amical** → Des gestes **amicaux**.

Exceptions : *banal, bancal, fatal, final, glacial, natal, naval.*

2 Certains adjectifs **doublent leur consonne finale** du masculin avant le « e » pour former le **féminin**.

→ Un **bon** ami → Une **bonne** amie.

3 Au **féminin**, certains adjectifs **modifient** leur **radical**.
→ Naïf → naïve – heureux → heureuse – fier → fière – public → publique – blanc → blanche – vieux → vieille – fou → folle – beau → belle.

4 Certains adjectifs ont **deux formes au masculin**. C'est le cas de *beau, fou, mou, vieux, nouveau*. Devant un mot qui commence par une **voyelle** ou un **« h » muet** (qui permet la liaison), ils prennent les formes suivantes : *bel, fol, mol, vieil, nouvel*.
→ Un vieux livre → un vieil homme – Un nouveau meuble → un nouvel élève.

5 Certains adjectifs ont la **même forme au masculin et au féminin singulier**.

• Les adjectifs dont le féminin se termine en ***-ique*** ont un masculin également en *-ique*.
→ Cette pochette est pratique. Ce sac est pratique.
Exceptions : publique au féminin → public au masculin – laïque → laïc au masculin.

• Les adjectifs dont le féminin se termine en ***-oire*** ont un masculin également en *-oire*.
→ Cette pièce d'identité est obligatoire. – Ce travail est obligatoire.
Exception : noire au féminin → noir au masculin.

• Les adjectifs dont le féminin se termine en ***-ile*** ont un masculin également en *-ile*.
→ Cette visite médicale est utile. Ce buffet est utile.
Exceptions : civile → civil au masculin ; puérile → puéril ; subtile → subtil ; vile → vil ; virile → viril ; volatile → volatil.

Remarque : L'adjectif *tranquille* est le seul à se terminer en *-ille* ; il a la même forme au masculin et au féminin singulier.

Astuces

■ Pour vous rappeler la liste des **adjectifs en *-al*** qui ont leur masculin **pluriel en *-als***, mémorisez la petite histoire suivante :
« Événements peu **banals** sur les chantiers **navals** ! Des bossus **bancals** aux sourires **glacials** ont engagé des combats **fatals** sur leurs quais **natals**. Résultats **finals** : 7 blessés. »

■ Certains **féminins** peuvent vous aider à trouver la **terminaison du masculin**. Vous avez oublié l'orthographe finale de *précis* ? Rappelez-vous son féminin : « précise ». Vous saurez alors que **l'adjectif se termine par un « s »** au masculin singulier !

■ Pour retenir les exceptions des adjectifs de couleur, pensez à la **PERM** (*pourpre - écarlate - rose - mauve*) ; **avec ces adjectifs, on a la « perm' » d'accorder** (c'est-à-dire « la permission »).

ENTRAÎNEZ-VOUS

1 Accorder l'adjectif avec plusieurs noms

Observez attentivement l'accord des adjectifs qualificatifs et dites quelles affirmations sont vraies. Justifiez votre réponse.

1. Claude, Dominique et Sophie sont bien gaies aujourd'hui : **a.** Claude est un garçon. **b.** Dominique est une fille. – **2.** Martine et Camille sont studieux : **a.** Camille est une fille. **b.** Camille est un garçon. – **3.** Valentine et Claude sont heureux : **a.** Claude est une fille. **b.** Claude est un garçon.

2 Accorder l'adjectif qualificatif en genre et en nombre

Complétez les phrases par l'adjectif qui convient.

a. ***lourd – lourde – lourds – lourdes.***

1. J'ai un petit appétit, je ne supporte pas les repas trop … . – **2.** Elle semblait peiner à porter ses deux … valises. – **3.** Ce meuble est vraiment …, je n'arriverai pas à le déplacer tout seul. – **4.** Au fur et à mesure que nous avancions, sa démarche se faisait plus ….

b. ***épais – épaisse – épaisses.***

1. Tes cheveux sont si … qu'ils sont difficiles à démêler. – **2.** Son visage lourd et ses lèvres … manquent d'élégance. – **3.** La haie de lauriers était si … qu'elle eut du mal à la tailler.

c. ***épicé – épicée – épicés – épicées.***

1. Les plats exotiques sont, en général, trop … à mon goût. – **2.** Sa soupe n'était pas suffisamment …, on aurait dit un bouillon de légumes. – **3.** Son ragoût, … à souhait, était un délice. – **4.** J'ai toujours un peu peur avant de goûter ses préparations, généralement très ….

3 Accorder des adjectifs au pluriel

Accordez les groupes nominaux suivants au pluriel.

1. Un paysage gai – **2.** Un petit homme – **3.** Une jolie fille – **4.** Un pied nu – **5.** Une lame pointue – **6.** Un vase plein.

4 Accorder des adjectifs au singulier

Accordez les groupes nominaux suivants au singulier.

1. Des temps orageux – **2.** Des meubles bas – **3.** Des sourires amicaux – **4.** Des faits divers – **5.** De gros ennuis – **6.** Des amis loyaux*.

5 Accorder des adjectifs au féminin et former une phrase

Pour chaque adjectif, formez une phrase où il sera employé au féminin.

1. Mignon – **2.** cruel – **3.** tel – **4.** coquet – **5.** dernier – **6.** pareil – **7.** italien – **8.** inquiet.

6 Accorder un groupe nominal au masculin

Remplacez le groupe nominal au féminin en bleu par le groupe nominal au masculin entre parenthèses, puis accordez l'adjectif.

1. Il a vécu une enfance (un moment) heureuse. – **2.** Il a acheté une armoire (un buffet) neuve. – **3.** J'aime m'essuyer avec une serviette (un drap de bain) sèche. – **4.** José a une attitude (un comportement) séductrice. – **5.** Claude est une femme (un homme) très active. – **6.** Je suis soulagé d'avoir retrouvé ma fille (mon fils) saine et sauve. – **7.** Il doit supporter une sœur (un frère) très jalouse. – **8.** Je préfère acheter de la viande (du poisson) fraîche, plutôt que congelée. – **9.** Il a su faire face à cette situation (ce climat) explosive.

7 Accorder des adjectifs en *-al* au pluriel

Accordez au pluriel les adjectifs entre parenthèses.

1. Manger et boire sont des actes (banal). – **2.** Les rassemblements (général) sont des événements rares. – **3.** Des accidents (fatal*) peuvent arriver si l'on conduit trop vite. – **4.** Les juges doivent être (impartial*). – **5.** Peux-tu réparer ces meubles ? Ils sont (bancal). – **6.** Donnez-moi les résultats (final). – **7.** Ces enfants ont parfois des comportements (animal).

8 Accorder des adjectifs au masculin

Complétez les phrases en accordant au masculin l'adjectif qui est au féminin dans la 1re partie.

1. Elle est très habile de ses mains. Il est très … de ses mains. – **2.** Cette carte est très pratique pour se repérer. Ce plan est très … pour se repérer. – **3.** Après avoir bricolé son vélomoteur, il a les mains toutes noires. Après avoir bricolé son vélomoteur, il a les gants tout … . – **4.** Ces précautions sont inutiles, il n'y a pas de danger ! Ces aménagements sont …, il n'y a pas de danger ! – **5.** Bouder est une attitude puérile ! Bouder est un comportement … ! – **6.** Des installations publiques ont été aménagées dans le parc. Des bancs … ont été aménagés dans le parc. – **7.** Il adopte toujours une attitude virile. Il adopte toujours un comportement … .

9 Accorder les adjectifs de couleur avec ou sans nuances

Accordez l'adjectif entre parenthèses si cela est nécessaire.

1. Il a mis son chapeau (beige) et ses gants (vert bouteille). – **2.** Cette robe (gris perle) te plaît-elle ? – **3.** Mon frère est daltonien*, il distingue mal certaines couleurs et s'habille parfois bizarrement : hier, il a mis des chaussures (rouge) avec des chaussettes (vert pomme). – **4.** Ces rideaux (jaune d'or) et cette moquette (violet) iront très bien dans ta nouvelle chambre. – **5.** Ton bébé a des lèvres (rouge vermillon).

10 Accorder des adjectifs de couleur

Accordez l'adjectif entre parenthèses si cela est nécessaire.

1. Les nuages sont (rose), ce soir, et les rochers de la plage sont devenus (orange). – **2.** Il a mis ses gants (marron) et sa chemise (noir). – **3.** Les habits (mauve) sont très à la mode cette année. – **4.** Lorsque le professeur a lu les trois meilleures copies, les visages des élèves qui en étaient les auteurs sont devenus (écarlate).

Vers l'expression écrite

11 Imaginer la couleur d'extraterrestres

Une tradition veut que les Martiens soient verts, bien que l'on sache que ces extraterrestres n'existent pas ! Imaginez, à votre tour, en complétant les phrases suivantes, la couleur des habitants des autres planètes, en accordant les adjectifs, si nécessaire : *bleu – rose – jaune paille – rose bonbon – vert foncé – orange – rouge.*

1. Les très longues mains … des Plutoniens sont le plus souvent recouvertes de gants de fer. – **2.** La figure … des Jupitériens, avec ses deux nez, ses quatre yeux et son unique oreille m'intrigue : entendent-ils moins bien que nous, voient-ils mieux, sentent-ils davantage les odeurs ? – **3.** Les yeux … des Vénusiens effraient les enfants. – **4.** Regarde les cheveux … des Neptuniens : penses-tu qu'ils sont teints ou que c'est leur couleur naturelle ? – **5.** On a surnommé Les Saturniens « Les peaux … » à cause de leur couleur. – **6.** Je me demande avec quel dentifrice les Mercuriens lavent leurs étranges dents … ! – **7.** Les jambes des Uraniens deviennent … lorsqu'ils courent.

12 Décrire des objets

Vous êtes l'un des objets de ce tableau. Racontez votre histoire en vous décrivant avec humour. Utilisez au moins six adjectifs différents, qui ne seront pas des adjectifs de couleur. Évitez les adjectifs *grand*, *petit* et *beau*.

C. Larsson, *La Cuisine* (1894-1896).

Évaluation

13 Exercice

Accordez les adjectifs entre parenthèses dans les phrases suivantes.

1. Vous pouvez être (fier) de vous, Mesdemoiselles ! – **2.** Il ne connaît pas les (bon) manières. – **3.** Ils ne s'aiment pas beaucoup, ils ont à peine esquissé quelques saluts (glacial) – **4.** Ces enfants sont véritablement (infernal) ! – **5.** Le président multiplie les apparitions (public) avant les élections. – **6.** Les installations ne sont pas (neuf). – **7.** Sophie, Jeanne et François sont très (naïf), on peut leur faire croire n'importe quoi. – **8.** Il n'a chez lui que des meubles (bancal). – **9.** Les éboueurs ont fait place (net). – **10.** Elles sont trop (poli) pour être honnêtes.

14 Exercice

Accordez, si cela est nécessaire, les adjectifs entre parenthèses.

Marine réfléchit au petit appartement de ses rêves. Il serait très coloré. Dans l'entrée, au sol, des carreaux (beige clair). Les murs, eux, seraient (blanc) pour donner de la lumière. Les portes (jaune) du salon s'harmoniseraient avec une moquette en laine épaisse et (bleu pâle). La chambre, vaste et orientée au sud, aurait les murs (vert) et le sol serait constitué d'un parquet aux lattes (orange). La chambre d'amis, elle, serait dans les tons (rose) et les rideaux trancheraient avec leurs rayures (blanc) et (jaune d'or). Enfin, la cuisine et la salle de bain joueraient sur des tonalités (mauve).

15 Dictée préparée

Mer

La mer écrit un poisson bleu,
efface un poisson gris.
La mer écrit un croiseur qui prend feu,
efface un croiseur mal écrit.
Poète plus que les poètes,
musicienne plus que les musiciennes,
elle est mon interprète,
la mer ancienne,
la mer future,
porteuse de pétales,
porteuse de fourrure.
Elle s'installe
au fond de moi : la mer écrit un soleil vert,
efface un soleil mauve.
La mer écrit un soleil entrouvert
sur mille requins qui se sauvent.

Alain Bosquet, *Poèmes, un* (1945-1967),
© Gallimard.

➪ voir **RÈGLES 30, 40, 42, 49.**

ENRICHISSEZ VOTRE VOCABULAIRE

Le souvenir et les sensations

1 Complétez les phrases suivantes en recopiant le mot ou l'expression qui convient.

se rappeler – se souvenir – font revenir à la mémoire – évoque – ancienne – antiquité – Autrefois – Jadis – oublier.

1. Certaines odeurs me ... des moments très précis de mon passé. – **2.** Ma mère ... souvent sa rencontre avec mon père et elle en est émue, chaque fois. – **3.** Il est agréable de ... des bons moments passés ensemble. – **4.** Il est agréable de ... les bons moments passés ensemble. – **5.** Ce meuble est une ... ; il a appartenu à mes ancêtres. – **6.** Souvent, les contes de fée commencent par les mots « ... » ou « ... » pour montrer que les événements se déroulent dans un passé lointain. – **7.** Cette montre est très ... ; elle a appartenu à mon arrière-grand-père. – **8.** J'essaie d'... les mauvais souvenirs !

2 Complétez les phrases suivantes en recopiant le mot ou l'expression qui convient.

parfum – toucher – rugueux – lisse – aspérités – craquements – strident* - étouffés – mélodieux.*

1. Autrefois, lorsque la locomotive quittait la gare, elle émettait un sifflement .... – **2.** Le chant du rouge-gorge est très plaisant à entendre, il est .... – **3.** On entendit des bruits de pas ... : il avait neigé ! – **4.** Cette armoire me fait parfois peur la nuit, car j'entends des ..., comme si elle vivait ! – **5.** Certaines roses ont un ... très subtil, d'autres ne sentent rien. – **6.** Le ... est un sens très important pour les non-voyants. – **7.** Le mur est plein d'... : je pourrai le grimper sans difficulté ! – **8.** Le menuisier commence à travailler le bois ..., mais lorsqu'il l'a bien poncé, il devient ....

ET MAINTENANT, ÉCRIVEZ !

Sujet 1

Vous découvrez, lors d'une brocante, un meuble ou un objet ancien : vous imaginez une période de sa vie passée en vous inspirant du poème, p. 76. Vous pouvez écrire en prose ou en vers.

Votre texte comptera une dizaine de lignes ou de vers.

■ **Orthographe :** Vous utiliserez au moins six adjectifs qualificatifs dont deux adjectifs de couleur (vous les soulignerez).

■ **Vocabulaire :** Vous emploierez au moins trois mots des exercices de vocabulaire (vous les encadrerez).

Sujet 2

Imaginez que vous êtes un objet de votre maison. Racontez l'un de vos souvenirs à la 1re personne. Vous pouvez écrire en prose ou en vers.

Votre texte comptera une dizaine de lignes ou de vers.

■ **Orthographe :** Vous utiliserez au moins six adjectifs qualificatifs dont deux adjectifs de couleur (vous les soulignerez).

■ **Vocabulaire:** Vous emploierez au moins trois mots des exercices de vocabulaire (vous les encadrerez).

13

L'accord des chiffres et des nombres

VOCABULAIRE

L'attente

EXPRESSION

Raconter l'attente d'un événement

P. Picasso, *La Colombe de la paix*, coll. part.

Le rameau d'olivier

Après avoir provoqué le Déluge, Dieu se souvient de Noé et de son arche[1] : il décide que les eaux vont peu à peu baisser.

Les eaux baissèrent au bout de **cent cinquante** jours et, au septième mois, au dix-septième jour du mois, l'arche s'arrêta sur les monts d'Ararat[2]. […] Au bout de **quarante** jours, Noé ouvrit la fenêtre qu'il avait faite à l'arche et il lâcha le corbeau, qui alla et vint en attendant que les eaux aient séché sur la terre. Alors il lâcha d'auprès de lui la colombe pour voir si les eaux avaient diminué à la surface du sol. *(La colombe rentre car elle ne peut se poser.)* Il attendit encore **sept** autres jours et lâcha de nouveau la colombe hors de l'arche. La colombe revint vers lui sur le soir et voici qu'elle avait dans le bec un rameau tout frais d'olivier. Ainsi Noé connut[3] que les eaux avaient diminué à la surface de la terre.

La Bible de Jérusalem, « La Genèse, II, Le Déluge », © éd. du Cerf, 1973.

1. arche : grand bateau fermé en forme de coffre. **2. Ararat :** massif volcanique de l'actuelle Turquie dont le point culminant atteint 5 165 m. **3. connut :** sut.

DÉCOUVREZ

1 Au bout de **cent cinquante** jours – Au bout de **quarante** jours – Il attendit encore **sept** jours.

Quel nom chacun des mots en bleu détermine-t-il ?

2 Ce nom est-il au singulier ou au pluriel ? Les mots en bleu s'accordent-ils avec ce nom ?

3 Au bout de deux cents jours – Au bout de quatre-vingts jours – Au bout d'une journée.

Parmi les nombres et les chiffres en bleu, recopiez ceux qui prennent la marque du pluriel et celui qui prend la marque du féminin.

4 Cent jours (100) – Deux cents jours (200) – Trois cents jours (300) – Trois cent cinq jours (305) – Quatre-vingts jours (80) – Quatre-vingt-quatre jours (84).

Choisissez parmi les propositions suivantes la réponse exacte. Les nombres *cent* et *vingt*:
a. ne s'accordent jamais. – **b.** s'accordent toujours lorsqu'ils sont précédés d'un chiffre qui les multiplie. – **c.** s'accordent lorsqu'ils sont précédés d'un chiffre qui les multiplie, à condition qu'ils ne soient pas suivis d'un autre chiffre ou nombre.

5 Complétez la phrase suivante:

« Les **chiffres** et les **nombres** sont **invariables sauf** le chiffre ... qui peut s'accorder au féminin (« une ») et les nombres ... et ... qui peuvent s'accorder au pluriel. »

6 Quatre-vingt-quatre jours – quatre-vingt-dix-neuf jours – cent jours – cent un jours.

Complétez la phrase suivante:
« Les nombres **inférieurs à** ... sont reliés par des **traits d'union**. »

7 Deux cents jours – quatre-vingts jours – vingt et un jours – trois cent trente et un jours.

Comparez *vingt **et** un* et *quatre-vingts*: *vingt **et** un* est un nombre inférieur à cent, mais il ne comporte pas de trait d'union! Complétez la phrase suivante qui explique pourquoi:
« Lorsque des nombres ou des chiffres sont reliés par le mot ..., ils ne comportent pas de trait d'union. »

8 La Terre se trouve à environ cent cinquante-sept millions de kilomètres du Soleil.
Il faudrait plus de soixante-quatre ans à un être humain pour compter jusqu'à deux milliards.
Il doit parcourir deux mille kilomètres.

Les mots *million* et *milliard* prennent-ils la marque du pluriel dans les phrases ci-dessus? Et le mot *mille*?

9 Peut-on dire: *un milliard*? *un million*? Les mots *million* et *milliard* sont-ils des:

a. noms communs? – **b.** déterminants numéraux cardinaux?

RETENEZ

■ La plupart des chiffres et des nombres sont invariables.

Les déterminants numéraux cardinaux sont les **chiffres** (de un à neuf) et les **nombres** (à partir de dix) ; ils sont **presque tous invariables**.

➜ Il a mangé quatre gâteaux.

■ *Un, vingt, cent* : des exceptions

• Quelques déterminants numéraux cardinaux sont variables :

– **en genre :** seul le chiffre ***un*** peut prendre la marque du féminin.

➜ J'aimerais lire les *Contes des Mille et* une *Nuits*.

– **en nombre :** seuls les nombres ***vingt*** (20) et ***cent*** (100) peuvent prendre la marque du pluriel.

• *Vingt* et *cent* se mettent au pluriel s'ils sont précédés d'un autre chiffre (qui les multiplie) à condition qu'ils ne soient pas suivis d'un autre chiffre ou nombre.

➜ Ce livre-ci compte **quatre-vingts** pages, celui-là **deux cents** pages.

➜ Ce livre-ci compte **quatre-vingt-**quatre pages, celui-là **deux cent** quatre pages.

ATTENTION

1 Noms et déterminants

• Les mots ***millier, million, milliard***… sont des **noms communs** et **s'accordent** donc. Mais ***mille*** est bien **un nombre** et reste **invariable** !

• Si vous avez un doute, mettez l'article *un* ou *une* devant le mot : on peut dire *un million, un milliard*, il s'agit donc de **noms**.

➜ La France compte plus de cinquante-huit millions d'habitants.
(on accorde)

➜ Romain habite à dix mille kilomètres d'ici.
(on n'accorde pas)

2 Le trait d'union

Dans les déterminants numéraux composés, on met un **trait d'union** entre les nombres ou les chiffres s'ils sont **inférieurs, chacun, à cent, sauf s'ils sont joints par *et***.

➜ Dix-huit jours (18 jours) *mais* dix-huit mille deux cent vingt-cinq jours (18 225 jours).

➜ Vingt et un jours (21 jours)
(pas de trait d'union car les déterminants sont reliés par *et*.)

Astuce

Pensez au prénom **VINCENT** pour vous rappeler les nombres qui peuvent s'accorder au pluriel : ***vingt*** (20) et ***cent*** (100).

Pour *un*, c'est facile, vous direz et écrirez naturellement *une* si le nom est au féminin !

➜ Je voudrais **deux** croissants et **une** baguette.

ENTRAÎNEZ-VOUS

1 Revoir la différence entre les chiffres et les nombres

Précisez si chacun des déterminants suivants est un chiffre ou un nombre.

1. Vingt-trois – **2.** douze – **3.** cinq – **4.** dix – **5.** huit – **6.** treize – **7.** cinquante-six – **8.** onze – **9.** deux.

2 Accorder les chiffres et les nombres

Accordez les chiffres et les nombres si cela est nécessaire.

1. Connais-tu les (sept) merveilles du monde ? – **2.** Les (onze) joueurs sont en place sur le terrain. – **3.** Tu as (deux) gommes. Peux-tu m'en prêter (un) ? – **4.** Est-ce à (huit) ans que l'on a atteint l'âge de raison ? – **5.** Sur son gâteau, elle découvrit avec fierté (onze) belles bougies allumées. – **6.** J'ai (quatre) sœurs et (cinq) frères, c'est rare, à notre époque !

3 Choisir l'orthographe exacte

Accordez le mot entre parenthèses si cela est nécessaire.

1. Le gagnant de ce jeu a remporté trois (million...) d'euros. – **2.** Tes bagages pèsent trois (tonne...) ! – **3.** Il y a des (millier...) d'années, l'homme ressemblait encore beaucoup à un singe ! – **4.** Compter jusqu'à dix (million...) prendrait des centaines d'années ! – **5.** Qu'y avait-il sur la Terre, il y a trois (milliard...) d'années ? – **6.** Peux-tu me prêter les *Contes des* (mille...) *et une nuits* ?

4 Écrire des chiffres et des nombres en toutes lettres

Écrivez les chiffres et les nombres en toutes lettres en les accordant si cela est nécessaire.

1. Cadet Roussel a (3) enfants. – **2.** La majorité a-t-elle été fixée à (20) ans ? – **3.** Victor Hugo est né il y a plus de (200) ans. – **4.** Dans un conte, un petit tailleur tue (7) mouches d'un coup. – **5.** Nous avons fêté hier les (80) ans de ma grand-mère. – **6.** Vivre jusqu'à (100) ans est de plus en plus fréquent !

5 Savoir mettre le trait d'union

Ajoutez, si cela est nécessaire, des traits d'union entre les chiffres ou les nombres.

1. Vingt... deux – **2.** trois... cents – **3.** vingt... et... un – **4.** trois... cent... six – **5.** cent... vingt... quatre – **6.** cent... trente... cinq – **7.** six... mille... trois... cent... vingt... cinq – **8.** dix... huit... mille... vingt... et... un.

6 Écrire des chiffres et des nombres en toutes lettres

Écrivez les chiffres et les nombres en toutes lettres en les accordant si cela est nécessaire. N'oubliez pas le trait d'union quand il est nécessaire.

1. Il a été arrêté par la police car il roulait à 75 km/heure en ville. – **2.** Mon grand-père avait 24 ans lorsqu'il a épousé ma grand-mère. – **3.** Une enquête a révélé que 80 pour 100 des enfants français jouent à des consoles de jeux. – **4.** Mon arrière-grand-père aura 86 ans demain. – **5.** Ma collection compte déjà plus de 400 timbres ! – **6.** Mes grands-parents roulaient en 403 ; maintenant, c'est une voiture de collection !

7 Écrire des chiffres et des nombres

Écrivez, en lettres, les chiffres et les nombres suivants.

1. 3000 – **2.** 23 – **3.** 21 – **4.** 4 – **5.** 80 – **6.** 84 – **7.** 213 – **8.** 300 – **9.** 2 254 380.

8 Multiplier et additionner des chiffres et des nombres

Écrivez ces opérations et leurs résultats en lettres.

1. 6 × 4 = 24 – **2.** 8 × 10 = 80 – **3.** 9 × 7 = 63 – **4.** 3 × 7 = 21 – **5.** 100 + 100 = 200 – **6.** 100 + 110 = 210

Vers l'expression écrite

9 Donner des précisions chiffrées

Dans un paragraphe de six lignes environ, donnez des précisions chiffrées sur votre établissement scolaire : écrivez, en toutes lettres, le nombre d'élèves de votre classe, puis de votre établissement, le nombre de vos professeurs, etc.

10 Décrire un endroit en utilisant des chiffres et des nombres

Décrivez un endroit que vous aimez, en donnant le plus possible de données chiffrées, que vous écrirez, bien sûr, en toutes lettres.

Évaluation

11 Exercice

Écrivez, en toutes lettres, les chiffres et les nombres en bleu.

1. As-tu vu le film de François Truffaut, *Les 400 Coups* ? – **2.** Plus tard, j'aimerais avoir 4 enfants. – **3.** Parviens-tu à imaginer ce que sera la Terre dans 300 ans ? – **4.** La Révolution française a eu lieu en 1789. – **5.** Peux-tu me prêter 21 euros ? – **6.** Jadis, le docteur demandait à ses patients de dire « 33 » pour ausculter correctement leurs poumons. – **7.** Les plaques minéralogiques des voitures immatriculées dans le Var finissent toutes par le nombre 83. – **8.** La 777 est une voiture qui n'existe pas encore. – **9.** Cette moto peut faire du 80 km/heure ! – **10.** Quels pays comptent moins de 2 000 000 d'habitants ?

12 Dictée préparée

Voici la descendance du patriarche Abraham :

Quand Sem eut cent ans, il engendra Arpakshad, deux ans après le déluge. Après la naissance d'Arpakshad, Sem vécut cinq cents ans et il engendra des fils et des filles. Quand Arpakshad eut trente-cinq ans, il engendra Shélah. Après la naissance de Shélah, Arpakshad vécut quatre cent trois ans et il engendra des fils et des filles.

La Bible de Jérusalem, « La Genèse, II, Du Déluge à Abraham », © éd. du Cerf, 1973.

⇨ voir RÈGLE 60 et MÉMOS 1, 4

ENRICHISSEZ VOTRE VOCABULAIRE

L'attente

Complétez les phrases en recopiant le mot ou l'expression qui convient.

espoir – impatiente – compte les jours – guette – a patienté – se morfondre* – remettre – compter sur – désire – il me tarde de.

1. Puis-je ... votre présence pour le goûter d'anniversaire que j'organise ? – **2.** Chaque matin, Martin ... le facteur : il attend un colis. – **3.** Un proverbe dit qu'il ne faut jamais ... au lendemain ce que l'on peut faire le jour même. – **4.** Tant qu'il y a de la vie, il y de l'... – **5.** Maman me dit souvent qu'il ne faut pas que je sois ... mais encore deux mois avant Noël ! – **6.** Nous allons enfin avoir un chien : ... l'emmener se promener toutes les semaines en forêt. – **7.** Ce que je ... par-dessus tout, c'est déménager pour avoir ma propre chambre. – **8.** Pénélope ... vingt ans avant de revoir Ulysse, son mari. – **9.** Cela ne sert à rien de ... dans son coin : mieux vaut espérer ensemble ! – **10.** Je ... jusqu'au départ pour Nice.

ET MAINTENANT, ÉCRIVEZ !

SUJET 1

Vous avez déjà attendu avec beaucoup d'impatience un événement (Noël, un départ en vacances, une lettre, le retour de quelqu'un...). Racontez cette attente.

Votre texte comptera dix lignes.

■ **Orthographe :** Vous utiliserez au moins quatre déterminants numéraux cardinaux dont un qui prendra la marque du pluriel (vous les soulignerez).

■ **Vocabulaire :** Vous emploierez au moins trois mots de l'exercice de vocabulaire (vous les encadrerez).

SUJET 2

Que peut bien attendre le personnage de ce tableau ?

Votre texte comptera dix lignes.

■ **Orthographe :** Vous utiliserez au moins quatre déterminants numéraux cardinaux dont un qui prendra la marque du pluriel (vous les soulignerez).

■ **Vocabulaire :** Vous emploierez au moins trois mots de l'exercice de vocabulaire (vous les encadrerez).

Rudolf Bergander, *À la fenêtre* (1968), coll. part.

14

L'accord du participe passé avec l'auxiliaire *être*
La finale des participes passés

VOCABULAIRE

Le grand et le petit

EXPRESSION

Reprendre le schéma narratif d'une fable

Le Lion et le Rat

Jean de La Fontaine, dans ses *Fables*, met en scène des animaux qui nous ressemblent beaucoup. «Le Lion et le Rat» raconte comment les personnes puissantes peuvent avoir besoin, parfois, de gens moins importants et rappelle qu'un bienfait n'est jamais perdu...

Il faut, autant qu'on peut, obliger tout le monde[1] :
On a souvent besoin d'un plus petit que soi.
De cette vérité deux fables feront foi[2],
Tant la chose en preuves abonde.
Entre les pattes d'un Lion
Un Rat sortit de terre assez à l'étourdie[3].
Le roi des animaux, en cette occasion,
Montra ce qu'il était, et lui donna la vie[4].
Ce bienfait **ne fut pas perdu**.
Quelqu'un aurait-il jamais cru
Qu'un lion d'un rat eût affaire ?
Cependant, il advint qu'au sortir des forêts
Ce lion **fut pris** dans des rets[5],
Dont ses rugissements ne le purent défaire.
Sire Rat accourut, et fit tant par ses dents
Qu'une maille **rongée** emporta tout l'ouvrage[6].
Patience et longueur de temps
Font plus que force ni que rage.

Jean de La Fontaine, « Le Lion et le Rat », *Fables*, XI, livre II, 1668.

«Le lion et le rat» in *Je Bouquine* n° 59, 1989, © Bayard.

1. obliger tout le monde : rendre service à tous. **2. feront foi :** en seront la preuve. **3. à l'étourdie :** de façon étourdie. **4. donna :** laissa. **5. rets :** filets de chasseurs. **6. emporta tout l'ouvrage :** défit tout le filet.

DÉCOUVREZ

1 Ce bienfait ne fut pas perdu. – Le lion fut pris dans des rets.

Pour conjuguer les verbes *perdre* et *prendre*, a-t-on utilisé l'auxiliaire :
a. *être* ? – **b.** *avoir* ?

2 Ce bienfait ne **fut** pas **perdu**. → Cette gentillesse ne **fut** pas **perdue**.
Le lion **fut pris** dans des rets. → La lionne **fut prise** dans des rets.

Quel est le genre des groupes nominaux en bleu ? Quelle est leur fonction dans la phrase ? Quelle modification constatez-vous dans la finale des participes passés ?

3 Nous sommes allées.

Les personnes qui parlent sont-elles :
a. des filles ? – **b.** des garçons ? – **c.** des filles et des garçons ?

4 Complétez la règle suivante :

« Le participe passé d'un verbe conjugué avec l'auxiliaire *être* **s'accorde** en genre et en nombre avec le ... du verbe. »

5 Le lion est **délivré** par le rat. – Le rat est **allé** l'aider.

Observez la finale des participes passés ci-dessus et indiquez leur infinitif.
Quelle est la finale commune à ces infinitifs ?

6 Le Lion a faibli. – Le rat a fini de le délivrer.

Quel est l'infinitif de chacun des verbes en bleu ? À quel groupe appartiennent ces verbes ? Quelle est la lettre finale de leur participe passé ?

7 Le lion est parti. – Le rat a ouvert le piège. – Le lion est devenu l'ami du rat. – Le lion est pris.

À quel groupe les verbes en bleu appartiennent-ils ?
Recopiez la lettre finale de chaque participe passé.

8 Le lion **est** pris dans les rets. – Le piège **est** ouvert.

Les participes passés ci-dessus se terminent-ils :
a. par une consonne ? – **b.** par une voyelle ?

9 Le lion est pris au piège. – Le piège est ouvert.

Accordez les participes passés suivants :
La lionne est pris... au piège. – La maille est ouvert... .

10 Il est perdu. → Elle est perdue. – Il est délivré. → Elle est délivrée. – C'est fini. → L'histoire est finie.

Lisez ces phrases à voix haute. Entendez-vous la différence entre la forme du féminin et la forme du masculin du participe passé ? Par quelle lettre le participe passé de ces verbes se termine-t-il : **a.** une voyelle ? – **b.** une consonne ?

11 Complétez la règle suivante :

« Si on entend le **même son au féminin et au masculin du participe passé**, c'est que **le masculin singulier se termine par une** .... et s'écrit comme on l'entend, **sans consonne finale muette**. »

12 Une maille rongée emporta tout l'ouvrage.

Un auxiliaire est sous-entendu dans cette phrase ; pour savoir lequel, choisissez parmi les réponses suivantes le groupe de mots qui pourrait remplacer « une maille rongée » : **a.** une maille qui **avait été** rongée (auxiliaire *être*) – **b.** une maille qui **avait** rongé (auxiliaire *avoir*).

RETENEZ

L'accord du participe passé avec l'auxiliaire *être*

Lorsqu'un verbe est conjugué avec **l'auxiliaire *être***, le **participe passé s'accorde** toujours **en genre et en nombre avec le sujet**.
→ Je suis venu(e) – Elles sont venues.

L'accord du participe passé utilisé sans auxiliaire

Lorsque le **participe passé** est conjugué seul, **sans auxiliaire**, il se comporte comme un adjectif qualificatif et **s'accorde en genre et en nombre avec le nom ou le groupe nominal auquel il se rapporte**. En effet, l'auxiliaire *être* est sous-entendu.
→ La maille **rongée** emporta tout l'ouvrage.
rongée s'accorde avec *maille* au féminin singulier.

Les finales du participe passé

- Le participe passé des verbes du 1er groupe se termine en ***-é*** (*-ée, -és, -ées*).

→ Il est resté. Elles sont retournées chez lui.

• Le participe passé des verbes du 2e groupe se termine en en **-i** *(-ie, -is, -ies)*.
→ Le lion est affaibli. – La lionne est affaiblie.
Les lions sont affaiblis. – Les lionnes sont affaiblies.

• Le participe passé des verbes du 3e groupe peut se terminer par :
- une **voyelle** : ***-i*** *(-ie, -is, -ies)*, ***-u*** *(-ue, -us, -ues)*, et, parfois, ***-é*** *(-ée, -és, -ées)*.
→ Il s'est endormi. Il est perdu. Il est né. Il est allé.
- une **consonne** : ***-s*** *(-se, -ses)* ou ***-t*** *(-te, -ts, -tes)*.
→ Le lion est pris dans les filets. – Le lion est recouvert par le filet.

ATTENTION

1 Le participe passé des verbes *être* et *avoir*

• Le participe passé du verbe ***avoir*** est ***eu***. Il peut s'écrire ***eu*** (masculin singulier), ***eue*** (féminin singulier), ***eus*** (masculin pluriel) ou ***eues*** (féminin pluriel).
→ Le lion a eu peur.

• Le participe passé du verbe ***être*** s'écrit ***été***. Il est **invariable**.
→ Le rat a été généreux. – La maille a été rongée.

2 Ne confondez pas *-é* (finale de participe passé) et *-er* (finale d'infinitif) !
→ J'ai bien **mangé**. – Je voudrais bien **manger**.

3 Ne confondez pas le passé simple et le participe passé des verbes.
Leurs finales peuvent :
- se prononcer de la même façon (finales en ***-u*** ou ***-i***)

passé composé		passé simple
→ J'ai voulu – Il a voulu	≠	Je voulus – Il voulut.
J'ai fini – Il a fini	≠	Je finis – Il finit.
J'ai eu – Il a eu	≠	J'eus – Il eut.

- être différentes :
→ J'ai vu – Il a vu ≠ Je vis – Il vit (verbe *voir* au passé simple)

4 Des participes passés particuliers
N'oubliez pas **l'accent circonflexe** sur la finale du participe passé des verbes ***devoir, mouvoir*** et ***croître***, au **masculin singulier** seulement !
→ Je n'aurai pas **dû** oublier ! La plante a **crû** de plus de vingt centimètres.
≠ Cette somme reste **due**.

5 L'auxiliaire composé
Lorsqu'une forme verbale comporte **trois éléments verbaux**, il s'agit toujours d'un verbe au passif conjugué avec **l'auxiliaire *être***, lui-même conjugué à un temps composé. On **accorde** donc le **dernier participe passé** avec le **sujet**.
→ La lionne a été émue par la générosité du rat.

Astuces

- Vous entendez le son « é » à la fin d'un verbe du 1er groupe, vous hésitez à écrire ***-é*** ou ***-er***: c'est très simple! **Remplacez** le verbe du premier groupe par ***prendre*** et vous saurez alors s'il s'agit d'un **infinitif (*-er*)** ou d'un **participe (*-é*)**.

→ Je voudrais bien manger. → Je voudrais bien **prendre** un repas.
La phrase est correcte, donc *manger* se termine par ***-er***.

- Vous hésitez sur la **finale d'un participe passé** d'un verbe du 3e groupe au masculin singulier? Mettez-le **au féminin**. Cette opération fera apparaître **la consonne finale muette** au masculin, s'il y en a une, bien sûr!

→ Il a **pris** le train. La voiture qu'il a **prise** est abîmée.
Au féminin, ***pris*** devient ***prise***, il y a donc un **« s »** à la finale du masculin!

→ Il a **connu** son grand-père. Sa grand-mère, il ne l'a pas conn**ue**.
Au féminin, ***connu*** devient ***connue***, il n'y a donc **pas de consonne finale muette**!

ENTRAÎNEZ-VOUS

1 Accorder le participe passé d'un verbe conjugué avec l'auxiliaire *être*

Choisissez la finale qui convient: *-é-, és, - ée, -ées, -i-, is, - ie* (deux fois) ou *-ies*.

1. Nos invités sont part... très tard. – **2.** Notre invité est part... très tard. – **3.** Notre invitée est part... très tard. – **4.** Michaël est n... à minuit. – **5.** Les jumeaux sont n... à minuit. – **6.** Elle a été chois... pour courir la finale. – **7.** Laureen et Sonia sont all... à la piscine. – **8.** Elle n'est pas très aim... de ses camarades. – **9.** Les filles se sont endorm... .

2 Conjuguer des verbes avec l'auxiliaire *être*

Mettez les verbes entre parenthèses au passé composé.

1. Je (arriver) en retard. *(2 solutions)* – **2.** Nous sommes (arriver) en retard. *(2 solutions)* – **3.** Ils (revenir) de leur entraînement. – **4.** Il est (revenir) de son entraînement. – **5.** Vincent et moi (aller) à la piscine. – **6.** Je (aller) à la piscine *(2 solutions)*. – **7.** Katia et toi (naître) le même jour *(2 solutions)*. – **8.** Je (naître) le même jour que Katia *(2 solutions)*. – **9.** Quelques soldats (mourir) lors du premier combat. – **10.** Seul un soldat (mourir) lors du dernier combat. – **11.** Tu (tomber) par terre *(2 solutions)*. – **12.** Vous (tomber) par terre *(4 solutions)*.

3 Choisir entre le participe passé en *-é* et l'infinitif en *-er*.

Complétez les formes ci-dessous avec la terminaison qui convient: *-é* ou *-er*.

1. Depuis quand es-tu arriv... ? – **2.** On vit l'orateur s'avanc... . – **3.** L'oiseau s'était perch... si haut qu'on pouvait à peine le distingu... . – **4.** Il n'est pas encore complètement consol... . – **5.** J'aimerais achet... un jupon brod... – **6.** Il a un intérieur raffin..., agréable à regard... . – **7.** Tu m'as l'air très occup... à cherch... des champignons. – **8.** Pench... à son balcon, il regarda le bus pass... . – **9.** Quand le bus fut pass..., il cessa de se pench... et leva les yeux pour observ... le ciel.

4 Distinguer passé simple en *-it* et participe passé en *-i*

Complétez les formes ci-dessous avec la terminaison qui convient : *-i* ou *-it*.

1. Il fin... son travail et alla les rejoindre. – **2.** Une fois son travail fin..., il alla les rejoindre. – **3.** Depuis quand est-il part... ? – **4.** Il part... sans dire un mot. – **5.** Le chien sais... brutalement le bâton. – **6.** Sais... par l'émotion, le public se taisait. – **7.** Pâl... par la peur, l'enfant ne put articuler un mot. – **8.** L'enfant pâl... en apercevant le monstre.

5 Distinguer passé simple en *-ut* et participe passé en *-u*

Complétez les formes verbales avec la terminaison qui convient *-u* ou *-ut*, selon que le verbe est au passé composé ou au passé simple. Puis indiquez l'infinitif de chaque verbe.

1. Il a véc... en France pendant dix ans. – **2.** Il véc... en France pendant dix ans. – **3.** Le soleil est reven..., mais il a pl... ce matin. – **4.** Il pl... ce matin, puis le soleil fit son apparition. – **5.** Il s'est tord... la cheville. – **6.** Il f... très étonné de rencontrer cet ancien camarade. – **7.** Je n'ai pas p... m'empêcher de rire devant sa mine piteuse ! – **8.** Il ne p... contenir sa joie en la voyant arriver. – **9.** Elle s... trouver les mots pour le consoler. – **10.** Elle n'a pas s... trouver les mots pour exprimer son émotion.

6 Choisir la terminaison du participe passé

Choisissez la terminaison du participe passé qui convient : *-te, -t, -se* ou *-s*.

1. Elle s'est mal condui.... – **2.** Il s'est mal condui.... – **3.** Elle a été pri... de court. – **4.** Il a été pri... de court. – **5.** La maison construi... par le voisin est très haute. – **6.** Le mur construi... par le voisin est trop haut. – **7.** Nous avons laissé la fenêtre ouver.... – **8.** Nous avons laissé le volet ouver.... – **9.** Prends cette montre, je te l'avais promi... ! – **10.** Prends ce stylo, je te l'avais promi... ! – **11.** La lampe s'est étein.... – **12.** Le lampadaire s'est étein.... – **13.** L'émission a été retransmi... ce soir. – **14.** Le film a été retransmi... ce soir.

7 Choisir la terminaison d'un participe passé au masculin singulier

Complétez les participes passés avec la terminaison qui convient : *-u -is -it, -i, -û*.

1. Tout a été d... sur la question. – **2.** T'es-tu perd... en venant ici ? – **3.** Le vase est rempl... d'eau. – **4.** Il a été suiv... par des voleurs. – **5.** Le témoin n'a pas été cr... par la police. – **6.** Il a appr... une bonne nouvelle. – **7.** Reven... à lui, il déclara avoir v... ses agresseurs. – **8.** Il faut le traiter avec tout le respect qui lui est d... – **9.** Surpr... par la pluie, l'homme se réfugia sous un porche. – **10.** Il fut éblou... par sa beauté. – **11.** Le petit Gaël s'est très bien condu... pendant sa leçon. – **12.** Le son ém... par la radio est trop fort. – **13.** Son travail a été fa... très rapidement.

8 Accorder les participes passés

Complétez, si nécessaire, les finales des participes passés suivants avec la terminaison qui convient.

1. Nous sommes allé..., Jeanne, Aurélie et moi, voir d'anciens amis cet été. *(2 possibilités)* – **2.** Une très jolie peinture, réalisé... par un artiste célèbre, nous a été offer... par nos amis. – **3.** Les desserts sont offert... par la maison ! – **4.** Les fraises avaient été englouti... par les petits avant même d'arriver sur la table. – **5.** Cécile n'avait pas été prévenu... de notre arrivée. – **6.** Quand sont-elles venu... nous voir ? Quel dommage que nous n'ayons pas été... là pour les recevoir ! – **7.** Parvenu... au sommet de la pyramide, les archéologues commencèrent leur travail. – **8.** Les joueurs ont été battu... sur leur terrain.

Vers l'expression écrite

9 Imaginer des phrases avec des participes passés

Imaginez des phrases comportant les participes passés suivants.

1. Perdue – **2.** endormis – **3.** jouée – **4.** remises – **5.** surpris – **6.** satisfaite – **7.** morte – **8.** né.

10 Imaginer des phrases contenant des verbes conjugués avec l'auxiliaire *être*.

a. Pour chacun des verbes suivants, imaginez une phrase où il sera conjugué au passé composé : *revenir – aller – naître – rester – devenir - partir.*
b. Transposez au pluriel les phrases dont le sujet est au singulier et au singulier les phrases dont le sujet est au pluriel.

11 Imaginer un récit à partir d'une image

Imaginez le dialogue des deux animaux sur la photo ci-contre. Vous emploierez trois des verbes suivants au participe passé : *être – demeurer – se trouver – s'élancer – s'énerver - partir.*

Un drôle de tête-à-tête entre un éléphant et une souris.

Évaluation

12 Exercice

Complétez, si nécessaire, les participes passés dans les phrases suivantes.

1. Les prunes ont été conservé... dans l'alcool. – **2.** Le soldat montra sa jambe blessé... au médecin. – **3.** Pris... au piège, la biche lançait des regards affolé... autour d'elle. – **4.** Sonia poussa un cri lorsqu'elle vit que les enfants étaient tombé... dans la flaque d'eau. – **5.** Une fois ses lettres expédié..., Alma rentra chez elle. – **6.** L'eau glissait sur les galets poli... par le temps. – **7.** Nina n'est pas assez couver..., elle va prendre froid ! – **8.** Déçu... par sa note, Fabien regardait les commentaires inscri... en bas de sa copie.

13 Dictée préparée

La Cigale et la Fourmi

La Cigale, ayant chanté
Tout l'été,
Se trouva fort dépourvue
Quand la bise fut venue :
Pas un seul petit morceau
De mouche ou de vermisseau.
Elle alla crier famine
Chez la Fourmi sa voisine,
La priant de lui prêter
Quelque grain pour subsister
Jusqu'à la saison nouvelle.
« Je vous paierai, lui dit-elle,
Avant l'oût[1], foi d'animal,
Intérêt et principal. »
La Fourmi n'est pas prêteuse ;
C'est là son moindre défaut.
« Que faisiez-vous au temps chaud ?
Dit-elle à cette emprunteuse.
– Nuit et jour à tout venant
Je chantais, ne vous déplaise.
– Vous chantiez ? j'en suis fort aise :
Et bien ! dansez maintenant. »

Jean de La Fontaine, *Fables*, I, 1, 1668.

1. oût : orthographe ancienne du mot *août.*

⇨ voir RÈGLES 11, 12, 22, 44
et MÉMO 11

ENRICHISSEZ VOTRE VOCABULAIRE

Le grand et le petit

Complétez les phrases avec le mot de la liste qui convient.

menus – minuscule – grands – petit - immensité – géant – diminuait – insignifiantes- humble* – considérablement – important – imposante – puissantes – colossale* – faible – minime.

1. Il a gagné un million au loto, ce qui a ... augmenté son train de vie. – **2.** Il se prend pour un monsieur ... depuis qu'il est devenu maire de son village. – **3.** La statue que l'empereur avait fait dresser sur la place était ... : d'en bas on aurait dit une montagne. – **4.** Elle se fait toujours une montagne de choses ..., sans importance. – **5.** Ces jumeaux sont très ... : leur mère les habille en six mois alors qu'ils ont déjà un an et demi ! – **6.** La taille de l'homme ... de jour en jour ; elle atteignit bientôt celle d'un pouce. – **7.** Hagrid, l'ami de Harry Potter, est un ... très sympathique. – **8.** Il était fasciné par l' ... de la mer. – **9.** Obélix prétend toujours qu'il se sent ... pour pouvoir boire de la potion magique. – **10.** Sa carrure était si ... que personne n'aurait osé lui chercher querelle. – **11.** Le colibri est un oiseau .... – **12.** Les Ferrari sont des voitures très .... – **13.** Il ouvrit de ... yeux étonnés. – **14.** Si vous savez marchander, vous pourrez obtenir ce tapis pour une somme .... – **15.** Il est resté ... malgré sa réussite. – **16.** Il ne faut pas trop le gronder, il est si ... !

ET MAINTENANT, ÉCRIVEZ !

SUJET 1

Imaginez une situation similaire à celle de la fable p. 90, où un animal plus petit et plus faible vient en aide à un animal plus grand. Vous devrez choisir d'autres animaux que ceux de la fable, mais qui présentent le même contraste (éléphant et fourmi, baleine et sardine, autruche et ver de terre, etc.).
Votre texte ne sera pas rédigé en vers, comptera une quinzaine de lignes et sera au passé composé.

■ **Orthographe :** Vous utiliserez au moins quatre participes passés conjugués avec l'auxiliaire *être* (vous les soulignerez).
■ **Vocabulaire :** Vous emploierez au moins trois mots de l'exercice de vocabulaire (vous les encadrerez).

SUJET 2

Imaginez une situation similaire à celle de la fable p. 90, mais cette fois, c'est un enfant qui vient en aide à un adulte : sa petite taille est très utile à l'adulte.
Votre texte ne sera pas rédigé en vers, comptera une quinzaine de lignes et sera au passé composé.

■ **Orthographe :** Vous utiliserez au moins quatre participes passés conjugués avec l'auxiliaire *être* (vous les soulignerez).
■ **Vocabulaire :** Vous emploierez au moins trois mots de l'exercice de vocabulaire (vous les encadrerez).

15

L'accord du participe passé avec l'auxiliaire *avoir*

VOCABULAIRE

La compassion

EXPRESSION

Raconter une scène émouvante

Les cœurs malheureux

Raymond Queneau, poète et romancier du XXe siècle, décrit dans son recueil *Courir les rues* des scènes joyeuses ou émouvantes de la vie quotidienne.

Allez ptite[1] mère grouille-toi on est pressé
ils ne l'**ont** même pas **bousculée**
mais elle **a** tout de même **pleuré**
après **avoir pris** soin de s'asseoir sur un banc
ensuite elle **a écrit** aux Cœurs Malheureux
et on lui **a répondu** :
mais ils ne sont pas tous comme ça
Alors elle s'est remise à pleurer
la dame de soixante-cinq ans
qui travaille encore et qui marche lentement

Raymond Queneau, *Courir les rues*, 1967, © Gallimard.

1. **ptite :** abréviation de *petite*.

E. Boubat, *Place Saint-Sulpice*, 1947.

DÉCOUVREZ

1 Elle **a pleuré**. – Elle **a écrit** aux Cœurs Malheureux. – On lui **a répondu**.

Les verbes en bleu sont-ils conjugués à l'indicatif :
a. présent ? – **b.** passé composé ? – **c.** passé simple ?

2 Pour conjuguer ces verbes, a-t-on utilisé l'auxiliaire : **a.** *être* ? – **b.** *avoir* ?

3 Elle a **pleuré**. Elle a **écrit**.

De quel genre est le sujet des verbes ?
Le participe passé en bleu porte-t-il la marque de ce genre ?

4 Complétez la règle suivante :

« Le participe passé du verbe ne **s'accorde pas avec le sujet** s'il est conjugué avec l'auxiliaire **...** ».

5 Ils ont bousculé **la vieille dame**.

Le groupe nominal en bleu a-t-il pour fonction :
a. sujet du verbe *ont bousculé* ?
b. complément d'objet direct du verbe *ont bousculé* ?

6 **a.** Ils **ont bousculé** la vieille dame. – **b.** Ils **l'ont bousculée**.

Dans la phrase **a.**, où se trouve le COD par rapport au verbe ? Que remplace *l'* dans la phrase **b.** ? Quelle est la fonction de *l'* ? Où se trouve le COD par rapport au verbe dans la phrase **b.** ? Quel changement remarquez-vous donc dans l'orthographe du participe passé ?

7 **a.** Ils **ont bousculé** la vieille dame.
b. Ils n'ont pas vu la vieille dame **qu'**ils **ont bousculée**.

Quel mot le pronom relatif *qu'* reprend-il dans la phrase ? Quelle est la fonction de *qu'* ? Expliquez l'accord du participe passé de la phrase **b**.

8 Accordez les participes passés dans les phrases suivantes.

a. La direction que j'ai pris**...** n'est pas la bonne.
b. Je n'ai vraiment pas apprécié la surprise qu'on m'a fait**...** !
c. Pense à refermer, avant de partir, les fenêtres que j'ai ouvert**...** .

9 Complétez la règle suivante :

« Si le participe passé est employé avec l'auxiliaire ***avoir***, il ne s'accorde jamais avec le sujet. Il s'accorde avec le COD si ce COD est placé **...** le verbe. »

RETENEZ

■ Lorsque le verbe est conjugué avec l'auxiliaire *avoir*, **le participe ne s'accorde jamais avec le sujet**.

➜ Elle **a pleuré**. – Elles **ont écrit** aux Cœurs Malheureux.

■ Si le **COD** du verbe conjugué avec l'auxiliaire *avoir* est **placé avant le verbe, le participe passé s'accorde en genre et en nombre avec ce COD**.

➜ En croisant la vieille dame, ils **l'ont** **bousculée**.

l' représente *la vieille dame* (féminin singulier) et il est placé **avant le verbe** - bousculé → bouscul**ée**

ATTENTION

1 Le participe passé des verbes *être* et *avoir*

• Le participe passé du verbe ***avoir*** est ***eu***. Il peut s'écrire ***eu*** (masculin singulier), ***eue*** (féminin singulier), ***eus*** (masculin pluriel) ou ***eues*** (féminin pluriel).

➜ La vieille dame a **eu** peur.

• Le participe passé du verbe ***être*** s'écrit ***été***. Il est **invariable**.

➜ La vieille dame a **été** bouscul**ée**.

2 Ne confondez pas *-é* (finale de participe passé) et *-er* (finale d'infinitif) !

➜ Elle a pleur**é**. – Elle va pleur**er**.

3 Parfois, **le participe passé ne suit pas** immédiatement **l'auxiliaire**. Pensez à l'accorder si cela est nécessaire.

➜ La pauvre femme pense aux personnes qu'elle **a** autrefois **aimées**.

⇨ **Finales des participes passés, voir p. 92-93.**

Astuces

■ Vous entendez le son «é» à la fin d'un verbe du 1er groupe, vous hésitez à écrire ***-é*** ou ***-er***: voir p. 94.

■ Vous hésitez sur la **finale d'un participe passé** d'un verbe du 3e groupe au masculin singulier? (voir p. 94)

■ Vous hésitez sur un accord car la phrase comporte un pronom? **Remplacez** ce pronom par le(s) nom(s) qu'il représente et **accordez** avec ce(s) nom(s) s'il est COD.

➜ La pauvre femme a croisé des inconnus qui **l'ont** **bousculée**.

→ Les inconnus **ont** bousculé **la vieille femme**.

Le pronom *l'* reprend le COD «La vieille femme», féminin, singulier: le participe passé s'écrit ***bousculée***.

ENTRAÎNEZ-VOUS

1 Utiliser l'auxiliaire qui convient

Pour chacun des verbes suivants, imaginez une phrase où il sera employé au passé composé. Classez ensuite ces verbes dans deux colonnes selon l'auxiliaire que vous avez utilisé.

1. Être – **2.** avoir – **3.** finir – **4.** venir – **5.** faire – **6.** arriver – **7.** prendre – **8.** aller – **9.** mettre – **10.** partir.

2 Orthographier correctement le participe passé avec l'auxiliaire *avoir*

Conjuguez au passé composé les formes verbales entre parenthèses.

1. Vous (accepter) de venir plus tôt. – **2.** Elle (éviter) la voiture de justesse. – **3.** Nous (prendre) le bus devant la boulangerie. – **4.** Je (ne pas pouvoir) m'empêcher de rire quand j'(voir) sa tête ! – **5.** Ils (ne pas savoir) s'y prendre avec leurs enfants. – **6.** Il m'(falloir) cinq minutes pour retenir la leçon.

3 Repérer le COD d'un verbe conjugué à un temps composé

Dans les phrases suivantes, relevez le COD de la forme verbale en bleu. Précisez s'il est placé avant ou après cette forme verbale. Justifiez l'orthographe du participe passé.

1. La route que j'ai prise hier est plus rapide. – **2.** Mes devoirs ? Je les ai faits hier. – **3.** Je n'aime pas les fleurs que vous m'avez offertes. – **4.** Et vos cousines ? Depuis quand ne les avez-vous pas revues ? – **5.** Ils ont trouvé la solution. – **6.** Où est ma bicyclette ? Je l'avais rangée dans le garage. – **7.** Claudine a mangé mes gâteaux !

4 Accorder le participe passé

Choisissez la forme du participe passé qui convient : *lu – lus – lue* ou *lues*.

1. Je connais ces romans, je les ai ... le mois dernier. – **2.** Je connais ce recueil de poèmes, je l'ai ... le mois dernier. – **3.** Je connais ces nouvelles de Maupassant, je les ai ... le mois dernier. – **4.** Je connais cette pièce de théâtre, je l'ai ... le mois dernier.

5 Remplacer le groupe nominal COD par un pronom et accorder le participe passé

Modifiez la phrase selon l'exemple suivant et accordez le participe passé si nécessaire.

Ex. : *J'ai appris la leçon. → Je l'ai apprise.*

1. Nicolas a pris ses skis. – **2.** Nicolas a pris ses chaussures. – **3.** Nous avons jeté les poupées cassées dans la poubelle. – **4.** Nous avons jeté les magazines dans la poubelle. – **5.** Il a mis ses nouvelles chaussettes. – **6.** Il a mis sa nouvelle veste. – **7.** Vous avez ouvert la porte pour les laisser entrer. – **8.** Vous avez ouvert les battants de la porte pour laisser entrer les invités. – **9.** J'ai écrit des cartes postales cet été. – **10.** J'ai écrit une lettre cet été.

6 Accorder le participe passé employé avec l'auxiliaire *avoir* ou *être*

Accordez le participe passé si cela est nécessaire.

1. As-tu remarqué... la voiture qui est passé... à vive allure ? – **2.** J'ai vu... qu'elle était bleue. – **3.** La rue que tu as traversé... est très dangereuse. – **4.** Anne-Sylvie ne se rappelle pas le nom des jolies places qu'elle a photographié... à Rome. – **5.** Quelles voitures as-tu doublé... ? – **6.** Les platanes qui longeaient la nationale ? On les a coupé... car ils avaient causé... trop d'accidents. – **7.** Les rosiers que la municipalité a planté... sont en pleine floraison. – **8.** J'ai posé... une question. – **9.** Je ne comprends pas la question que tu as posé... – **10.** Le trou que les ouvriers ont creusé... est profond. – **11.** La fosse que les ouvriers ont creusé... est profonde.

Vers l'expression écrite

7 Accorder le participe passé utilisé avec l'auxiliaire *avoir*

a. Complétez les phrases suivantes avec le participe passé de votre choix.
b. Inventez quatre phrases construites sur le même modèle.

1. Les voitures ? Le garagiste les a **....**

2. Les cacahuètes, le singe les a **....**

8 Imaginer à partir d'une photo

Qu'a fait cette femme juste avant la photo ci-contre ? Imaginez ce qui la fait sourire. Une de vos phrases au moins devra comporter un COD, placé avant le verbe conjugué avec l'auxiliaire *avoir*. Vous utiliserez le passé composé et vous soulignerez les COD.

E. Luider, *Jardin du Palais-Royal.*

Évaluation

9 Exercice

Complétez les phrases suivantes en conjuguant au passé composé le verbe à l'infinitif.

1. Les fraises que j'(manger) m'ont paru délicieuses. – **2.** J'(apprendre) « Le Corbeau et le Renard ». – **3.** Ces dessins, je les (peindre) quand j'avais six ans. – **4.** La voiture que mes parents (vendre) a été achetée par un voisin. – **5.** Margaux (dévorer) la tarte aux fraises. – **6.** Nous (vivre) des aventures incroyables ! – **7.** Elles (devoir) payer une amende pour les livres qu'elles (rendre) en retard. – **8.** Quand Lilian a aperçu les revues, il les (prendre) immédiatement. – **9.** C'est une époque que je (ne pas connaître).

10 Dictée préparée

Sur le chemin près du bois
J'ai trouvé tout un trésor :
Une coquille de noix
Une sauterelle en or
Un arc-en-ciel qui était mort.

À personne je n'ai rien dit
Dans ma main je les ai pris
Et je l'ai tenue fermée
Fermée jusqu'à l'étrangler
Du lundi au samedi

Le dimanche l'ai ouverte
Mais il n'y avait plus rien
Et j'ai raconté au chien
Couché dans sa niche verte
Comme j'avais du chagrin.
[...]

René de Obaldia, *Innocentines*, © éd. Grasset.

➩ voir RÈGLES 43, 46 et MÉMOS 7, 9

ENRICHISSEZ VOTRE VOCABULAIRE

La compassion

1 Complétez les phrases avec les mots suivants.

révolté – indignation – compassion* – indulgence - pitié - toucher – aider – soutien – sympathique – émotion – humanité - insensible

1. Il n'a pu cacher son ... lorsqu'il a revu son enfant, chacun a pu voir une larme briller dans ses yeux. – **2.** Il nous a apporté un ... précieux lorsque nous avons eu besoin d'argent, en nous prêtant une grosse somme. – **3.** Le voisin est vraiment ... : il nous a proposé de nous aider à monter le réfrigérateur ! – **4.** Devant une accusation si manifestement injuste, l'enfant frémit d'.... – **5.** Pierre est ... par l'injustice dont il a été victime ! – **6.** « Ayez ... de nous », disaient les pauvres mendiants à la sortie de l'église. – **7.** Le spectacle de ces enfants pauvres et grelottants dans les rues de Moscou fait naître la .... – **8.** Il est impossible de rester ... au spectacle de son désespoir ! – **9.** Il faut traiter les prisonniers avec ... : c'est à dire humainement. – **10.** Le juge a fait preuve d'... envers l'accusé : il l'a condamné à une peine très légère. – **11.** *La Bible* dit qu'il faut ... son prochain. – **12.** Il sait ... son auditoire en faisant vibrer la corde sensible chez chacun.

2 Trouvez au moins un mot (adjectif, nom ou verbe) dérivé de chacun des mots suivants.

1. Émotion – **2.** indignation – **3.** pitié – **4.** réagir – **5.** soutien – **6.** compassion – **7.** humanité.

ET MAINTENANT, ÉCRIVEZ !

SUJET 1

Un petit garçon a pour voisine une vieille dame très pauvre et sans famille. Le soir de Noël, il décide de lui faire un cadeau de son invention. Racontez.

Votre texte comptera une dizaine de lignes et sera au passé composé.

■ **Orthographe :** Vous utiliserez au moins trois verbes conjugués avec l'auxiliaire *avoir* (vous les soulignerez) dont au moins un participe passé accordé avec un COD placé avant le verbe (vous soulignerez le COD en vert).

■ **Vocabulaire :** Vous emploierez au moins trois mots des exercices de vocabulaire (vous les encadrerez).

SUJET 2

Racontez une scène de votre choix, à laquelle vous avez assisté dans la rue et qui vous a particulièrement ému(e).

Votre texte comptera une dizaine de lignes et sera au passé composé.

■ **Orthographe :** Vous utiliserez au moins trois verbes conjugués avec l'auxiliaire *avoir* (vous les soulignerez) et au moins un participe passé accordé avec un COD placé avant le verbe (vous soulignerez le COD en vert).

■ **Vocabulaire :** Vous emploierez au moins trois mots des exercices de vocabulaire (vous les encadrerez).

16

L'accord de *tout* et de *chaque*

VOCABULAIRE

Le vocabulaire de l'école

EXPRESSION

Écrire un poème

Photographie de R. Doisneau.

Le Cancre[1]

Voici un poème très connu de Jacques Prévert, que vous avez peut-être déjà appris et qui raconte l'histoire d'un enfant qui n'aime pas beaucoup l'école…

Il dit non avec la tête
mais il dit oui avec le cœur
il dit oui à ce qu'il aime
il dit non au professeur
il est debout
on le questionne
et **tous** les problèmes sont posés
soudain le fou rire le prend
et il efface **tout**
les chiffres et les mots
les dates et les noms
les phrases et les pièges
et malgré les menaces du maître
sous les huées[2] des enfants prodiges[3]
avec des craies de **toutes** les couleurs
sur le tableau noir du malheur
il dessine le visage du bonheur

Jacques Prévert, « Le Cancre », *Paroles*, © Gallimard, 1972.

1. Cancre : très mauvais élève. **2. huées :** cris moqueurs. **3. prodiges :** exceptionnellement doués.

DÉCOUVREZ

1 Tous **les problèmes** – Des craies de toutes **les couleurs**.

Les mots en bleu sont-ils :
a. des groupes nominaux au singulier ? – **b.** des groupes nominaux au pluriel ?

2 **Tous** les problèmes – Des craies de **toutes** les couleurs.

Les mots en bleu sont-ils : **a.** au singulier ? – **b.** au pluriel ?

3 Ajoutez la terminaison qui convient. Faites attention au genre et au nombre du nom.

a. Tou... ses cahiers sont couverts de taches d'encre.
b. Tou... fille qui donnera la bonne réponse sera récompensée.

4 Complétez la règle suivante :

« Quand les mots *tout, toute, tous, toutes* sont des déterminants, ils ... avec le groupe nominal qu'ils déterminent. »

5 – Connais-tu tes tables de multiplication ? – Oui, je les ai **toutes** apprises !

De quoi l'enfant parle-t-il lorsqu'il dit *toutes* ?

6 – Les élèves sont-ils partis déjeuner ? – Oui, **tous** avaient très faim, dit le professeur.

De qui le professeur parle-t-il lorsqu'il dit *tous* ? Pour répondre, complétez la phrase : « Le mot *tous* reprend le groupe nominal ... » qui est au masculin pluriel. »

7 Les mots *toutes, tous, tout,* dans les exemples des questions 5 et 6 sont-ils :

a. des déterminants ? – **b.** des pronoms qui remplacent un ou plusieurs noms ?

8 Isabelle et Sophie sont **tout** endormies ce matin.

Dans cette phrase, peut-on remplacer *tout* par *tout à fait* (ou *complètement*) ?
Prend-il la marque du féminin ou du pluriel ?

9 Complétez la règle suivante :

« Lorsqu'on peut remplacer *tout* par ... ou ... il s'agit d'un **adverbe** : il est alors en général **invariable**. »

10 Lucile est **toute c**ontente. – Lucile et Laura sont **toutes h**onteuses.

Observez la lettre qui suit *toute* et *toutes* et complétez la règle suivante :
« Lorsque l'adverbe *tout* est placé devant un adjectif **féminin** qui commence par une ... ou un ... aspiré (qui fonctionne comme une consonne et ne permet pas la liaison), il s'accorde, **bien que ce soit un adverbe**. Mais devant une voyelle, *tout* reste invariable. »

11 Tous les enfants poussent des cris. – **Chaque** enfant pousse un cri.

Choisissez la réponse exacte :
a. *Chaque* est suivi d'un nom au singulier. – **b.** *Chaque* est suivi d'un nom au pluriel.

RETENEZ

■ Lorsque *tout* est un **déterminant indéfini**, il est placé devant un groupe nominal et **s'accorde** avec ce groupe. Il peut s'écrire : ***tout, tous, toute, toutes***.

→ Il prend des craies de **toutes** les couleurs. (*couleurs* est féminin pluriel)

Il prend **tous** les crayons. (*crayons* est masculin pluriel)

■ Lorsque *tout* est un **pronom**, il remplace un nom ou plusieurs noms, ou un ensemble.

– S'il remplace un ou plusieurs noms précis, il en prend le genre et le nombre : il s'écrit alors ***tout***, ***tous*** ou ***toutes***.

– S'il remplace un ensemble indéterminé, il reste invariable : il s'écrit alors ***tout***.

→ Ces garçons étaient dans ma classe : je les connais **tous**. – Ces filles étaient dans ma classe : je les connais **toutes**. – Cet enfant sait **tout** !

■ Quand *tout* est **adverbe** ; on peut alors le remplacer par *complètement* ou *tout à fait*.

• Devant un adjectif masculin ou féminin commençant par une **voyelle**, il reste **invariable**, comme tous les adverbes, et s'écrit ***tout***.

→ Tom et Léo sont **tout** endormis ce matin. – Lucile et Laura sont tout attendries.

• Devant un adjectif **féminin** commençant par une **consonne** ou un « h » aspiré (qui fonctionne comme une consonne et ne permet pas la liaison), il **s'accorde** avec cet adjectif.

→ Laura est **toute** contente. – Lucile et Laura sont **toutes** honteuses.

■ Le déterminant indéfini ***chaque*** est **invariable** ; il est toujours suivi d'un nom au **singulier**.

→ Chaque jour, Pablo joue de la batterie.

ATTENTION

1 On n'écrit jamais ~~touts~~.

2 Un « s » que l'on n'entend pas toujours !

• Lorsque *tous* **détermine un groupe nominal masculin pluriel, on n'entend pas le « s » final**.

→ Tous les garçons sont là aujourd'hui.

• Mais lorsqu'il est **pronom et remplace un groupe nominal masculin pluriel, on entend le « s » final**.

→ Tous sont là aujourd'hui.

Astuce

Pour vous rappeler que *chaque* est **invariable** et qu'il est donc toujours suivi d'un nom au singulier, rappelez-vous la phrase : On dit **« chaque journal »** MAIS **« tous les journaux »** !

ENTRAÎNEZ-VOUS

1 Orthographier correctement le déterminant

Choisissez l'orthographe exacte, dans chacune des phrases suivantes : *tous – tout – toute* ou *toutes*.

1. ... les tableaux ne sont pas noirs. – **2.** Kevin a acheté des feutres de ... les couleurs. – **3.** Je ne connais pas encore ... mes professeurs. – **4.** ... les élèves sont partis en Italie. – **5.** Nous partirons au bois ... la journée, pour participer au cross. – **6.** ... mon poème est écrit en vers de douze syllabes, c'est-à-dire en alexandrins.

2 Orthographier correctement le déterminant ou le pronom

Complétez les phrases suivantes par *tout, toute, tous* ou *toutes*. N'oubliez pas la majuscule en début de phrase.

1. Je t'ai attendu ... la matinée ! – **2.** Lisez attentivement... les consignes. – **3.** Il savait ... sur les abeilles. Et pourtant, arrivé en classe, il a ... oublié ! – **4.** Cesse de me répéter ... la journée que tu t'ennuies ! – **5.** Dis-moi ... ce que tu as sur la conscience, je sais garder un secret ; ... le monde se confie à moi ! – **6.** J'ai invité mes cousins pour les vacances mais ... ne pourront pas venir. – **7.** ... conducteur en état d'ivresse sera sévèrement puni.

3 Orthographier correctement le déterminant ou le pronom

Complétez les phrases suivantes par *tout, toute, tous* ou *toutes*. N'oubliez pas la majuscule en début de phrase.

1. ... ce que je sais, c'est toi qui me l'a appris ! – **2.** ... ses amis sont en 6e2. – **3.** As-tu vu ... les étoiles ? Non, je ne les ai pas encore... vues. – **4.** ... les matins, avant de partir, il révise... ses leçons. – **5.** ... mes amis sont déjà partis en vacances. – **6.** ... mes amies sont déjà parties en vacances. – **7.** ... travail mérite salaire.

4 Orthographier correctement l'adverbe

Retrouvez, pour chaque groupe verbal, le sujet qui lui correspond et choisissez l'orthographe exacte de l'adverbe : a. *Les poils du chat* – b. *La colline en hiver* – c. *Les arbres à Noël* – d. *Ma veste et ma chemise*.

1. sont (tout-tous-toute-toutes) usées. –
2. sont (tout-tous-toute-toutes) hérissés. –
3. sont (tout-tous-toute-toutes) illuminés. –
4. est (tout-tous-toute-toutes) blanche.

5 Orthographier correctement l'adverbe

Complétez les phrases par *tout, toutes* ou *toute*.

1. Ma mère est ... étonnée de mes résultats. – **2.** Je rêve d'avoir une petite chienne ... noire. – **3.** J'aimerais avoir des rideaux ... bleus dans ma chambre. – **4.** Il était ... honteux de sa conduite ! – **5.** Elle était ... honteuse de sa conduite ! – **6.** Il est ... heureux de ses résultats. – **7.** Elle est ... heureuse de ses résultats. – **8.** Mes mains sont ... bleues : mon stylo a fui !

6 Orthographier correctement le pronom, le déterminant ou l'adverbe

Choisissez l'orthographe qui convient pour [tu]. Attention, il est tantôt adjectif, tantôt pronom, tantôt adverbe.

1. Gilles te donnera ... ce que tu voudras. – **2.** ... les jours, je sors mon chien à 7 heures. – **3.** Adrien et Alix étaient ... fiers de leur découverte. – **4.** Chacun des enfants avait participé à la réalisation de la maquette et ... furent récompensés. – **5.** Ariane, tu sembles ... endormie ce matin ; à quelle heure t'es-tu couchée ? – **6.** ... mes amis sont venus pour fêter mon anniversaire. – **7.** Le professeur nous a rendu ... les copies qu'il avait corrigées. – **8.** Nous étions ... réunis sous le préau pour l'annonce des résultats du match. – **9.** Véronique est ... contente de son invention.

7 Choisir l'orthographe exacte

Complétez les expression en ajoutant le mot qui convient : *chaque, tous, toute* ou *toutes*. Attention, vous ne pouvez pas utiliser *tout* !

1. ... leurs enfants → ... enfant – **2.** ... animal → ... les animaux – **3.** ... ces années → ...

année – **4.** ... les bocaux → ... bocal – **5.** ... la journée → ... journée – **6.** ... ses œufs → ... œuf.

Vers l'expression écrite

8 Orthographier correctement [tu] et *chaque* dans un récit

En vous inspirant de l'image ci-contre, écrivez un paragraphe d'une dizaine de lignes, racontant un souvenir que peut avoir un enfant de cette école. Vous utiliserez les mots *tout, toute, tous, toutes, chaque*, le plus souvent possible.

Une école de village en plein air au Burkina Faso (1985).

Évaluation

9 Exercice

Complétez par le mot qui convient : *tout, toute, tous, toutes* ou *chaque*.

J'ai pris de bonnes résolutions : dès que je serai rentré du collège, après le goûter, je ferai ... mes devoirs ; ... matin, je me lèverai avec un quart d'heure d'avance pour réviser ... mes leçons. ... mes professeurs seront contents de moi et mes parents seront ... étonnés de mes progrès. ... la classe me félicitera. ... le monde me demandera comment j'ai fait pour devenir un bon élève. À ... je répondrai la même chose : « Un peu de courage et c'est facile ! ». Allez, je commence. Mais il fait si beau ! Si je prenais mes rollers ... neufs et que j'allais retrouver mes amis ! Je commencerai à travailler un autre jour ! À ... jour suffit sa peine !

10 Dictée préparée

Lettre d'Albert Camus à son instituteur à l'occasion de la remise de son prix Nobel. Albert Camus est alors âgé de quarante-quatre ans.

Cher Monsieur Germain,

J'ai laissé s'éteindre un <u>peu</u> le bruit qui m'a entouré **tous** ces jours-ci avant de venir vous parler un peu de **tout** mon cœur. On vient de me faire un bien trop grand honneur, que je n'ai ni recherché, ni sollicité. Mais quand j'en ai appris la nouvelle, ma première pensée, après ma mère, a été pour vous. <u>Sans</u> vous, sans cette main <u>affectueuse</u> que vous avez tendue au petit enfant pauvre que j'étais, sans votre enseignement et votre exemple, rien de **tout** cela ne serait arrivé. [...] Vos <u>efforts</u>, votre <u>travail</u> et le cœur généreux que vous y mettiez sont toujours vivants chez un de vos petits écoliers qui, malgré l'âge, n'a pas cessé d'être votre reconnaissant élève. Je vous embrasse, de **toutes** mes forces.

Albert Camus (19 novembre 1957),
Le Premier Homme, © Gallimard.

➩ voir RÈGLES 25, 30, 42
et MÉMOS 8, 10

ENRICHISSEZ VOTRE VOCABULAIRE

La recherche de rimes : le vocabulaire de l'école

Vous allez découvrir des mots qui vous permettront de composer un poème en vers.

1 Complétez les phrases suivantes en écrivant le mot qui convient. Un indice, tous ces mots sont en rapport avec l'école et se terminent par le son « age ».

1. Dans un cahier, on écrit son nom à la première **…** . – **2.** On a besoin de ciseaux pour faire du **…** . – **3.** Lorsque l'on est un petit enfant, on aime faire du **…** avec des crayons de couleur, mais il ne faut pas dépasser ! – **4.** Comme je n'arrêtais pas de parler avec mon voisin, la maîtresse s'est fâchée et a dit : « Cessez vos **…** immédiatement ou je vous punis ! » – **5.** Tu auras une récompense car tu as été s **…** comme une **…** .

2 Complétez les phrases suivantes en écrivant le mot qui convient. Un indice, tous ces mots sont en rapport avec l'école et se terminent par le son « é » (-er, -é, -ée, és, -ers).

1. Le maître a commencé par nous dire : « Ouvrez vos **…** et inscrivez la date. » – **2.** Pour que nous sachions la date, la maîtresse a affiché un grand **…** à gauche du tableau. – **3.** Autrefois, les élèves écrivaient avec un porte-plume qu'ils trempaient dans un **…** . – **4.** Pour ne pas se salir, lorsque l'on est enfant, on porte un **…** à l'école. – **5.** Un enfant qui fréquente une école s'appelle un **…** .

ET MAINTENANT, ÉCRIVEZ !

SUJET 1

Racontez, dans un petit poème de huit à dix vers, un souvenir de l'école maternelle ou primaire.

Vos vers devront rimer. Les rimes seront suivies ou embrassées.

■ **Orthographe :** Vous utiliserez au moins une fois l'un des mots *tout, tous, toute* ou *toutes* et une fois le mot *chaque* (vous les soulignerez).

■ **Vocabulaire :** Vous emploierez certains mots des exercices de vocabulaire pour avoir des rimes en « -age(s) » et en « - é » (*er, é, ées…*) (vous les encadrerez). Vous pouvez bien sûr ajouter des mots à ces listes, à condition qu'ils riment !

SUJET 2

Racontez, dans un petit poème de huit à dix vers, une journée de classe pas comme les autres.

Vos vers devront rimer. Les rimes seront suivies ou embrassées.

■ **Orthographe :** Vous utiliserez au moins une fois l'un des mots *tout, tous, toute* ou *toutes* et une fois le mot *chaque* (vous les soulignerez).

■ **Vocabulaire :** Vous rechercherez vous-même au moins cinq mots se terminant par le son « o » (*eau, au, os…*) et le son « eur » (*eures, eurs…*). Puis vous les utiliserez à la rime (vous les encadrerez).

17

L'accord de *leur*

VOCABULAIRE

La tristesse et la joie

EXPRESSION

Imaginer la suite
ou le début d'un conte

N. Parain, *Delphine et Marinette*, 1960, BNF.

Un problème difficile

Delphine et Marinette sont les héroïnes du recueil *Les Contes du chat perché*, écrits par Marcel Aymé. Ces deux fillettes habitent une ferme. Leurs parents sont sévères mais les animaux leur viennent souvent en aide.

Sur ces mots, les parents quittèrent la cuisine, ramassèrent **leurs** outils et partirent pour les champs sarcler[1] les pommes de terre. Penchées sur **leurs** cahiers de brouillon, Delphine et Marinette sanglotaient. Le chien vint se planter entre **leurs** deux chaises et, posant ses deux pattes de devant sur la table, **leur** passa plusieurs fois sa langue sur les joues.

– Est-ce qu'il est vraiment difficile, ce problème ?

– S'il est difficile, soupira Marinette. C'est bien simple. On n'y comprend rien.

Marcel Aymé, « Le Problème »,
Les Contes du chat perché, © Gallimard, 1963.

1. **sarcler :** arracher en extirpant les racines.

DÉCOUVREZ

1 Les parents ramassèrent **leurs** outils. – Le chien vint se planter entre **leurs** deux chaises.

Le mot *leurs* est-il placé : **a.** devant un verbe ? – **b.** devant un groupe nominal ?

2 Quel est le genre et le nombre de chacun des groupes nominaux que *leurs* détermine, dans les exemples ci-dessus ?

3 Les parents ramassèrent **leurs** outils.

Imaginez que le père soit seul et qu'il n'ait qu'un outil.
Complétez la phrase transformée : « Le père ramassa **...** outil. »

4 *Leurs* est-il donc dans les exemples des questions 1 et 3, un :
a. déterminant possessif ? – **b.** adjectif qualificatif ? – **c.** pronom personnel ?

5 Le chien leur passa plusieurs fois sa langue sur les joues.

Imaginez que Delphine soit seule. Complétez la phrase transformée.
« Le chien ... passa plusieurs fois sa langue sur les joues.

6 Et si Delphine, c'était vous, vous diriez :

Le chien ... passa plusieurs fois sa langue sur les joues.

7 Le chien leur passa plusieurs fois sa langue sur les joues.

Leur sert-il à : **a.** déterminer le mot qui le suit en indiquant le possesseur ? – **b.** remplacer Delphine et Marinette ?

8 *Leur* est-il donc dans l'exemple de la question 7 un :
a. déterminant ? – **b.** adjectif qualificatif ? – **c.** pronom personnel ?

9 *Leur*, lorsqu'il est pronom personnel, prend-il la marque du pluriel ?

RETENEZ

■ ***Leur***, lorsqu'il est un **déterminant** possessif, est **variable**. Il s'écrit ***leur*** lorsqu'il détermine un **nom singulier** et ***leurs*** lorsqu'il détermine un **nom pluriel**.
➜ Les enfants appellent **leur mère**. Les parents appellent **leurs enfants**.

■ ***Leur*** est **invariable** quand il est **pronom personnel de la 3e personne du pluriel**. Il représente un groupe de personnes ou d'objets. Il est le plus souvent **placé devant un verbe** (sauf quand le verbe est à l'impératif). Il s'écrit toujours ***leur***.
➜ Il leur parle. Je leur apporte des cadeaux.

Astuces

■ Si ***leur*** est placé devant un **verbe**, pas d'hésitation, c'est un pronom personnel, il est **invariable** !
➜ Je leur ai fait peur.

■ Quand ***leur*** est **pronom personnel**, on peut le remplacer par ***lui***. Servez-vous de cette astuce en particulier lorsque le verbe est à l'impératif.
➜ Donne-leur ton avis. → Donne-lui ton avis.

■ Quand ***leur*** est un **déterminant possessif**, on peut le remplacer par ***son***, ***sa*** ou ***ses***.
➜ Je n'aime pas leurs manières. → Je n'aime pas ses manières.

ENTRAÎNEZ-VOUS

1 Reconnaître la classe grammaticale de *leur(s)*

Classez les phrases suivantes selon que *leur(s)* est pronom personnel ou déterminant possessif.

1. Travailler ne leur fera pas de mal. – **2.** Les sportifs savent contrôler leur respiration. – **3.** Stéphane et Judith sont fiers de leur fils. – **4.** Les jeunes enfants prêtent difficilement leurs jouets. – **5.** Je leur ai déjà dit de ne pas jouer avec la télécommande ! – **6.** Une fois leurs devoirs achevés, les fillettes pourront jouer avec leur ami le chien.

2 Accorder au pluriel des groupes nominaux

Accorder au pluriel les groupes nominaux en bleu.

1. Elles ramassèrent leur cahier et prirent leur gomme. – **2.** Il s'empare de leur outil. – **3.** Je n'ai pas encore vu leur enfant. – **4.** Je ne connais pas leur amie. – **5.** As-tu rencontré leur propriétaire ?

3 Choisir entre *leur* et *leurs*, déterminant ou pronom personnel

Complétez les phrases suivantes avec *leur* ou *leurs*. N'oubliez pas la majuscule en début de phrase ! Justifiez votre choix en précisant, chaque fois, la classe grammaticale de *leur* ou *leurs*.

1. Ce sont … affaires, pas les tiennes ! – **2.** … vêtements sont tout déchirés. – **3.** Impossible de les joindre, avec … manie de rester des heures au téléphone ! – **4.** Jim a voulu … apprendre à se servir de … skis. – **5.** Marc et Paul ont prêté … livres, tu les … rendras en bon état ! – **6.** Avec … allures, ils amusent les passants. – **7.** … as-tu expliqué … erreurs ?

Évaluation

4 Exercice

Complétez les phrases avec *leur* ou *leurs*.

1. Avez-vous vu … nouvelle voiture ? – **2.** Qu'est-ce qui … a pris ? – **3.** J'en ai vraiment assez de … dire sans cesse de ranger … affaires ! – **4.** Je ne … ai pas encore annoncé où ils allaient passer … vacances. – **5.** Avec … nouvelles bottes, ils ne risquent plus de se mouiller. – **6.** … chien… apportait chaque jour … pantoufles.

5 Dictée préparée

Au retour des champs, à midi, les parents trouvèrent leurs filles à la cuisine et tout de suite leurs regards se portèrent sur les tabliers. <u>Heureusement</u>, les petites avaient pris garde à ne pas faire de taches de peinture à leurs vêtements. Interrogées sur l'emploi de leur temps, elles répondirent qu'elles avaient coupé un gros tas de trèfle pour les lapins et cueilli deux pleins paniers de <u>haricots</u>. Les parents purent se rendre <u>compte</u> qu'elles disaient vrai et marquèrent, par de larges sourires, qu'ils étaient des plus satisfaits. S'ils s'étaient avisés de regarder les haricots d'un <u>peu</u> près, sans doute auraient-ils été surpris d'y trouver mêlés des poils de chien et des plumes de <u>canard</u>, mais l'idée ne leur en vint pas.

Marcel Aymé, « Les boîtes de peinture »,
Les Contes du chat perché, © éd. Gallimard, 1963.

➪ voir RÈGLE 58 et MÉMOS 5, 8, 13

ENRICHISSEZ VOTRE VOCABULAIRE

La tristesse et la joie

1 Classez les verbes suivants en deux colonnes selon qu'ils expriment la joie ou la tristesse.

Soupirer – se réjouir – exulter* – pleurer – bondir – sangloter – sautiller – déplorer* – se décourager – rire – se lamenter – sourire – pétiller – se renfrogner* – rayonner – bouder – jubiler* – s'illuminer – gémir*.

2 Écrivez les noms communs correspondant aux verbes suivants.
Ex. : ***réjouir*** **→** ***réjouissance***

1. Bondir : un ... – **2.** jubiler* : de la ... – **3.** bouder : une ... – **4.** sangloter : un ... – **5.** se lamenter : une ... – **6.** rayonner : un ... – **7.** plaire : un ... – **8.** se plaindre : une ... – **9.** se décourager : du ...

ET MAINTENANT, ÉCRIVEZ !

SUJET 1

Imaginez une suite au texte des *Contes du chat perché*. Le chien se révèle un merveilleux professeur de mathématiques et donne aux fillettes éblouies une leçon qu'elles n'oublieront jamais. Votre texte comprendra une dizaine de lignes.

■ **Orthographe :** Vous utiliserez au moins une fois *leur* au pluriel, et une fois *leur* invariable parce qu'il est pronom personnel devant un verbe (vous les soulignerez).
■ **Vocabulaire :** Vous emploierez au moins trois mots des exercices de vocabulaire (vous les encadrerez).

SUJET 2

Dans le conte *Les Bœufs*, les fillettes décident d'instruire ces deux animaux. À partir de l'illustration ci-contre, imaginez comment elles leur annoncent cette nouvelle et quelle est la réaction des bœufs.
Racontez la scène en une dizaine de lignes.

■ **Orthographe :** Vous utiliserez au moins une fois *leur* au pluriel, et une fois *leur* invariable parce qu'il est pronom personnel devant un verbe (vous les soulignerez).
■ **Vocabulaire :** Vous emploierez au moins trois mots des exercices de vocabulaire (vous les encadrerez).

Parain, *Delphine et Marinette* (1963), BNF.

18

Le pluriel des noms

VOCABULAIRE

La ville

EXPRESSION

Raconter une promenade dans la ville

Bienvenue dans la rue... !

Que de monde... Observez bien tout ce qui se passe : certains sont occupés à faire la fête, d'autres travaillent, quelques-uns se promènent...

Dessin d'Emmanuel Letouzé.

DÉCOUVREZ

1 Une voiture → des voitures.

Complétez la règle suivante :
« Pour accorder un nom au pluriel, dans la plupart des cas, on ajoute un .... »

2 Repérez, sur le dessin, les mots qui se terminent par ***-eau***, ***-au***, et ***-eu***. Recopiez d'un côté les noms singuliers qui se terminent par ***-eau***, ***-au*** et de l'autre celui qui se termine par ***-eu***. Puis accordez-les au pluriel. Il y en a six.

3 Complétez la règle suivante : « Les noms se terminant par ***-eau***, ***-au*** et ***-eu***, font leur pluriel en ... au lieu de *-s* : Un carreau – des carr...
Quelques originaux, cependant, sont réguliers et font leur pluriel en ... comme *landau, pneu, bleu...* : Un pneu – des pneus. »

4 Repérez, sur le dessin, les mots qui se terminent par le son ***-al***. Recopiez-les, puis accordez-les au pluriel. Il y en a six.

5 Complétez la règle suivante :

« Les noms se terminant par ***-al*** font leur pluriel en ... : Un journal → des journ...
Quelques-uns, pourtant, font leur pluriel régulièrement en ***-als*** comme *étal, bal, festival, récital...* : Un bal → des b... »

6 Repérez, sur le dessin, les mots qui se terminent par le son ***-ail***. Recopiez-les, puis accordez-les au pluriel. Il y en a deux.

7 Complétez la règle suivante :

« Les noms se terminant par ***-ail*** font leur pluriel régulièrement en ... : Un portail → des portails.
Quelques originaux, cependant, font leur pluriel en ... , comme *vitrail, travail...* : Un travail → des trav.... »

8 Repérez, sur le dessin, les mots qui se terminent par ***-ou***. Recopiez-les, puis accordez-les au pluriel. Il y en a cinq.

9 Complétez la règle suivante :

« Les noms se terminant par ***-ou*** font leur pluriel régulièrement en *-s* : Un verrou → des verrou...
Mais n'oubliez pas les sept noms qui font leur pluriel en *-x* : bijou, ..., ..., ..., ..., ..., ... : Un caillou → des cailloux. »

10 Repérez, sur le dessin, les mots qui se terminent par ***-z***, puis ceux qui se terminent par ***-x*** et celui qui se termine par ***-s***. Accordez-les ensuite au pluriel.

11 Complétez la règle suivante :

« Les noms qui se terminent par *-s*, *-x* ou *-z* sont ... : ils ne prennent pas la marque du pluriel : Une souris → des souris. »

12 Accordez au pluriel les mots en bleu.

a. Bonjour Mademoiselle, Madame et Monsieur. – **b.** J'aime l'œuf au plat. – **c.** Il a mal à l'œil.

RETENEZ

- Le plus souvent, on forme le **pluriel** d'un nom **en ajoutant un « s » au singulier**.
→ Une pomme → des pommes
- Les noms se terminant par ***-eau, -au, -eu***, font leur pluriel en ***-aux***.
→ Un carreau → des carreaux – Un cheveu → des cheveux
Exceptions : Un sarrau* → des sarraus – Un landau → des landaus – Un bleu → des bleus – Un pneu → des pneus
- Les noms se terminant par ***-al*** font leur pluriel en ***-aux***.
→ Un journal → des journaux
Exceptions : des bals – des cals* – des carnavals – des cérémonials – des chacals – des étals* – des festivals – des récitals – des régals
- Les noms se terminant par ***-ail*** font leur pluriel régulièrement en ***-ails***.
→ Un portail → des portails
Exceptions : un bail* → des baux – du corail → des coraux – de l'émail* → des émaux – un soupirail* → des soupiraux – un travail → des travaux – un vantail* → des vantaux – un vitrail* → des vitraux
- Les noms se terminant par ***-ou*** font leur pluriel régulièrement en ***-ous***.
→ Un verrou → des verrous
Exceptions : des bijoux – des cailloux – des choux – des genoux – des hiboux – des joujoux – de vilains poux !
- Les noms qui se terminent par ***-s, -x*** et ***-z*** sont invariables.
→ Une souris → des souris

ATTENTION

1. Le mot ***œil*** fait au pluriel ***yeux***.
→ J'ai mal à l'œil. → J'ai mal aux yeux.

2. **Des noms faussement simples**

• Certains noms s'écrivent en un **seul mot** alors qu'ils sont formés **à partir de deux** mots. Ils forment leur pluriel comme des noms simples.
→ Un portefeuille → des portefeuilles.

• Mais il existe quelques **exceptions** : Un bonhomme → des bonshommes – Un gentilhomme* → des gentilshommes – Un monsieur → des messieurs – Madame → mesdames – Mademoiselle → mesdemoiselles.

3. **Certains noms, au pluriel, changent de prononciation.**
→ Un bœuf [bœf] → des bœufs [bø] – Un œuf [œf] → des œufs [ø].

ENTRAÎNEZ-VOUS

1 Rechercher un intrus

Recopiez l'intrus qui ne fait pas son pluriel comme les autres noms.

1. Un chapeau – un gâteau – un carreau – un pneu – **2.** un bleu – un château – un landau – **3.** un travail – un éventail – un portail – **4.** un journal – un récital – un bal – **5.** un joujou – un caillou – un pou – un cou – **6.** un tapis – une souris – un gaz – le jazz – le doigt.

2 Accorder des noms au pluriel

Accordez au pluriel chacun des noms suivants.

1. Un chapeau, des ... – un gâteau, des ... – un carreau, des ... – un pneu, des ... – **2.** un bleu, des ... – un château, des ... – un landau, des ... – **3.** un journal, des ... – un récital, des ... – un bal, des ... – un chacal, des ... – des amiral, des ... – **4.** un travail, des ... – un éventail, des ... – un portail, des ... – **5.** un joujou, des ... – un caillou, des ... – un fou, des ... – un pou, des ... – un cou, des ... – **6.** un tapis, des ... – une souris, des ... – un gaz, des ... – un bazar, des ... – un doigt, des ...

3 Accorder des noms au pluriel

Complétez les noms suivants. Au singulier, ils se terminent par *-ou, -au, -eau, -al* ou *-ail.*

1. Tous les matins, mon père va acheter les journ... . – **2.** L'enfant pleure car il s'est fait mal aux deux gen... en tombant sur des caill... . – **3.** Les futurs parents sont au rayon des land... . – **4.** Les chev... sont attachés aux pot... . – **5.** Les hôpit... seront livrés en urgence. – **6.** Les chanda... étaient, à l'origine, les vêtements que portaient les « marchands d'ail » pour se protéger du froid sur les marchés. – **7.** La Touraine est réputée pour ses chât... .

4 Accorder des noms au pluriel

Complétez, si cela est nécessaire, le début des noms pour qu'ils soient au pluriel. Au singulier, ils se terminent par *-al, -ail, -x,* ou *-s.*

1. Les festiv... de rue sont très appréciés. Et d'excellents musiciens y donnent des récita... . Souvent, des ba... populaires ont lieu. – **2.** Les prix... ne sont plus affichés qu'en euros. – **3.** Les vitr... très colorés de cette église sont magnifiques. – **4.** Les tapis... de souris... ne sont plus nécessaires grâce aux nouvelles technologies. – **5.** La circulation est très difficile pour les poids... lourds depuis le début des trav... .

5 Accorder des noms au pluriel

Accordez les noms entre parenthèses au pluriel.

1. Regardez-moi bien dans les (œil). – **2.** Il ne faut pas mettre tous ses (œuf) dans le même panier. – **3.** Bonjour (madame), (mademoiselle) et (monsieur) ! – **4.** As-tu vu ces drôles de (bonhomme) en carton ? – **5.** Les (gentilhomme) du XVIIe siècle se lavaient rarement ! – **6.** Ces (portefeuille) sont tous en cuir.

Vers l'expression écrite

6 Imaginer des phrases avec des pluriels difficiles

Faites la liste de tous les mots que vous connaissez qui se terminent en *-ail* et *-al*, et accordez cinq de ces noms au pluriel, dans des phrases que vous inventerez.

7 Imaginer une histoire avec les exceptions des noms se terminant par *-ou*

Imaginez une petite histoire pour vous souvenir de tous les noms qui se terminent par *-ou* et qui font leur pluriel en *-oux*. Vous pouvez en faire une chanson !

8 Faire un inventaire de noms se terminant par *-au, -eau, -eu*

Vous faites votre valise et n'emportez que des objets qui sont des mots se terminant par *-au, -eau, -eu...* lesquels ? Votre valise pourra être très grande et vous pouvez avoir de drôles d'idées !

Évaluation

9 Exercice

Accordez au pluriel les noms entre parenthèses.

1. Entre les (rail), sont placés des (caillou). – **2.** On attache aux (animal) des cordes reliées à des (poteau) afin qu'ils ne s'échappent pas. – **3.** Les quatre (pneu) de sa voiture sont crevés ! – **4.** Bonjour (Madame), (Mademoiselle), (Monsieur) ! Laissez-vous tenter ce matin : mes (poireau) ne coûtent qu'un euro le kilo, mes (ananas) arrivent de Guadeloupe ! – **5.** Va acheter les (journal), tu y trouveras tous les (détail) du vol de (bijou) qui a eu lieu à l'aéroport hier : les magasins sont en (travail) et les (verrou) ne fonctionnent pas. – **6.** Les (vitrail) de l'église datent du XVIe siècle ; les (soupirail) du château remontent à la même époque. – **7.** Baptiste s'est coincé les (doigt) dans la portière et s'est éraflé les deux (genou) : il n'a pas de chance. Pour le consoler, on lui a offert des (joujou).

10 Dictée préparée

Les hiboux

Ce sont les mères des hiboux
Qui désiraient chercher des poux
De leurs enfants, leurs petits choux
En les tenant sur les genoux.
Leurs yeux d'or valent des bijoux
Leur bec est dur comme cailloux,
Ils sont doux comme des joujoux,
Mais aux hiboux, point de genoux !
Votre histoire se passait où ?
Chez les Zoulous[1] ? Les Andalous[2] ?
Ou à la cabane bambou ?
À Moscou ? Ou à Tombouctou[3] ?
En Anjou ou dans le Poitou ?
Au Pérou ou chez les Mandchous[4] ?
Hou ! Hou !
Pas du tout, c'était chez les fous.

Robert Desnos, *Chantefables et Chantefleurs*,
© Gründ.

1. Zoulous : peuple du sud-est de l'Afrique australe. **2. Andalous :** habitants de l'Andalousie, au sud de l'Espagne. **3. Tombouctou :** ville du Mali. **4. Mandchous :** peuple du nord-est de la Chine.

➪ voir RÈGLE 12 et MÉMOS 1 À 4

ENRICHISSEZ VOTRE VOCABULAIRE

La ville

Complétez les phrases suivantes en recopiant, à l'endroit exact, le mot ou l'expression qui convient.
sens unique – boulevards – rue – stationnement - priorité - ronds-points – intersection – ralentisseurs – immeuble – feu tricolore

1. L'entrée de l'... où j'habite a été repeinte à la demande de la plupart des locataires. – **2.** La ... qui mène au centre ville est en mauvais état. – **3.** Les piétons doivent attendre que le ... passe au rouge pour traverser. – **4.** Lorsque plusieurs rues arrivaient à une ..., les feux ont souvent été supprimés et l'on a créé des ... . – **5.** Lorsque deux rues ou routes se croisent, la ... est à droite. – **6.** Les ... sont de larges rues qui, à l'origine, faisaient le tour de la ville. – **7.** Pour éviter que les véhicules ne roulent trop vite à certains endroits, la municipalité a fait mettre des ... . – **8.** Tu n'as pas le droit de t'engager dans cette ruelle ; elle est en ... . – **9.** Le ... est payant dans cette rue.

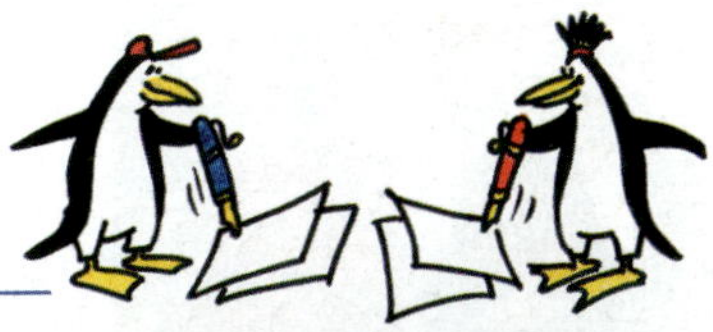

ET MAINTENANT, ÉCRIVEZ !

SUJET 1

Regardez à nouveau le dessin p. 114. Vous vous promenez dans cette ville où tant d'événements se déroulent. Racontez ce que vous voyez, où vous vous arrêtez, à qui vous parlez…
Votre texte comptera de huit à dix lignes.

■ **Orthographe :** Vous utiliserez au moins cinq des mots encadrés du dessin, au pluriel (vous les soulignerez).

■ **Vocabulaire :** Vous emploierez au moins trois mots de l'exercice de vocabulaire (vous les encadrerez).

SUJET 2

La scène ci-dessous se passe dans la rue. Racontez ce qui est en train de se produire. Votre texte comptera une dizaine de lignes.

■ **Orthographe :** Vous utiliserez au pluriel au moins, un mot se terminant, au singulier, par *-ail*, un par *-al*, un par *-ou*, un par *-eu* et un par *-eau* ou *-au* (vous les soulignerez).

■ **Vocabulaire :** Vous emploierez au moins deux mots de l'exercice de vocabulaire (vous les encadrerez).

Le Père Noël dans les embouteillages, coll. part.

19

A et *à*

VOCABULAIRE

La consultation médicale

EXPRESSION

Écrire un dialogue théâtral

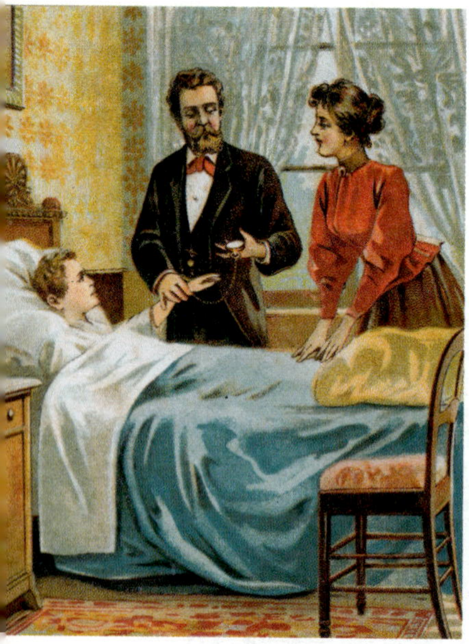

Le Docteur, 1912, lithographie, coll. part.

Le petit malade

Dans l'extrait de théâtre suivant, Georges Courteline, auteur de la fin du XIXe siècle, nous raconte la visite d'un médecin appelé par une maman très distraite au chevet de son petit garçon…

LE MÉDECIN, *le chapeau* **à** *la main*. – C'est ici, Madame, qu'il y **a** un petit malade ?

MADAME. – C'est ici, docteur ; entrez donc. Docteur, c'est pour mon petit garçon. Figurez-vous, ce pauvre mignon, je ne sais pas comment ça se fait, depuis ce matin tout le temps il tombe.

LE MÉDECIN. – Il tombe !

MADAME. – Tout le temps ; oui, docteur.

LE MÉDECIN. – Par terre ?

MADAME. – Par terre.

LE MÉDECIN. – C'est étrange, cela. Quel âge **a**-t-il ?

MADAME. – Quatre ans et demi.

LE MÉDECIN. – Quand le diable y serait, on tient sur ses jambes, **à** cet âge-là ! Et comment ça lui **a**-t-il pris ?

(Après avoir examiné l'enfant, le docteur découvre avec stupéfaction la cause du mal : sa mère lui **a** mis les deux jambes… dans la même jambe de pantalon !)

Georges Courteline, *Le Petit Malade*, 1912.

DÉCOUVREZ

1 Ça lui **a pris** ce matin, quand sa mère l'**a habillé**.

Donnez l'infinitif des formes verbales suivantes :
a. a pris.
b. a habillé.

2 Lorsqu'il sert à conjuguer un verbe à un temps composé, le verbe *avoir* s'appelle-t-il :
a. un participe passé ?
b. un auxiliaire ?

3 Le médecin, le chapeau **à** la main – On tient sur ses jambes, **à** cet âge-là.

Le mot *à* sert-il à :
a. introduire un complément ?
b. former le passé composé d'un verbe ?

4 **a.** Il monte dans le train. – **b.** Je voterai pour toi. – **c.** Il part en voyage.

Dans les phrases ci-dessus, relevez les mots qui, comme ***à***, introduisent un complément.

5 Les mots invariables que vous avez relevés à la question précédente sont-ils des :
a. déterminants ?
b. prépositions ?
c. adjectifs qualificatifs ?

6 Il y **a** un petit malade. Quel âge **a**-t-il ?

Conjuguez ces deux phrases à l'imparfait. Ces phrases restent-elles correctes ?

7 Dans la phrase « Donne-lui **à** boire ! », si on remplace *à* par *avait*, la phrase reste-t-elle correcte ?

RETENEZ

■ ***a* (sans accent)** est la 3e personne du singulier du **verbe *avoir*** au **présent de l'indicatif**.

Elle peut être utilisée comme **verbe** ou, à un temps composé, comme **auxiliaire**, devant un **participe passé**.

→ Il **a** beaucoup de fièvre. – Le médecin **a** trouvé l'origine du mal.

verbe ***avoir*** — auxiliaire ***avoir*** + participe passé du verbe ***trouver***

■ ***à* (avec accent)** est une **préposition** qui introduit le **complément** d'un verbe, d'un nom ou d'un adjectif.

→ Le docteur parle **à** l'enfant.

à introduit le complément du verbe *parle*

→ J'ai encore cassé la machine **à** laver !

à introduit le complément du nom *machine*

→ Son nom est difficile **à** prononcer.

à introduit le complément de l'adjectif *difficile*

Astuces

■ Devant un **verbe à l'infinitif**, il s'agit toujours de la **préposition**, il faut donc écrire ***à***.

→ Il doit apprendre **à s'habiller**.

■ Devant le **participe passé** d'un verbe, il s'agit du verbe ***avoir*** à la 3e personne du singulier, employé comme **auxiliaire**, il faut donc écrire ***a***, sans accent.

→ Elle **a pris** sa température.

■ On écrit ***a*** sans accent si on peut le **remplacer** par ***avait***.

→ Il **a** expliqué **à** la maman l'origine du mal.

On peut dire : « Il **avait** expliqué à la maman... »

■ Le premier ***a*** est donc l'auxiliaire ***avoir*** et s'écrit **sans accent**.

Mais on ne peut pas dire : « Il a expliqué à ~~(avait)~~ la maman... »

Le second **à** n'est donc pas le verbe *avoir* et s'écrit **avec un accent**, car il s'agit de la **préposition**.

ENTRAÎNEZ-VOUS

1 Conjuguer au passé composé

Conjuguez au passé composé les phrases suivantes. Attention à l'orthographe d'*avoir*.

1. Marc m'aide à terminer mes devoirs. – **2.** Benjamin apprend à lire. – **3.** Nora achète des nougats à Montélimar. – **4.** Philippe aime passer ses vacances à la campagne. – **5.** Dorothée demande son goûter à sa grand-mère.

2 Reconnaître le verbe *avoir* utilisé comme verbe ou comme auxiliaire

Donnez, pour chaque phrase, l'infinitif du verbe conjugué.

1. Le petit garçon a attrapé un rhume. – **2.** Le médecin lui a donné un remède. – **3.** L'enfant a une maman distraite. – **4.** Il n'a pas de température. – **5.** Il a refusé d'avaler son médicament. – **6.** Il a mauvaise mine !

3 Se servir de l'imparfait

Complétez le texte avec *avait* ou *à*.

Anna ... quatre frères et sœurs. Comme elle était l'aînée, c'était elle qui ... l'autorité, mais aussi, hélas, la responsabilité. C'était parfois compliqué. Surtout que les jumeaux étaient très turbulents. Quand elle ... réussi ... calmer Jenny quelques instants, c'était Thomas qui prenait le relais. Anna ... parfois bien du mal... s'en sortir. C'était toujours ... celui qui aurait le dernier mot. Heureusement, Sophie, qui ... juste un an de moins qu'Anna, commençait ... être plus raisonnable et pouvait l'aider de temps en temps ... changer le bébé ou lui donner le biberon quand maman n'était pas là. Vivement que tout ce monde grandisse ! Marie ... hâte d'avoir plus de temps pour elle.

4 Utiliser *a* et *à*

Remettez les mots dans l'ordre afin de former une phrase correcte. N'oubliez pas de mettre une majuscule en début de phrase.

1. a – à – le – mon – frère – ruisseau – franchir – réussi – **2.** a – à – n' – boire – rien – il – plus – **3.** a – à – pas – l' – n' – prévue – Laurence – heure – terminé – **4.** a – à – longtemps – la montagne – Grégoire – habité.

5 Choisir l'orthographe exacte

Dans les phrases suivantes, choisissez l'orthographe qui convient : *a* ou *à*.

1. Quand viens-tu ... la maison ? – **2.** Pourquoi n'...-t-il pas appelé ? – **3.** Je me demande ... quelle heure il arrivera. – **4.** Elle ne sait pas pourquoi il lui ... demandé de garder le silence. – **5.** Elle n'... pas prévenu de son retard. – **6.** Puisqu'il n'... jamais fait de ski, ce sera l'occasion de s'y mettre. – **7.** Mon ami m'... tiré d'un mauvais pas. – **8.** Sarah lui ... fait traverser des ruisseaux gelés. – **9.** Antoine n'... plus aucune peur du vide depuis son séjour à la montagne. – **10.** Il ne lui restera qu'... prendre des cours pour progresser. – **11.** Je sais qu'... force de m'entraîner, je finirai par y arriver. – **12.** ...-t-il pris connaissance de son emploi du temps ?

6 Choisir entre *a* et *à*

Dans les phrases suivantes, choisissez l'orthographe exacte : *a* ou *à*.

1. Arthur n'... qu'... s'entraîner davantage, il gagnera le tournoi. – **2.** Juliette ... bien travaillé ... l'école ce matin, cet après-midi elle ira ... la chorale. – **3.** Il pense souvent ... cet ami, il lui ... écrit de venir le voir. – **4.** Ryad, ... la rentrée, ... décidé de reprendre des cours de judo. – **5.** Qui se charge de donner ... manger ... la tourterelle ? – **6.** Il n'... rien avalé depuis deux jours ! – **7.** Il espère qu'... force de parler, il ... réussi ... les convaincre. – **8.** Avec tous les textes qu'il ... ... apprendre, l'acteur doit avoir une bonne mémoire. – **9.** Noémie n'... donc pas compris ? Qu'...-t-elle, ... rester là ... ne rien faire ?

Vers l'expression écrite

7 Utiliser *à* et *a* dans une même phrase

À partir des mots proposés et en en ajoutant certains, formez des phrases dont le verbe sera au passé composé. Vos phrases devront obligatoirement comporter *a* et *à*.

1. enfant – prendre – ses médicaments – quatre heures – **2.** docteur – prescrire – son patient – un sirop – **3.** infirmière – donner – remède – son malade – **4.** dentiste – poser – appareil – l'enfant.

8 Jouer au professeur

Inventez une petite dictée de quatre ou cinq lignes où vous insérerez le plus possible de *a* et de *à*. Vous pouvez la faire faire à votre voisin après avoir vérifié qu'elle ne contenait pas d'erreurs !

9 Raconter une histoire à partir d'une image

Racontez la scène que vous voyez sur la photo ci-dessous en utilisant le plus possible de *a* et de *à*.

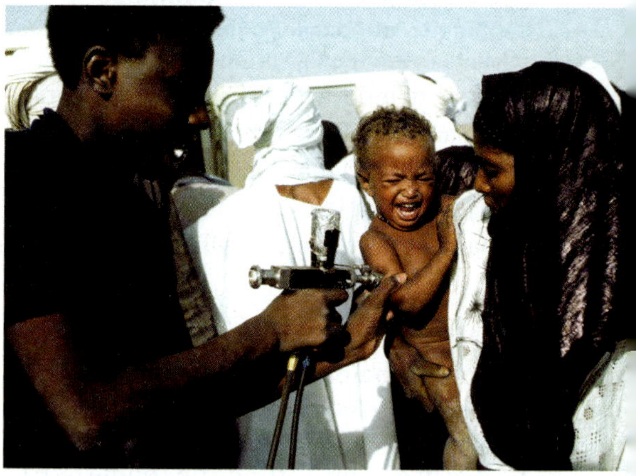

Vaccination au Niger.

Évaluation

10 Exercice

Complétez par *a* ou *à*.

1. Guillaume ... intérêt ... fournir une explication solide pour justifier cette attitude intolérable ! – **2.** On pourrait, ... la rigueur, lui pardonner sa bêtise, s'il ne continuait pas ... mentir. – **3.** Elle ... déménagé dans une autre ville, ... dix kilomètres de l'école. – **4.** J'ai cru qu'elle pensait ... moi, lorsqu'elle ... souri. – **5.** J'ai peur qu'il n'y ait plus rien ... faire, ... présent.

11 Dictée préparée

KNOCK : Il y a longtemps que vous souffrez d'insomnie ?

LA DAME : Très, très longtemps.

KNOCK : Vous en aviez parlé au Docteur Parpalaid ?

LA DAME : Oui, plusieurs fois.

KNOCK : Que vous a-t-il dit ?

LA DAME : De lire chaque soir trois pages du Code civil. C'était une plaisanterie. Le docteur n'a jamais pris la chose au sérieux.

KNOCK : Peut-être a-t-il eu tort. Car il y a des cas d'insomnies dont la signification est d'une exceptionnelle gravité.

LA DAME : Vraiment ?

KNOCK : L'insomnie peut être due à un trouble essentiel de la circulation intracérébrale.

Jules Romains, *Knock*, © Gallimard, 1924.

⇨ voir RÈGLE 52 et MÉMO 1

ENRICHISSEZ VOTRE VOCABULAIRE

La consultation médicale

Complétez les phrases avec le mot ou l'expression qui convient.

Diagnostic – table d'examen – analyses – radiographie – stéthoscope* – salle d'attente – ordonnance – souffrir de – symptômes – prescrire* – consultation.

1. Le docteur établit une ... sur laquelle il inscrit les médicaments que doit prendre le patient. – **2.** Le médecin vient de me ... du sirop contre la toux. – **3.** Je suis allé au centre médical, pour que l'on fasse une ... de mon bras, qui est peut-être cassé. – **4.** La doctoresse fait allonger son patient sur la ... . – **5.** Pour écouter le bruit du cœur, le docteur se sert d'un ... . – **6.** Dans la ..., les patients peuvent consulter des magazines qui leur font trouver le temps moins long. – **7.** Le ... du médecin est formel : il s'agit de la varicelle ! – **8.** Le mal de gorge et la fièvre sont souvent les ... d'une angine. – **9.** On a conseillé à Sonia de faire des ... de sang pour trouver le virus dont elle est atteinte. – **10.** Quand il lui arrive de ... migraine, Dimitri prend de l'aspirine. – **11.** La ... de l'anesthésiste débute à dix heures du matin.

ET MAINTENANT, ÉCRIVEZ !

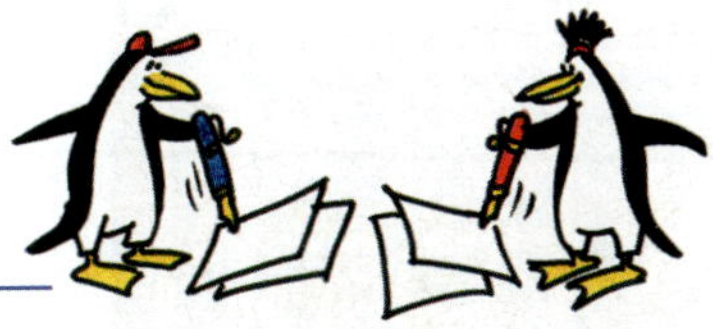

SUJET 1

Relisez le texte initial (p. 120). Imaginez la suite du dialogue, jusqu'à la découverte du véritable mal dont souffre l'enfant : il a les deux jambes dans la même jambe de pantalon !

Votre texte comportera une quinzaine de lignes. N'oubliez pas de présenter votre dialogue comme une pièce de théâtre, en allant à la ligne chaque fois que l'interlocuteur change et en inscrivant devant chaque réplique le nom du personnage qui parle.

■ **Orthographe :** Vous utiliserez au moins deux fois la forme verbale *a* et deux fois la préposition *à* (vous les soulignerez).

■ **Vocabulaire :** Vous emploierez au moins trois mots de l'exercice de vocabulaire (vous les encadrerez).

SUJET 2

Vous êtes malade et votre père décide de vous emmener chez le médecin. Racontez la consultation.

Votre texte, d'une quinzaine de lignes, aura la forme d'un dialogue théâtral. Vous irez à la ligne chaque fois que l'interlocuteur change et inscrirez devant chaque réplique le nom du personnage qui parle.

■ **Orthographe :** Vous utiliserez au moins deux fois la forme verbale *a* et deux fois la préposition *à* (vous les soulignerez).

■ **Vocabulaire :** Vous emploierez au moins trois mots de l'exercice de vocabulaire (vous les encadrerez).

20

Et, est, ai

VOCABULAIRE

La guerre et la paix

EXPRESSION

Développer un épisode de *La Bible*

La Construction de l'arche de Noé (vers 1423), enluminure, Londres.

La mission de Noé

Le début de *La Bible* raconte comment Dieu crée le monde, puis chasse Adam et Ève, les premiers habitants de la Terre, du paradis terrestre car ils ont mangé le fruit défendu. Après ce premier péché, les humains continuent à mal se comporter et Dieu décide de les punir à nouveau en provoquant le déluge. Mais, auparavant, il charge Noé, homme honnête et bon, d'une mission…

Dieu dit à Noé : « La fin de toute chair[1] **est** arrivée, je l'**ai** décidé car la terre **est** pleine de violence à cause des hommes **et** je vais les faire disparaître de la terre. Fais-toi une arche[2] en bois résineux, tu la feras en roseaux **et** tu l'enduiras de bitume[3] en dedans **et** en dehors. […] Pour moi, je vais amener le déluge, les eaux, sur la terre, pour exterminer de dessous le ciel toute chair ayant souffle de vie : tout ce qui **est** sur la terre doit périr. Mais j'établirai mon alliance avec toi **et** tu entreras dans l'arche, toi **et** tes fils, ta femme **et** les femmes de tes fils avec toi. De tout ce qui vit, de tout ce qui **est** chair, tu feras entrer dans l'arche deux de chaque espèce pour les garder en vie avec toi ; qu'il y ait un mâle **et** une femelle. »

« La Genèse, II, Le Déluge »,
La Bible de Jérusalem, © éd. du Cerf, 1973.

1. chair : ici, vie. **2. arche :** grand bateau fermé en forme de coffre. **3. bitume :** substance de revêtement imperméable qui recouvre, par exemple, les trottoirs.

DÉCOUVREZ

1 La terre est pleine de violence.

Complétez la phrase suivante.
« La forme *est* a pour infinitif le verbe ou l'auxiliaire **…**. Il est employé à la 3e personne du singulier du **…** de l'indicatif. »

2 Conjuguez la phrase suivante à l'imparfait de l'indicatif, puis dites si elle est grammaticalement correcte.

La terre est pleine de violence. → La terre **…** pleine de violence.

3 J'ai un bateau.

Complétez la phrase suivante.
« La forme *ai* a pour infinitif le verbe ou l'auxiliaire **…**. Il est employé à la 1re personne du singulier du **…** de l'indicatif. »

4 Conjuguez la phrase suivante à l'imparfait de l'indicatif, puis dites si elle est grammaticalement correcte.

→ J'ai un bateau. → J'**…** un bateau.

5 Laquelle des deux affirmations suivantes est vraie ?

a. Une conjonction de coordination sert à relier deux mots, groupes de mots, propositions ou phrases ; elle est invariable.
b. Une conjonction de coordination indique que le sujet accomplit une action ; elle est variable.

6 Mais j'établirai mon alliance avec toi et tu entreras dans l'arche, toi et tes fils, ta femme et les femmes de tes fils avec toi.

Les mots en bleu sont-ils des :
a. verbes à l'infinitif ?
b. conjonctions de coordination ?
c. verbes conjugués ?

7 La conjonction de coordination ***et*** peut-elle se remplacer par :
a. était ? – **b.** avait ? – **c.** et aussi *ou* et puis ?

RETENEZ

Quand faut-il écrire *et*?

• ***Et*** : c'est une **conjonction de coordination** (rappelez-vous la liste : *mais, ou,* ***et****, donc, or, ni, car*) ; elle sert à **relier** deux mots, groupes de mots, propositions ou phrases. Cette conjonction est **invariable**.

→ Mais j'établirai mon alliance avec toi **et** tu entreras dans l'arche, toi **et** tes fils, ta femme **et** les femmes de tes fils avec toi.

Comment choisir entre *est* et *ai*?

• ***Est*** : c'est le verbe ***être*** à la 3e personne du **présent de l'indicatif** ; il peut servir d'auxiliaire ou bien désigner l'état dans lequel se trouve le sujet.

→ La fin de toute chair **est** arrivée. La terre **est** pleine de violence.
auxiliaire — verbe d'état

• ***Ai*** : c'est le verbe ***avoir*** à la 1re personne du **présent de l'indicatif** ; il peut servir d'auxiliaire ou bien exprimer la possession.

→ J'**ai** décidé. – J'**ai** un bateau.
auxiliaire — verbe de possession

Rappel

Un **auxiliaire** est un verbe qui « aide » les autres verbes à former leurs temps composés, par exemple le passé composé, le plus-que-parfait…

→ La fin de toute chair **est arrivée**.
est permet au verbe *arriver* de former son passé composé.

→ J'**ai décidé**.
ai permet au verbe *décider* de former son passé composé.

Astuces

■ Si vous pouvez remplacer le mot par ***était***, il s'écrit ***est***.

→ La terre **est** pleine de violence. → La terre **était** pleine de violence.

• Si vous pouvez remplacer le mot par ***avais***, il s'écrit ***ai***.

→ J'**ai** un bateau. → J'**avais** un bateau.

• Si vous pouvez remplacer le mot par ***et aussi*** ou ***et puis***, il s'écrit ***et***.

→ Tu entreras dans l'arche, toi **et** tes fils. → Tu entreras dans l'arche, toi **et aussi** tes fils.

■ Si vous hésitez entre ***ai*** et ***est***, regardez le **sujet du verbe**.

Si c'est ***J'***, vous écrirez ***ai***. Si c'est ***Il*** (ou n'importe quel sujet à la 3e personne du singulier), vous écrirez ***est***.
C'est simple et… logique !

→ **J'ai** un bateau – **Il est** arrivé.

ENTRAÎNEZ-VOUS

1 Remplacer pour connaître l'orthographe exacte

Recopiez les phrases suivantes, soulignez les mots *est* et *et*, puis conjuguez le verbe ou l'auxiliaire *être* à l'imparfait.

1. L'herbe est verte et tendre. – **2.** Astérix est petit et mince. – **3.** Ce chat est blanc et roux. – **4.** La mer est agitée et froide. – **5.** L'Italie est un pays attirant pour sa culture et la variété de ses paysages. – **6.** Caroline est une fille jolie et intelligente. – **7.** Qui est-il ? Un homme malheureux et seul. – **8.** De la bonne humeur et de la gentillesse, voilà ce qui est important ! – **9.** Toi et moi pour toujours, c'est l'amour !

2 Reconnaître la classe grammaticale

Rendez à chaque mot en bleu sa classe grammaticale : a. conjonction de coordination – b. verbe ou auxiliaire *avoir* – c. verbe ou auxiliaire *être*.

1. Je n'ai pas envie de partir. – **2.** Souffler n'est pas jouer. – **3.** Anatole et Jeanne habitent Colombes. – **4.** Telma est la fille de Tiphaine et Éric. – **5.** Arrête de pleurer et essaie de comprendre ! – **6.** Voici le CD dont je t'ai tant parlé.

3 Remplacer pour connaître l'orthographe exacte

Recopiez les phrases suivantes en choisissant l'orthographe qui convient. Pensez à vous aider de l'imparfait des verbes.

1. Il (est – ai) tard et j'(est – ai) sommeil. – **2.** J'(est – ai) faim mais ce n'(est – ai) pas encore l'heure du déjeuner. – **3.** J'(est – ai) lu en deux heures ce livre qui (est – ai) passionnant. – **4.** Le printemps(est – ai) arrivé et j'(est – ai) hâte de manger des fruits rouges. – **5.** C'(est – ai) moi qui l'(est – ai) vu la première. – **6.** La météo (est – ai) bonne ; j'(est – ai) envie d'aller à la plage. – **7.** Je lui (est – ai) promis une récompense et il (est – ai) arrivé le premier !

4 Choisir l'orthographe exacte

Choisissez l'orthographe qui convient : *ai* ou *est*.

1. J'(ai – est) fermé la porte à clef. – **2.** J'(ai – est) pris ton adresse email. – **3.** Il (ai – est) parti sans laisser d'adresse. – **4.** Il sait que j'(ai – est) raison ! – **5.** Florian (ai – est) en vacances en Espagne. – **6.** Tu m'as dit que Gabrielle (ai – est) revenue de Bretagne toute bronzée. – **7.** Antoine (ai – est) enchanté de son nouveau travail ! – **8.** On (ai – est) déjà en automne ! – **9.** (Ai – Est)-ce toi qui as raison ?

5 Choisir l'orthographe exacte

Choisissez l'orthographe qui convient : *et* ou *est*.

1. Il (et – est) huit heures. – **2.** Farid (et – est) Julia habitent le même immeuble. – **3.** L'Auvergne (et – est) une région magnifique mais assez pluvieuse ! – **4.** Peux-tu dire à Axelle (et – est) à Laurent que nous ne pourrons pas les rejoindre ? – **5.** C'(et – est) demain Noël ! – **6.** La Corse (et – est) appelée l'île de beauté. – **7.** Les adolescents écoutent souvent de la techno (et – est) du rap. – **8.** Le président de la République (et – est) élu pour cinq ans.

6 Choisir l'orthographe exacte

Complétez le texte à l'aide de *est* ou *et*.

Comme il fait froid ! La neige tombe … la nuit n'… pas loin ; c'… le dernier soir de l'année, la veille du jour de l'an. Au milieu de ce froid … de l'obscurité, une pauvre petite fille passe dans la rue, la tête … les pieds nus.

D'après H.C.Andersen, *La Petite Fille et les allumettes*, traduit du danois par D. Soldi, 1856.

7 Choisir l'orthographe exacte

Complétez les phrases à l'aide de *est*, *ai* ou *et*.

1. « Le Lièvre … la Tortue » … une fable de Jean de La Fontaine que j'… apprise cette année. – **2.** Bertrand dessine … peint : c'… un artiste. J'… mis dans le salon l'une de ses aquarelles. – **3.** Il … indispensable d'apprendre à se servir d'un ordinateur ... de savoir surfer sur le net. J'... enfin compris cela ! – **4.** Vous travaillez trop... ne dormez pas assez : il ... temps de changer de rythme de vie ! J'... connu cela avant vous ! – **5.** Le monopoly ... le pictionnary sont mes jeux préférés : je les ... commandés pour Noël. – **6.** Peux-tu m'expliquer pourquoi le ciel ... bleu ... le soleil jaune ? – **7.** Je suis arrivée en retard à l'embarquement ... n'... pas pu monter dans l'avion. – **8.** C'... moi qui ... tort, je l'avoue.

Vers l'expression écrite

8 Décrire des personnes

Pensez à cinq personnes qui vous sont proches et décrivez-les en deux à trois phrases, selon le modèle ci-dessous.
Ex. : Côme, c'<u>est</u> mon frère : il <u>est</u> très doué en dessin <u>et</u> d'une grande générosité. J'<u>ai</u> beaucoup d'admiration pour lui.

9 Faire un récit en partant d'une image.

Aidez-vous de l'image suivante : Noé raconte quels animaux il a fait monter dans l'arche et comment. Il s'exprime au présent et au passé composé. Utilisez le plus possible *et, ai, est.*

M. Cronshagen, *Les Animaux de l'Arche de Noé*, 1972, Altonaer museum, Hambourg.

Évaluation

10 Exercice

Choisissez l'orthographe qui convient : *est, ai* ou *et.*

1. Mets ton bonnet ... tes gants : le temps ... magnifique mais froid. – **2.** Je suis venue comme convenu à huit heures mais ne t'... pas trouvé chez toi. – **3.** « J'... tout oublié des campagnes d'Austerlitz ... de Waterloo » ... le début d'une chanson de Georges Brassens. – **4.** « Ma chandelle ... morte, je n'... plus de feu. » fait partie d'une chanson connue ! – **5.** Puisqu'il ... défendu d'utiliser son téléphone portable au collège, je l'... laissé chez moi.

11 Dictée préparée

« Car encore sept jours et je ferai <u>pleuvoir</u> sur la terre pendant quarante jours et quarante nuits et <u>j'effacerai</u> de la surface du sol tous les êtres que j'ai faits ». Noé fit tout ce que Dieu lui avait <u>commandé</u>. [...] Auprès de Noé entra dans l'arche une paire de tout ce qui est chair, ayant souffle de vie, et ceux qui entrèrent étaient un mâle et une femelle de tout ce qui est chair, comme Dieu le lui avait commandé. Et Dieu ferma la porte sur Noé.

« La Genèse, II, Le Déluge », *La Bible de Jérusalem*, © éd. du Cerf, 1973.

➯ voir RÈGLES 30, 31, 57

ENRICHISSEZ VOTRE VOCABULAIRE

La guerre et la paix

1 Complétez les phrases en recopiant le mot ou l'expression qui convient.

S'entretuer – détester – frapper – brutal – agressivité – haine – jaloux – méchanceté – se battre – guerre – conflit – bataille.

1. La ... d'Austerlitz a été gagnée par Napoléon. – **2.** Il est défendu de ... dans la cour de récréation. – **3.** Ne sois pas si ... avec ton petit frère, tu as failli lui tordre le bras ! – **4.** Lorsque l'on a toujours envie de ce que les autres possèdent, on est ... . – **5.** La ... de 39-45 a fait plus de quarante millions de morts. – **6.** Les adolescents et les adultes sont souvent en ... permanent. – **7.** ... signifie « se tuer » les uns les autres. – **8.** Ne pas du tout aimer quelqu'un, c'est le ..., et quand ce sentiment est encore plus fort, on l'appelle la ... . – **9.** Monsieur Scoubidou passe son temps à ... son chien avec un bâton, quel affreux personnage ! – **10.** Va décharger ton ... en faisant de la boxe ! – **11.** Par pure ..., il a dit à sa sœur qu'elle était très laide !

2 Retrouvez les contraires (appelés aussi antonymes) des mots suivants en faisant correspondre chaque mot de la liste 1 à son antonyme de la liste 2.

1 : ***belliqueux* – agressivité – frapper – détester – mésentente* – méchanceté – guerre.***

2 : ***entente – paix – pacifiste* – caresser – bonté – douceur – adorer.***

ET MAINTENANT, ÉCRIVEZ !

SUJET 1

Relisez le texte, p. 126. Imaginez que Noé soit en mer, sur son arche : il parle à Dieu et lui montre comme la vie à bord est paisible, comme tout le monde s'entend bien.

Votre texte comptera huit à dix lignes. Noé s'exprimera à la 1re personne du singulier.

■ **Orthographe :** Vous utiliserez le plus possible de *est*, *et* et *ai* (vous les soulignerez).

■ **Vocabulaire :** Vous emploierez au moins trois mots des exercices de vocabulaire (vous les encadrerez).

SUJET 2

Imaginez la vie à bord de l'arche : certains animaux tentent de commander aux autres (et ce ne sont pas forcément les plus gros ni les plus grands !) ; mais Noé n'intervient pas et les laisse trouver eux-mêmes des solutions pour cohabiter dans la paix. Vous intégrerez des dialogues dans votre récit.

Votre texte comptera une quinzaine de lignes. Ne faites parler que quelques animaux et à la 1re personne du singulier.

■ **Orthographe :** Vous utiliserez le plus possible de *est*, *et* et *ai* (vous les soulignerez).

■ **Vocabulaire :** Vous emploierez au moins trois mots des exercices de vocabulaire (vous les encadrerez).

21

On et ont

VOCABULAIRE

L'astronomie

EXPRESSION

Écrire un texte explicatif pour un enfant

Des chiffres astronomiques

Saviez-vous que la Terre est située à 150 millions de kilomètres du Soleil, Mars à 228 millions de kilomètres et Neptune à 4,5 milliards ? Mais, au fait, que représente un milliard ? Dans leur livre d'astronomie, Serge et Bertrand Toussaint nous font comprendre ce que sont ces distances dites « astronomiques »...

Vous venez de gagner un milliard d'euros, tout en pièces d'un euro... Vous êtes d'un naturel méfiant et vous voulez vous assurer qu'il n'en manque pas une seule. Alors, comptons... ou du moins essayons.

À supposer que l'**on** récite un nombre par seconde, **on** a besoin d'un milliard de secondes pour compter jusqu'à un milliard : vous êtes d'accord ? Or une heure équivaut à 60 minutes, soit 3 600 secondes.

Un jour équivaut à 24 heures, soit 86 400 secondes. Ceux qui n'**ont** pas « perdu » de temps, ni à manger ni à se reposer, **ont** pu compter environ jusqu'à 100 000 euros en une journée.

Si vous n'êtes ni fatigué ni affamé, au bout de dix jours d'efforts ininterrompus, vous pouvez espérer atteindre un million. En fait, si vous pouviez tenir sans dormir, sans manger et sans devenir fou, il vous faudrait théoriquement 31 ans et 251 jours pour atteindre le milliard de secondes !

Un petit conseil : si vous voulez profiter de votre milliard, faites-vous payer en chèque !

Serge et Bertrand Toussaint,
Passeport pour les étoiles, © Chanteneige, 1998.

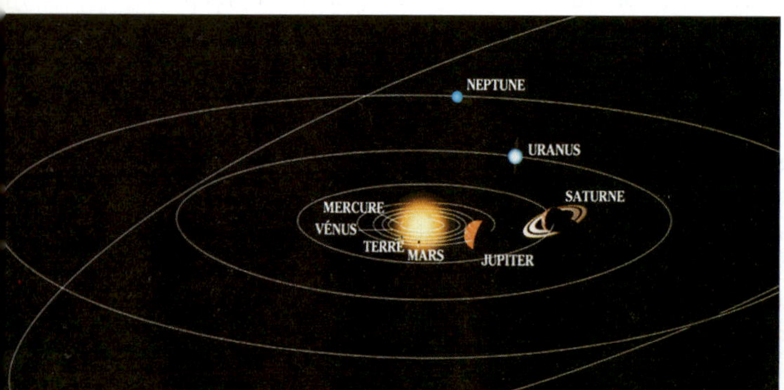

Le système solaire.

DÉCOUVREZ

1 Ceux qui n'**ont** pas «perdu» de temps… **ont** pu compter environ. – **On** récite un nombre par seconde. – **On** a besoin d'un milliard de secondes.

Comment appelle-t-on des mots qui se prononcent de la même façon :
a. des homonymes ?
b. des homophones ?
c. des synonymes ?

2 **On** a besoin d'un télescope pour observer le ciel.

Choisissez le**s** réponse**s** exacte**s**.
Peut-on remplacer *On* par :
a. Une personne ?
b. Il ?
c. Quelqu'un ?
d. Nous (en accordant le verbe) ?

3 La classe grammaticale de *On* est-elle :
a. le verbe *avoir* à la 3e personne du pluriel, au présent de l'indicatif ?
b. un pronom personnel indéfini ?
c. un déterminant possessif ?

4 Ceux qui n'**ont** pas «perdu» de temps… **ont** pu compter environ jusqu'à 10 000 euros en une journée.

Remplacez *ont* par *avaient*. La phrase reste-t-elle grammaticalement correcte ?

5 La classe grammaticale de *ont* est-elle :
a. l'auxiliaire *avoir* à la 3e personne du pluriel, au présent de l'indicatif ?
b. un pronom personnel indéfini ?
c. un déterminant possessif ?

RETENEZ

■ ***On***: c'est le **pronom personnel indéfini** de la 3e personne du singulier.
→ On récite un nombre par seconde.

■ ***Ont***: c'est le verbe ou l'auxiliaire ***avoir*** à la 3e personne du pluriel, au présent de l'indicatif.
→ Ceux qui n'ont pas «perdu» de temps … ont pu compter … .

Astuce

Vous entendez le **son [ɔ̃]** et vous avez un doute? Pas de problème! **Remplacez [ɔ̃] par *avaient***:

- Si la phrase est correcte, **[ɔ̃]** s'écrit ***ont***.
  → Ceux qui n'ont pas perdu de temps… (Ceux qui **n'avaient** pas *perdu* de temps…)
- Si la phrase n'est pas correcte, il faut écrire ***on***.
  → On récite un nombre par seconde. (~~Avait~~ récite un nombre par seconde.)

ENTRAÎNEZ-VOUS

1 Remplacer *on* par un autre pronom personnel

Recopiez les phrases dans lesquelles vous pouvez remplacer le son «on» par *nous* en accordant le verbe. Exemple: *On est très ému lorsque l'on pose le pied sur la lune!* Il faut recopier cette phrase car on pourrait dire: *«Nous sommes très émus lorsque nous posons le pied sur la lune.»*

1. On ne peut croire à l'astrologie si on se dit scientifique. – **2.** Quand on observe le ciel au télescope, il est possible de voir les cratères de la lune. – **3.** Les anneaux de Saturne ont été photographiés par la sonde «Voyager» en 1979. – **4.** On dénombre douze constellations en astrologie, treize en astronomie. – **5.** Peut-on imaginer qu'un jour l'homme fera des voyages interplanétaires? – **6.** C'est dans les années cinquante qu'ont été envoyés les premiers satellites artificiels.

2 Conjuguer au passé composé

Conjuguez au passé composé les verbes entre parenthèses.

1. Les hommes de l'Antiquité (penser) longtemps que la Terre avait la forme d'un disque plat. – **2.** Grâce aux satellites, les scientifiques (pouvoir) observer les phénomènes météorologiques. – **3.** Certains photographes (réussir) à prendre des clichés d'étoiles filantes. – **4.** Les astronautes de la mission Apollo XIII (avoir) beaucoup de chance de rentrer vivants sur Terre. – **5.** Certaines personnes disent qu'elles (voir) des OVNI.

3 Choisir l'orthographe exacte

Complétez les phrases suivantes avec *on* ou *ont*. N'oubliez pas la majuscule en début de phrase.

1. ... a découvert, en 1930, la neuvième planète du système solaire. – **2.** Certaines planètes ... des anneaux : Saturne, Uranus, Neptune. – **3.** Quand a-t-... pu observer la dernière éclipse totale de soleil au XXe siècle, en France ? C'était en 1999. – **4.** En France, c'est au mois d'août que l' ... peut le mieux voir des étoiles filantes. – **5.** Le 21 juillet 1969, Neil Armstrong et Edwin Aldrin ... été les premiers humains à poser le pied sur la Lune. – **6.** Les Babyloniens ..., les premiers, en 600 avant J.-C., représenté les constellations du zodiaque.

4 Choisir l'orthographe exacte

Pour chacune des phrases, choisissez l'orthographe exacte : *on* ou *ont*. N'oubliez pas la majuscule en début de phrase.

1. ... a toujours besoin d'un plus petit que soi. – **2.** ... ne sait jamais de quoi demain sera fait. – **3.** ... pardonne difficilement à ceux qui nous ... trahis. – **4.** Les hommes qui ... beaucoup vécu... souvent acquis une grande sagesse. – **5.** Lorsqu' ... est enfant, les choses n' ... pas la même importance que lorsque l'... est adulte. **6.** ... sait parfaitement à quelle heure ils ... aluni. – **7.** Pourquoi a-t-... inventé le verbe « alunir », mais pas encore le verbe « amarsir » ? Peut-être parce que les hommes n'... pas encore marché sur Mars.

5 Conjuguer au passé composé

Conjuguez les phrases au passé composé.

1. Les amateurs d'astronomie observent souvent les planètes. – **2.** Les enfants admirent régulièrement les étoiles filantes. – **3.** Les astronautes envoient des signaux de détresse. – **4.** Les scientifiques examinent avec soin les roches rapportées de l'espace. – **5.** Les spationautes enfilent des combinaisons spéciales.

6 Conjuguer à la voix passive

Reprenez les phrases de l'exercice transformées et conjuguez-les à la voix passive. Ex. : *Les amateurs d'astronomie ont souvent observé les planètes. → Les planètes ont souvent été observées par les amateurs d'astronomie.*

7 Compléter un article de presse

Complétez le texte suivant en choisissant l'orthographe exacte : *on* ou *ont*.

Une machine qui lit dans vos pensées

Imaginez : vous pensez à quelque chose et un ordinateur se met à débiter vos réflexions à haute voix. Effrayant, non ? Pourtant, la Nasa développe une machine capable d'entendre les mots auxquels ... pense sans les prononcer. Le principe ? Lorsque l' ... formule des phrases dans sa tête, le cerveau envoie des impulsions électriques vers les cordes vocales et la langue, même si l'... n'a pas l'intention de parler. Les chercheurs ... réussi à les intercepter grâce à des capteurs situés sous le menton. Ces signaux ... été interprétés par un logiciel et traduits en mots. Pour l'instant, seule une dizaine de mots sont reconnus. Mais lorsque le système sera au point, les applications ne manqueront pas : redonner la parole aux personnes handicapées, parler au téléphone sans être entendu ou, plus inquiétant, remplacer les détecteurs de mensonge par des détecteurs de pensée ?

F.N, © *Science et Vie Junior*, p. 15, n°176, mai 2004.

Vers l'expression écrite

8 Inventer des phrases contenant *on* ou *ont*

Inventez, sur le thème de la science (astronomie, mathématiques...) un texte de quatre phrases. Deux d'entre elles contiendront le pronom personnel indéfini *on*. Les deux autres contiendront le mot *ont*, verbe ou auxiliaire *avoir* à la 3e personne du pluriel au présent de l'indicatif.

9 Inventer un règlement

En vous inspirant de la photo ci-contre, écrivez le règlement intérieur à respecter dans la navette spatiale en raison de l'apesanteur. Vous rédigerez au minimum cinq règles qui commenceront toutes par *On*.

Spationautes en apesanteur.

Évaluation

10 Exercice

Complétez avec *on* ou *ont*. N'oubliez pas la majuscule en début de phrase !

1. Les élèves ... appris par cœur le nom des neuf planètes du système solaire grâce à deux moyens mnémotechniques* : « Me Voilà Tout Mouillé : Je Suivais Un Nageur Pressé (Mercure, Vénus, Terre, Mars, Jupiter, Saturne, Uranus, Neptune, Pluton) » ou « Mon Vieux Théâtre Me Joue Souvent Une Nouvelle Pièce ». – **2.** Les astronautes des navettes spatiales Challenger et Columbia ... malheureusement tous péri. – **3.** ... sait que Nicolas Copernic refusa de publier ses découvertes sur la Terre au XVIe siècle, par peur d'être condamné à mort. – **4.** Pouvait-... imaginer, au XIXe siècle, que l'... marcherait un jour sur la Lune ? – **5.** Avec quoi peut-... observer le ciel ? Avec un télescope ou une lunette astronomique. – **6.** Les gens qui n'... pas pris de précautions pour observer l'éclipse de soleil ... eu de graves problèmes aux yeux. – **7.** Dans l'espace, les distances n'... vraiment pas volé leur nom : elles sont astronomiques. – **8.** Depuis la Terre, ... peut observer plus de trois mille astres à l'œil nu.

11 Dictée préparée

80 000 photos prises du ciel **ont** été nécessaires pour établir une nouvelle carte de France tout en photos et entièrement informatisée. « Cette carte extrêmement détaillée comporte des indications de lieux très précises et la totalité du cadastre* français », explique-t-**on** à l'Institut Géographique National. Pendant 5 ans, quatre avions **ont** sillonné la France en lignes droites et parallèles à environ 4 500 mètres d'altitude pour photographier des parcelles de 5 kilomètres de côté. Les photos aériennes sont plus précises que les photos prises par satellite entre 700 et 850 kilomètres d'altitude. Les avions **ont** volé de mai à septembre pour avoir un ciel dégagé. Les documents obtenus **ont** été complétés par des vérifications sur le terrain.

S. Bordet, « Mon quotidien », 30-01-2004 p. 3, © PlayBac.

⇨ voir RÈGLES 45, 52, 54 et MÉMO 7

ENRICHISSEZ VOTRE VOCABULAIRE

L'astronomie

Complétez les phrases suivantes avec le mot ou l'expression qui convient.

spationautes – combinaison spatiale – cosmonautes – étoiles filantes – planètes – astronautes – pesanteur – télescope – astronome – satellites – fusée – module*.

1. Les « navigateurs de l'espace » s'appellent selon les pays des ..., des ... ou des .... Remarquez que le suffixe de ces mots est toujours le même : il signifie « celui qui navigue ». – **2.** On appelle ... ce que l'on voit, parfois, la nuit, traverser le ciel très rapidement en laissant comme une traîne. – **3.** On peut observer le ciel grâce au ..., instrument optique qui permet de grossir les images de l'espace. – **4.** L' ... est un scientifique qui étudie la forme et l'évolution des astres. – **5.** Il existe des ... artificiels, comme Spoutnik et d'autres naturels, comme notre Lune. – **6.** Mars, Vénus, la Terre, Pluton, sont des .... – **7.** Le premier voyage vers la Lune s'est fait à bord d'une ... dont une partie, le ..., s'est détachée et s'est posée sur le sol lunaire. – **8.** Pour pouvoir survivre dans l'espace, les hommes doivent revêtir une .... – **9.** Sur la Lune, la ... est bien inférieure à celle de la Terre et permet de porter de lourdes charges sans difficulté.

ET MAINTENANT, ÉCRIVEZ !

SUJET 1

Vous décrivez le ciel, un soir d'été, à un enfant de l'école primaire, de façon simple.

Votre texte comptera une dizaine de lignes. Prenez bien en compte l'âge de votre destinataire.

■ **Orthographe :** Vous utiliserez au moins une fois le pronom *on* et une fois le verbe ou l'auxiliaire *avoir* sous la forme *ont* (vous les soulignerez).

■ **Vocabulaire :** Vous emploierez au moins quatre mots de l'exercice de vocabulaire (vous les encadrerez).

SUJET 2

Expliquez à un enfant de l'école primaire comment l'homme a pu voyager jusqu'à la Lune et comment il était équipé pour survivre dans l'espace. Vous pouvez vous inspirer de l'image, p. 132.

Votre texte comptera une dizaine de lignes. Prenez bien en compte l'âge de votre destinataire.

■ **Orthographe :** Vous utiliserez au moins une fois le pronom *on* et une fois le verbe ou l'auxiliaire *avoir* sous la forme *ont* (vous les soulignerez).

■ **Vocabulaire :** Vous emploierez au moins quatre mots de l'exercice de vocabulaire (vous les encadrerez).

22

Son et sont

VOCABULAIRE

Les verbes de parole

EXPRESSION

Faire dialoguer des personnages

Le petit Poucet retrouve la maison (1900-1909), lithographie.

Retour à la chaumière...

Un bûcheron et sa femme, qui ont sept enfants et vivent dans la misère, décident un jour d'aller les perdre dans la forêt. De retour, leur mère est très malheureuse... Elle ne sait pas encore que, grâce à la ruse du plus jeune, le petit Poucet, les sept frères ont retrouvé le chemin de la chaumière.

La bûcheronne était tout en pleurs : « Hélas ! Où **sont** maintenant mes enfants, mes pauvres enfants ? » Elle le dit une fois si haut que les enfants qui étaient à la porte, l'ayant entendue, se mirent à crier tous ensemble : « Nous voilà, nous voilà. » Elle courut vite leur ouvrir la porte, et leur dit en les embrassant : « Que je suis aise de vous revoir, mes chers enfants ! Vous êtes bien las, et vous avez bien faim ; et toi Pierrot, comme te voilà crotté, viens que je te débarbouille. » Ce Pierrot était **son** fils aîné qu'elle aimait plus que tous les autres.

Charles Perrault, *Le Petit Poucet*, 1697.

DÉCOUVREZ

1 Pierrot était **son** fils aîné.

Complétez la phrase suivante : « Pierrot et Jean étaient ... fils aînés. »

2 Le mot *son*, dans l'exemple ci-dessus, appartient-il donc à la classe grammaticale des : **a.** noms ? – **b.** pronoms ? – **c.** déterminants possessifs ?

3 Elle reconnut le **son** de sa voix !

Le mot *son*, dans l'exemple ci-dessus, appartient-il à la classe grammaticale des : **a.** noms ? – **b.** pronoms ? – **c.** déterminants ?

4 Où sont maintenant mes enfants ?

Supposons que la mère n'ait qu'un enfant, que dirait-elle ?
Complétez la phrase suivante : « Où … maintenant mon enfant ? »

5 Le mot *sont* appartient-il donc à la classe grammaticale des :
a. noms ? – **b.** pronoms ? – **c.** déterminants ? – **d.** verbes ?

6 Où sont mes enfants ?

Conjuguez la phrase à l'imparfait puis donnez l'infinitif du verbe en bleu, ainsi que le temps et la personne auxquels il est conjugué dans la phrase initiale.

7 Pierrot aime beaucoup son ami Anatole et son amie Jeanne.

Quel est le genre du nom *ami* ? Et celui du nom *amie* ? Pourquoi le déterminant possessif ne change-t-il pas de forme ?

RETENEZ

■ ***Son*** peut être :

- un **déterminant possessif** ; il indique à qui appartient quelque chose ou quelqu'un. Il détermine un groupe nominal **masculin singulier** (ou **féminin singulier** si ce groupe nominal commence par une **voyelle** ou un **« h » muet**, qui permet la liaison).

Remarque : Il existe d'autres déterminants possessifs : ***sa, ses, mon, ma, leurs, votre***…

➜ Son fils aîné s'appelle Pierrot. – Son amie est arrivée.

- un **nom commun** qui a plusieurs sens :

➜ Elle reconnut le son de sa voix. – Je n'aime pas le pain au son.

■ ***Sont*** : c'est le verbe ***être*** à la 3e personne du singulier au présent de l'indicatif.

➜ Ils sont tout près de moi.

Astuce

En cas d'hésitation, remplacez le son [sɔ̃] par ***était***. Si la **phrase** reste **correcte**, il s'agit bien du **verbe *être*** : vous écrivez alors ***sont***.

Sinon, il s'agit du **déterminant possessif** ou du **nom commun** : vous écrivez alors ***son***.

➜ Il a oublié son cartable à l'école.
→ Il a oublié (~~était~~) cartable à l'école.

Il ne s'agit pas du verbe *être* et vous l'écrivez ***son***.

ENTRAÎNEZ-VOUS

1 Reconnaître les déterminants possessifs

Relevez les déterminants possessifs.

Ils étaient fort pauvres, et leurs sept enfants les incommodaient beaucoup, parce qu'aucun d'eux ne pouvait encore gagner sa vie. Ce qui les chagrinait encore, c'est que le plus jeune était fort délicat et ne disait mot : prenant pour bêtise ce qui était une marque de la bonté de son esprit. Il était fort petit, et quand il vint au monde, il n'était pas plus gros que le pouce, ce qui fait qu'on l'appela le petit Poucet. Ce pauvre enfant était le souffre-douleur de la maison, et on lui donnait toujours le tort. Cependant, il était le plus fin, et le plus avisé de tous ses frères, et s'il parlait peu, il écoutait beaucoup.

Charles Perrault, *Le Petit Poucet*, 1697.

2 Utiliser *son* et *sont*

Dans chacune des phrases suivantes, choisissez la forme qui convient.

1. Elles n'ont pas apprécié (son – sont) ton désagréable – **2.** Nathalie saisit (son – sont) cartable, sa trousse et (son – sont) cahier. – **3.** Pourquoi ne (son – sont) -ils pas là ? – **4.** Lorsque les enfants (son – sont) sortis, il a extrait (son – sont) mouchoir et a essuyé une larme. – **5.** Si les entraîneurs (son – sont) si durs avec lui, c'est pour mieux révéler (son – sont) talent. – **6.** Pour prouver (son – sont) innocence, l'accusé convainc (son – sont) avocat de faire une enquête parallèle.

3 Utiliser *son* et *sont*

Complétez les phrases suivantes avec *son* ou *sont*.

1. La mère du petit Poucet préfère … fils aîné. – **2.** Les enfants des bûcherons … perdus dans la forêt. – **3.** Le petit Poucet a mis des cailloux dans la poche de … pantalon. – **4.** Pierrot et … frère Jean … jumeaux. – **5.** …-ils sûrs de ce qu'ils font ? – **6.** Cet enfant a des taches de … sur le visage, c'est très mignon ! – **7.** Il a acheté un pain au … . – **8.** Le concierge de l'école a entendu un … étrange.

Évaluation

4 Exercice

Complétez les phrases suivantes avec *son* ou *sont*.

1. Ils ne se … pas fatigués ! – **2.** Si … ami arrive trop tard, elle ne sera plus là. – **3.** Vendez-vous du pain au … ? – **4.** Lorsqu'il écoute … répondeur, il prend un air mystérieux. – **5.** Je ne peux pas le priver de … émission préférée ! – **6.** Je me demande à qui … ces chaussettes ! – **7.** Quels … vos projets pour cet été ? – **8.** Si tu avais vu sa tête quand … père est arrivé ! – **9.** Le … de sa voix me tira de ma rêverie. – **10.** Baisse le … de la télévision.

5 Dictée préparée

Le prince ne voulait pas rentrer chez son père sans ses frères et il dit : « Gentil nain, pourrais-tu me dire où sont mes deux frères ? Ils sont partis avant moi chercher de l'eau de Jouvence, et ils ne sont pas revenus. – Ils sont prisonniers entre deux montagnes, dit le nain, c'est moi qui les ai enchantés parce qu'ils étaient trop orgueilleux. »

Grimm, *L'Eau de Jouvence*,
trad. de M. Robert, © Gallimard, 1976.

➩ voir RÈGLES 42, 61 et MÉMO 10

ENRICHISSEZ VOTRE VOCABULAIRE

Les verbes de parole

Pour préciser la façon dont parle un personnage et ne pas vous répéter, variez les verbes de parole. Complétez le texte suivant avec les verbes de la liste. La première lettre de chaque verbe vous est donnée.

insiste – hésite – gémit – demande – avoue – grommelle* – s'exclame – se désole – s'énerve

Deux personnages dialoguent, chacun prend la parole à son tour.

– As-tu remarqué mon nouveau pantalon ? d...-t-elle.

– Hum... Quoi... ? g...-t-il.

– As-tu vu mon pantalon ? i...-t-elle.

– Ah ! Mon Dieu ! Qu'est-ce que c'est que cette horreur !? s'...-t-il.

– Oh ! Tu ne le trouves pas beau ! se ...-t-elle.

– Eh bien, h...-t-il.

– Dis tout de suite que j'ai l'air ridicule ! s'...-t-elle.

– Franchement, oui, a...-t-il.

– Catastrophe ! Quand je pense au prix que je l'ai payé ! g...-elle.

ET MAINTENANT, ÉCRIVEZ !

SUJET 1

Imaginez la suite du passage du *Petit Poucet* (p. 138). Le fils aîné, Pierrot, raconte à ses parents, qui l'interrogent, comment ses frères et lui sont parvenus à regagner la maison.

Votre texte comportera une dizaine de lignes : une partie du dialogue et une partie de récit pour décrire les sentiments des personnages.

■ **Orthographe :** Vous utiliserez au moins deux fois *sont* et deux fois *son* (vous les soulignerez).

■ **Vocabulaire :** Vous emploierez au moins quatre verbes différents de l'exercice de vocabulaire (vous les encadrerez).

SUJET 2

Imaginez le dialogue entre deux des personnages de ce tableau.

Votre texte comportera une quinzaine de lignes.

■ **Orthographe :** Vous utiliserez au moins deux fois *sont* et deux fois *son* (vous les soulignerez).

■ **Vocabulaire :** Vous emploierez au moins quatre verbes différents de l'exercice de vocabulaire (vous les encadrerez).

Renoir, *Le Moulin de la Galette* (1876), musée d'Orsay, Paris.

23

Se, ce ; s', c'

VOCABULAIRE

L'expression de la difficulté

EXPRESSION

Raconter une mésaventure

En plein chantier.

Un visiteur encombrant

Benett et Mortimer sont pensionnaires dans une école privée en Angleterre ; le directeur, M. Pemberton-Oakes, a permis aux enfants de construire des cabanes dans une partie du grand parc. Un jour, il décide d'en visiter une.

Le directeur **s'**était déjà engagé jusqu'à mi-corps dans l'ouverture, quand il sentit soudain qu'il était coincé. **Ce** trou, destiné à laisser passer des garçons, était évidemment trop étroit pour un adulte assez corpulent[1]. [...] M. Pemberton-Oakes était pris au piège. Furieux, il essaya de **se** mettre debout pour **se** frayer[2] un passage de force. Mais quand il **se** redressa, les murs **se** soulevèrent en même temps que lui, le toit **s'**effondra, et le tuyau de zinc[3] **s'**abattit, clouant le directeur au milieu d'un éboulement de branches, de roseaux et d'ustensiles ménagers. Dehors, Benett et Mortimer regardaient **ce** spectacle avec une horreur grandissante. Un véritable tremblement de terre semblait **se** produire sous leurs yeux. La petite cabane **se** soulevait et retombait par secousses successives.

Anthony Buckeridge, *Benett et sa cabane*,
© Hachette Livre, « Livre de poche jeunesse », 1979.

1. corpulent : dont le corps est gros, massif. **2. se frayer un passage :** se faire un chemin en écartant les obstacles. **3. zinc :** métal dur d'un blanc bleuâtre.

DÉCOUVREZ

1 **Ce** trou était étroit. – Il essaya de **se** mettre debout pour **se** frayer un passage. – Il **se** redressa. – Les murs **se** soulevèrent.

Les mots en bleu se prononcent de la même manière. Sont-ils des :
a. homophones ? – **b.** antonymes ? – **c.** synonymes ?

2 Il se redressa. – Les murs se soulevèrent.

Rappel : les verbes qui sont précédés d'un pronom personnel réfléchi (reprenant le sujet, comme un miroir qui réfléchit une image) s'appellent des **verbes pronominaux** (***se*** *laver,* ***se*** *souvenir…*).
Quel est l'infinitif de chacun des verbes en bleu ?

3 Le tuyau de zinc s'abattit. – La cabane se soulevait.

Les mots en bleu sont-ils donc des :
a. déterminants possessifs ? – **b.** déterminants démonstratifs ? – **c.** pronoms personnels réfléchis, c'est-à-dire des pronoms qui reprennent les sujets ?

4 Complétez la conjugaison, au présent, du verbe pronominal *se redresser.*

Je me redresse – Tu … redresses – Il … redresse – Nous … redressons – Vous … redressez – Ils … redressent.

5 Il se redresse. – Il se redressera. – Il s'est redressé. – Il s'était redressé.

Choisissez le**s** réponse**s** exacte**s**.
Le pronom ***se*** devient ***s'*** parce que :
a. la lettre qui le suit est une voyelle ? – **b.** la phrase est au pluriel ? – **c.** le **« e »** s'élide (c'est-à-dire qu'il se transforme en apostrophe) ?

6 Ce trou – Ce garçon – Ce beau jardin.

Le déterminant démonstratif *ce* détermine-t-il un mot qui est au :
a. masculin singulier ? – **b.** masculin pluriel ? – **c.** féminin singulier ?

7 Le déterminant démonstratif est-il, dans la question 6, placé devant :
a. un verbe ? – **b.** un nom ou un groupe nominal ?

8 J'aime beaucoup Cyril et Barthélemy : ce sont mes amis !

Le mot *ce* reprend le groupe « Cyril et Barthélemy ». Est-ce donc un :
a. nom ? – **b.** pronom ? – **c.** adjectif ?

9 J'aime beaucoup Barthélémy : c'est mon ami !

Choisissez le**s** réponse**s** exacte**s**.
Le pronom ***ce*** devient-il ***c'*** parce que :
a. la lettre qui le suit est une voyelle ? – **b.** la phrase est au pluriel ? – **c.** le **« e »** s'élide (c'est-à-dire qu'il se transforme en apostrophe) ?

RETENEZ

Les mots *se* et *s'*

• ***Se*** est un **pronom personnel réfléchi** qui ne s'emploie que **devant** un **verbe pronominal**.

Il s'utilise dans **l'infinitif** du verbe pronominal ou devant un verbe pronominal à la **3e personne du singulier et du pluriel**.

→ se redresser – Il se redresse. – Elles se redressent.
infinitif — 3e pers. du sing. — 3e pers. du plur.

• ***S'*** est le **pronom « se » élidé** (dont on a remplacé le **« e »** par une apostrophe) car il est placé **devant une voyelle ou un « h » muet** (qui fonctionne comme une voyelle et permet la liaison).

→ s'habiller - Elle s'habille. – Ils s'habillent.
infinitif — 3e pers. du sing. — 3e pers. du plur.

Les mots *ce* et *c'*

• ***Ce*** peut être :

- un **déterminant démonstratif** qui sert à désigner un nom masculin singulier, à insister sur ce nom ; il est placé **devant un groupe nominal**.

→ Ce **garçon** a fait une bêtise.

- un **pronom démonstratif** qui sert à reprendre un nom ou un groupe nominal ; il est placé **devant un verbe non pronominal**. Il sert aussi à annoncer une **proposition** introduite par *que, qui.*

→ J'aime beaucoup Cyril et Barthélemy : ce **sont** mes amis !
Je ne sais pas ce **que** vous pensez.

• ***C'*** est le pronom ***ce*** **élidé** (dont on a remplacé le **« e »** par une apostrophe) car il est placé **devant une voyelle**.

→ Ce sont mes amis. → C'est mon ami.

Astuce

Regardez bien le **mot qui suit** *se* ou *ce*.

• S'il s'agit d'un **nom** ou d'un **groupe nominal**, pas d'hésitation : il faut écrire ***ce***.

→ Ce directeur – Ce méchant garçon.
nom — groupe nominal

• S'il s'agit d'un **verbe** :

- si le **verbe est pronominal**, pas d'hésitation : il faut écrire ***se*** (ou ***s'***) ;
- si le **verbe n'est pas pronominal**, pas d'hésitation : il faut écrire ***ce*** (ou ***c'***).

→ Il s'en moque. — C'est le directeur qui a été pris au piège.
Se moquer : verbe pronominal — *Être* : verbe non pronominal

ENTRAÎNEZ-VOUS

1 Conjuguer des verbes pronominaux

Conjuguez le verbe entre parenthèses, au présent de l'indicatif.

1. Je (se baigner) – Il (se baigner) – Ils (se baigner) – **2.** Je (se demander) – Il (se demander) – Ils (se demander) – **3.** Je (se confier) – Il (se confier) – Elles (se confier) – **4.** Je (se laver) – Il (se laver) – Ils (se laver) – **5.** Je (s'habiller) – Elle (s'habiller) – Ils (s'habiller) – **6.** Je (se hérisser) – Il (se hérisser) – Elles (se hérisser) – **7.** Je (s'avancer) – Il (s'avancer) – Ils (s'avancer) – **8.** Je (s'allonger) – Il (s'allonger) – Elles (s'allonger).

2 Identifier la classe grammaticale

Faites correspondre à chaque mot en bleu la classe grammaticale qui est la sienne : a. *déterminant démonstratif* – b. *pronom démonstratif* – c. *pronom personnel réfléchi.*

1. Ce film ne m'a pas plu. – **2.** Ce n'est pas une raison pour vous mettre en colère ! – **3.** Delphine et Marinette se posent un problème. – **4.** Le gymnaste se livre à une figure très périlleuse. – **5.** Je n'ai pas envie d'écouter ce CD. – **6.** Le judo et le tennis de table, ce sont mes sports favoris ! – **7.** Il est difficile de se taire pendant une heure de cours tout entière !

3 Conjuguer un verbe pronominal au passé composé

Complétez le verbe pronominal conjugué au passé composé. Attention, n'oubliez pas le pronom réfléchi. Exemple : *Paul … rendu à la librairie. → Paul s'est rendu à la librairie.*

1. Il … moqué du monde. – **2.** Sylvie ne … jamais plainte. – **3.** Les vagues … brisées sur les rochers. – **4.** Thibault et Florent … souvent battus. – **5.** Juliette … levée à 8 heures tous les jours de la semaine. – **6.** Alexis … évanoui en plein cours. – **7.** Thibaud et Séverine … baignés dans le torrent. – **8.** Lucie … récité sa leçon toute seule dans sa chambre.

4 Choisir entre *c'* et *s'*

Repérez les verbes pronominaux et choisissez l'orthographe qui convient : *s'* ou *c'*.

1. Mustapha (s'– c') entend bien avec sa sœur. – **2.** Je pense vraiment que (s'– c') est lui le coupable. – **3.** (S'– C') est toi qui m'as emprunté mon sèche-cheveux. – **4.** (S'– C') est un endroit qui ressemble à la Louisiane, à l'Italie. (Nino Ferrer) – **5.** Les enfants (s'– c') amusent à écraser les fourmis ! – **6.** Il y a du linge étendu sur la terrasse et (s'– c') est joli. (Nino Ferrer) – **7.** Le soleil (s'– c') est couché à 19 heures 03, les jours diminuent ! – **8.** (S'– C') intéresser à la vie de son pays est fondamental pour être un citoyen responsable ! – **9.** Quand il aura cinq ans, Mathias (s'– c') habillera tout seul, (s'– c') est sûr !

5 Choisir entre *ce* et *se*

Choisissez l'orthographe qui convient : *se* ou *ce*. Regardez si le mot est devant un groupe nominal ou devant un groupe verbal et observez bien les verbes pour savoir s'ils sont pronominaux ou pas.

1. (Se – Ce) teindre les cheveux trop souvent les abîme. – **2.** Il est parti (se – ce) doucher. – **3.** Ne pense plus à (se – ce) devoir : de toute façon, tu l'as rendu ! – **4.** (Se – Ce) n'est pas toi qui vas me faire changer d'avis ! – **5.** Qui (se – ce) dévoue pour aller chercher du pain frais ? – **6.** Ces cahiers (se – ce) vendent par trois. – **7.** Ta mère ne voudra jamais te prêter (se – ce) bijou ! Elle a trop peur qu'il (se – ce) casse. – **8.** (Se – Ce) qu'Éric aime par-dessus tout, (se – ce) sont les magrets de canard à la confiture d'airelles.

6 Choisir entre *ce, se, s'* et *c'*

Complétez les phrases suivantes par *se, ce, s'* ou *c'*. N'oubliez pas la majuscule en début de phrase.

1. Il est écrit sur la porte : « Pour tout renseignement, … adresser à l'agence qui … trouve en face de la poste ». – **2.** … est tout … que vous avez à dire pour votre défense ? – **3.** …

bois ... consume difficilement. – **4.** Qui ... est permis de ... servir de ... marteau ? – **5.** Si ... n'est toi, ... est donc ton frère. (La Fontaine) – **6.** J'avais prévu ... voyage avant qu'il ne ... casse la jambe. Maintenant, ... n'est plus possible de partir en randonnée dans les Alpes ! – **7.** ... était un endroit idéal pour ... reposer après ... trimestre épuisant.

7 Choisir entre *ce, se, s'* et *c'*

Complétez les phrases suivantes par *se, ce, s'* ou *c'*. N'oubliez pas la majuscule en début de phrase.

... est là que demeure le peuple de la mer. Mais n'allez pas croire que ... fond ... compose seulement de sable blanc ; non, il y croît des plantes et des arbres si souples que le moindre mouvement de l'eau les fait ... agiter comme s'ils étaient vivants [...]. À l'endroit le plus profond ... trouve le château du roi de la mer, dont les murs sont de corail, les fenêtres de bel ambre jaune, et le toit de coquillages qui ... ouvrent et ... ferment pour recevoir l'eau ou pour la rejeter.

H.C. Andersen, *La Petite Sirène*, traduit du danois par D. Soldi, 1856.

Vers l'expression écrite

8 Utiliser des verbes pronominaux

À l'aide des cinq verbes suivants, construisez cinq phrases au présent puis conjuguez-les au passé composé. Les sujets des verbes seront à la 3e personne du singulier ou du pluriel.

Se débattre – se poser – s'inquiéter – se distraire – se demander.

Ex. : s'amuser. Le chat s'amuse avec la balle → Le chat s'est amusé avec la balle.

Évaluation

9 Exercice

Choisissez l'orthographe exacte : *se, ce, s'* ou *c'*. N'oubliez pas la majuscule en début de phrase.

1. Brahim a vu que ma voiture ne démarrait pas. Il ... est empressé de m'aider. – **2.** On ne fait pas toujours ... que l'on veut ! – **3.** ... est grâce à Jean Valjean que Cosette a échappé aux Thénardier. – **4.** Donne-moi ... que tu caches derrière ton dos ! – **5.** ... scooter est celui dont je rêve ! – **6.** La cigale ayant chanté tout l'été ... trouva fort dépourvue quand la bise fut venue. (La Fontaine) – **7.** ... est en forgeant que l'on devient forgeron. – **8.** Il ... passe d'étranges événements dans cet immeuble. – **9.** David et Michèle sont partis ... promener à Bonifacio. – **10.** Mathilde ... intéresse à tout, quel plaisir de voyager avec elle !

10 Dictée préparée

Un chien, Lip-Lip, et Croc-Blanc, un loup, sont en pleine bagarre...

Et quand il [Lip-Lip] parvint enfin à rouler de côté et à se remettre sur ses pattes, il se retrouva tout ébouriffé et fort mal en point, tant au moral qu'au physique. Il avait la fourrure en bataille, avec des touffes qui pendaient, là où les dents s'étaient plantées. Sans bouger de l'endroit où il s'était redressé, il ouvrit la gueule pour émettre le long hurlement des chiots en détresse.

Jack London, *Croc-Blanc*, trad. Daniel Alibert-Kouraguine, © Hachette Jeunesse, « Livre de Poche », p.167.

⇨ voir RÈGLE 42 et MÉMOS 13, 15, 22

ENRICHISSEZ VOTRE VOCABULAIRE

L'expression de la difficulté

Complétez les phrases en recopiant le mot ou l'expression qui convient.
Être dans l'embarras – être confronté – pris au piège – s'en sortir – alarmante – inquiétante – situation critique* – mésaventure – indemnes* – sain et sauf.

1. Mon chat est tombé du treizième étage mais il s'en est sorti **…** . – **2.** Une situation difficile commence par être **…**, puis **…** . – **3.** Le blessé est dans une **…** : les médecins craignent pour sa vie. – **4.** **…**, c'est ne pas savoir vraiment comment se sortir d'une situation. – **5.** Il préféra partir plutôt que d' **…** à cette pénible situation. – **6.** Il était dans une situation très difficile, comment a-t-il fait pour **…** ? – **7.** Il voulut rebrousser chemin, mais l'incendie, à présent, l'encerclait, il était **…** . – **8.** Ils sont sortis **…** de leur accident de voiture : c'est un miracle ! – **9.** Cet été, il lui est arrivé une drôle de **…**, on lui a volé tous ses papiers à la foire de Riom !

ET MAINTENANT, ÉCRIVEZ !

SUJET 1

Il arrive à l'un de vos amis, lors d'une promenade dans la nature, une petite aventure désagréable (une mésaventure), sans gravité mais qui lui fait peur. Vous êtes témoin, racontez. Votre texte comptera une dizaine de lignes. Pensez à utiliser des verbes pronominaux.

■ **Orthographe :** Vous utiliserez au moins une fois le mot *se* ou *s'* et deux fois le mot *ce* ou *c'* (vous les soulignerez).
■ **Vocabulaire :** Vous emploierez au moins trois mots de l'exercice de vocabulaire (vous les encadrerez).

SUJET 2

Qu'est-il donc arrivé à cet homme ? Racontez sa mésaventure.
Votre texte comptera une dizaine de lignes. Pensez à utiliser des verbes pronominaux.

■ **Orthographe :** Vous utiliserez au moins une fois le mot *se* ou *s'* et deux fois le mot *ce* ou *c'* (vous les soulignerez).
■ **Vocabulaire :** Vous emploierez au moins trois mots de l'exercice de vocabulaire (vous les encadrerez).

Harold Lloyd en mauvaise posture dans *Monte là-dessus* de S. Taylor et F. Newmeyer (1923).

24

Sais, sait ; s'est, c'est ; ces, ses

VOCABULAIRE

La réflexion

EXPRESSION

Faire parler un personnage à la 1re personne

Une profonde réflexion…

Un chien songeur

Le Chien, c'est comme cela qu'il s'appelle. Ou plutôt comme l'a appelé Pomme, la petite fille qui l'a adopté à la SPA (Société Protectrice des Animaux). Et depuis que l'animal vit avec elle et ses parents, Pomme s'est toujours montrée très attachée à lui. Mais voici qu'elle est entrée dans l'adolescence, et elle se désintéresse de l'animal. Ce qui plonge le Chien dans la perplexité[1] et la tristesse…

Voilà où on en est. « Qu'est-ce qui se passe ? » se demande le Chien. Quelque chose l'a toujours chiffonné[2] avec les hommes : ils sont imprévisibles… Ce n'est pas comme les autres chiens (la queue entre les pattes ou le poil hérissé, on les comprend très bien, pas de problème) ni comme les chats (ceux-là, ils ont beau prendre leur air siamois, on **sait** toujours, plus ou moins, quand le coup de griffe va partir), ce n'est pas non plus comme le Temps (ah ! ça, le Temps, il ne **s'est** jamais laissé surprendre par le Temps, le Chien ! Toutes **ces** odeurs qui changent, **ces** insectes qui se pointent, **ces** oiseaux qui plongent, non, rien de moins traître que le temps). Tandis que les hommes…

« Les hommes… », répète-t-il intérieurement, mais il ne **sait** plus où il en est de **ses** réflexions.

Daniel Pennac, *Cabot-Caboche*, © Nathan, 1982.

1. perplexité : état de doute, d'incertitude, d'indécision. – **2. chiffonné :** dérangé, troublé.

DÉCOUVREZ

1 On **sait** quand le coup de griffe va partir.

Complétez la phrase suivante :
« La forme *sait* est la 3e personne du singulier au … de l'indicatif, du verbe … . »

2 Conjuguez la forme verbale suivante à l'imparfait.

On **sait** → On …

3 Il ne s'est jamais laissé surprendre.

Rappel : Les verbes précédés d'un pronom personnel réfléchi (reprenant le sujet, comme un miroir qui réfléchit une image) sont des **verbes pronominaux**.
Ex. : ***se** laisser, **se** soulever*
Quel est l'infinitif du verbe au passé composé *s'est laissé* ? Conjuguez ce verbe à toutes les personnes au passé composé.

4 Complétez la phrase suivante :

« La forme ***s'est*** est constituée de l'auxiliaire ... à la 3e personne du singulier (qui aide à former le **passé composé d'un verbe pronominal**), précédé du pronom ***s'***. »

5 Conjuguez la forme verbale suivante au plus-que-parfait.

Il **s'est interrogé**. – On s' ... .

6 **C'est** le chien qui réfléchit.

Quel est l'infinitif du verbe en bleu ? Ce verbe sert-il, cette fois, à conjuguer un verbe pronominal ?

7 Il regarde tous ces oiseaux qui plongent. – Il ne sait plus où il en est de ses réflexions.

Les mots en bleu sont-ils : **a.** des déterminants ? – **b.** des verbes ? – **c.** des pronoms ?

8 Accordez au singulier le déterminant dans la phrase suivante :

Il regarde ces oiseaux qui plongent. → Il regarde ... oiseau qui plonge.

9 Complétez la phrase suivante :

« Le déterminant démonstratif *ces* est le ... de *ce*, *cet* ou *cette*. »

10 Il ne sait plus où il en est de ses réflexions.

Le mot *ses* est-il un :
a. déterminant **démonstratif**, qui sert à désigner, à insister ou à reprendre ?
b. déterminant **possessif**, qui indique à qui appartient quelque chose ou quelqu'un ?
c. déterminant **interrogatif**, qui sert à poser une question ?

11 Accordez au singulier le déterminant dans la phrase suivante :

Il ne sait plus où il en est de *ses* réflexions. → Il ne sait plus où il en est de ... réflexion.

12 Complétez la phrase suivante :

« Le déterminant possessif *ses* est le ...... de ***sa*** ou de ***son***. »

RETENEZ

■ *Sait / sais, s'est* et *c'est*

• ***Sait, sais* :** c'est le verbe ***savoir*** aux trois premières personnes du **présent** de l'indicatif. Il est possible de le remplacer par ***savait, savais***, la phrase reste correcte.

➜ Il sait sa leçon. → Il savait sa leçon.

• ***S'est* :** c'est l'auxiliaire ***être*** à la 3e personne du présent de l'indicatif, précédé du **pronom « s' »**. Il entre dans la composition d'un verbe **pronominal** (***se*** *battre*, ***se*** *laisser*…) conjugué au passé composé. Il est possible de remplacer ***s'est*** par ***s'était***.

➜ Il s'est battu. → Il s'était battu.

• ***C'est* :** c'est l'auxiliaire ***être*** à la 3e personne du présent de l'indicatif, précédé du **pronom « c' »**. Si le verbe de la phrase **n'est pas pronominal**, il faut écrire ***c'est***. Il est possible de remplacer ***c'est*** par ***c'était***.

➜ C'est mon chien. → C'était mon chien.

■ *Ses* et *ces*

On les trouve toujours en tête d'un groupe nominal, jamais devant un verbe.

• ***Ses* :** c'est un **déterminant possessif**, pluriel de *son* ou *sa*. Il indique à qui **appartient** quelque chose ou quelqu'un.

➜ Il ne sait plus où il en est de ses réflexions.

• ***Ces* :** c'est un **déterminant démonstratif**, pluriel de *ce, cet* ou *cette*. Il sert à **désigner**, à insister ou à reprendre.

➜ Il regarde ces oiseaux qui plongent avec tristesse.

Astuce

Vous hésitez sur l'orthographe du son **[se]** ? Soyez logiques !

• **Si c'est un verbe,** demandez-vous d'abord s'il s'agit du verbe ***savoir***. Si ce n'est pas le cas, demandez-vous si le verbe de la phrase est un verbe **pronominal** (*se battre, se souvenir*…). Si c'est le cas, la forme est **suivie d'un participe passé, cette forme est l'auxiliaire** *être* et vous devez écrire ***s'est***. Dans tous les autres cas, il faut écrire *c'est*.

• **Si ce n'est pas un verbe,** il peut s'agir :

– du **déterminant démonstratif *ces***

Il est possible de le remplacer par ***mes*** ou ***tes*** ou de remplacer le groupe qu'il forme avec le nom par **« les siens »** ou **« les siennes »**.

➜ Il prend ses livres. → Il prend mes livres.
Il prend ses livres. → Il prend les siens.

– du **déterminant possessif *ses***

Il est toujours possible de le remplacer par *ce, cet* ou *cette* en mettant le nom au singulier ou de remplacer le groupe qu'il forme avec le nom par *ces* + nom + *là*.

➜ Regarde ces moineaux ! → Regarde ce moineau !
Regarde ces moineaux ! → Regarde ces moineaux-là !

ENTRAÎNEZ-VOUS

1 Se servir de l'imparfait

Dans les phrases suivantes, conjuguez au présent de l'indicatif le verbe *savoir* ou l'auxiliaire *être*.

1. Tom savait par cœur sa poésie. – **2.** Il s'était coupé les cheveux en brosse. – **3.** Qui savait répondre ? – **4.** Qui s'était rendu compte de la disparition de la clé ? – **5.** Léo s'était pris de passion pour les coquillages, comme son oncle. – **6.** Serge s'était réjoui de faire une conférence d'astronomie. – **7.** Monique savait toujours faire plaisir aux autres. – **8.** Que savait-il des restrictions pendant la guerre ?

2 Identifier la classe grammaticale

Rendez à la forme en bleu la classe grammaticale à laquelle elle appartient : a. verbe *savoir* – b. pronom réfléchi + auxiliaire *être* – c. pronom démonstratif + auxiliaire *être* – d. déterminant possessif – e. déterminant démonstratif.

1. Il sait ce qu'il dit. – **2.** Ariane a enfin rangé dans la grange ces tuiles qui se couvraient de mousse dehors. – **3.** Sophie a mis ses chaussettes à sécher près du feu. – **4.** Michel sait tout sur les travaux des champs. – **5.** Germaine s'est amusée en jouant à la belote. – **6.** La canasta, la bataille, le bridge, le rami : tous ces jeux sont des jeux de carte. – **7.** C'est à toi de jouer.

3 Choisir la forme verbale exacte

Choisissez l'orthographe qui convient : *sait* ou *s'est*. Si le verbe est pronominal, il s'agit de *s'est*.

1. Andréas (s'est – sait) sa leçon par coeur. – **2.** Il (s'est – sait) cassé le poignet. – **3.** Pense à lui qui (s'est – sait) sacrifié pour vous tous ! – **4.** Pablo (s'est – sait) toujours demandé s'il deviendrait batteur professionnel. – **5.** Cyprien (s'est – sait) jouer son morceau sans une fausse note. – **6.** Lucile ne (s'est – sait) pas si elle continuera le piano à la rentrée. – **7.** Que (s'est – sait)-il passé ? La maison est dans un désordre ! – **8.** Qui (s'est – sait) ? Peut-être aurons-nous la chance de gagner au bingo ?

4 Choisir entre *s'est* et *c'est*

Choisissez l'orthographe qui convient : *c'est* ou *s'est*. Si le verbe est pronominal, vous saurez qu'il faudra choisir *s'est*.

1. (S'est – C'est) toujours toi qui as le dernier mot. – **2.** Lola (s'est – c'est) fait mal au pied. – **3.** Il (s'est – c'est) allongé sur son lit. – **4.** Lorsque le soleil (s'est – c'est) levé, je dormais encore. – **5.** Quand Maman (s'est – c'est) cassé le pouce, (s'est – c'est) Papa qui nous a emmenés au collège. – **6.** (S'est – C'est) un plaisir de se lever quand on (s'est – c'est) bien reposé pendant la nuit.

5 Choisir le déterminant qui convient

Dans les phrases suivantes, servez-vous de l'astuce, p. 150 pour trouver l'orthographe exacte.
Exemples : 1. *Je ne crois pas à (ses – ces) rumeurs.* → *À ces rumeurs-là* → *ces*. – 2. *Elle a mis ses chaussures.* → *Les siennes* → *ses*.

1. Isabelle est professeur de musique : elle est contente quand (ses – ces) élèves chantent bien. – **2.** Benoît a une cave où il range soigneusement (ses – ces) bouteilles de vin. – **3.** Je ne crois pas à (ses – ces) commérages que tous les gens racontent. – **4.** La girafe, l'éléphant, le lion, le zèbre : vous verrez (ses – ces) animaux au Kenya. – **5.** Paul a présenté (ses – ces) amies à Sarah. – **6.** Hugues a toujours (ses – ces) lacets dénoués. – **7.** Je ne peux m'empêcher de repenser à (ses – ces) vacances en Corse : elles m'ont tellement reposée ! – **8.** (Ses – Ces) averses ne s'arrêteront donc jamais ?

6 Choisir entre *s'est, c'est, sait, sais, ses* ou *ces*.

Complétez les phrases à l'aide de *s'est, c'est, sait, sais, ses* ou *ces*.

1. François … tout faire : l'électricité, la plomberie, la charpente. – **2.** Jacques … enfin décidé à partir en Italie ! – **3.** Gilles ne … plus très bien pourquoi il … fâché ! – **4.** … roses sont magnifiques. – **5.** Maman ne … plus où elle a mis ... lunettes. – **6.** ...-il où il va ? – **7.** Raconte-moi l'une de ... blagues dont tu as le secret. – **8.** Mon grand-oncle a de la chance : ... enfants viennent le voir dimanche. – **9.** ... toi qui commences ! – **10.** ...-tu où Jean a caché la télécommande ?

Vers l'expression écrite

7 Imaginer des phrases contenant *s'est*

À l'aide des cinq verbes suivants, construisez cinq phrases au passé composé. Le sujet de chaque verbe sera à la 3e personne du singulier.

1. Se battre – **2.** s'amuser – **3.** se taire – **4.** s'ennuyer – **5.** s'évanouir.

8 Choisir l'orthographe exacte et poursuivre un texte

Choisissez l'orthographe qui convient, *c'est* ou *ses* et poursuivez ce texte par cinq à six lignes en utilisant au moins une fois *sait*, une fois *ses* et une fois *s'est*.

... qu'il n'a qu'un œil, le loup. Il a perdu l'autre dans sa bataille contre les hommes, il y a dix ans, le jour de sa capture. À l'aller donc (si on peut appeler ça l'aller), le loup voit le zoo tout entier, ... cages, les enfants qui font les fous et, au milieu d'eux, ce garçon-là, tout à fait immobile. Au retour (si on peut appeler ça le retour), ... l'intérieur de son enclos que voit le loup. Son enclos vide, car la louve est morte la semaine dernière.

Daniel Pennac, *L'Œil du loup*, © Nathan, 1984.

Évaluation

9 Exercice

Complétez les phrases suivantes avec *sait, s'est, ces, ses* ou *c'est*.

1. Alice ... déjà lire à quatre ans ! – **2.** Élise ... entraînée trois fois par semaine toute l'année. – **3.** Agathe a mis ... chaussures devant la cheminée car aujourd'hui, ... Noël ! – **4.** ... encore lui qui a gagné. – **5.** La préhistoire, l'Antiquité et le Moyen Âge : ... périodes de l'histoire passionnent Hubert. – **6.** Un chasseur qui ... chasser doit savoir chasser sans ... chiens. – **7.** Il a laissé ... clefs aux voisins car il ne ... pas quand les locataires arrivent.

10 Dictée préparée

Mais le lendemain matin, en se réveillant, la première chose que voit le loup, **c'est** ce garçon debout devant son enclos, là, exactement au même endroit. Le loup a failli sursauter.

– Il n'a pas passé la nuit ici, tout de même ! Il **s'est** contrôlé à temps, et il a repris son va-et-vient comme si de rien n'était.

Cela fait une heure, maintenant, que le loup marche. Une heure que les yeux du garçon le suivent. Le pelage bleu du loup frôle le grillage. **Ses** muscles roulent sous sa fourrure d'hiver.

Daniel Pennac, *L'Œil du loup*, © Nathan, 1984.

⇨ voir RÈGLE 49 et MÉMOS 2, 3

ENRICHISSEZ VOTRE VOCABULAIRE

La réflexion

Complétez les phrases en recopiant le mot ou l'expression qui convient.
S'interroger – monologue intérieur* – dialogue – perplexité* – doutes – Résoudre – heureux dénouement* – prendre conscience – issue*.

1. Lorsque quelqu'un se parle à lui-même en silence, il s'agit d'un **…** . – **2. …** un problème, c'est lui trouver une solution. – **3.** Je ne sais pas quelle décision prendre, je suis dans une grande **…** . – **4.** Lorsque plusieurs personnes parlent, par exemple au théâtre, il s'agit d'un **…** . – **5.** Quand une histoire ou une aventure se termine bien, on parle d'un **…** . – **6.** Avoir des **…**, c'est ne pas être sûr. – **7. …**, c'est se poser des questions. – **8.** Si une situation n'a pas de solution, on dit qu'elle est sans **…** . – **9.** Se rendre compte de quelque chose, c'est en **…** .

ET MAINTENANT, ÉCRIVEZ !

SUJET 1

Relisez le texte, p. 148. Le Chien retrouve le fil de sa pensée et se parle à lui-même à la 3e personne (comme dans le texte).
Votre texte comptera six à huit lignes. Pensez à utiliser des verbes pronominaux.

■ **Orthographe :** Vous utiliserez au moins deux des mots ou groupes de mots suivants : *sait, s'est, c'est, ces* et *ses* (vous les soulignerez).
■ **Vocabulaire :** Vous emploierez au moins trois mots de l'exercice de vocabulaire (vous les encadrerez).

SUJET 2

Que peut bien se dire le chien représenté sur la photo suivante ? Vous utiliserez la 3e personne (comme dans le texte).
Votre texte comptera six à huit lignes.

■ **Orthographe :** Vous utiliserez au moins deux des mots ou groupes de mots suivants : *sait, s'est, c'est, ces* et *ses* (vous les soulignerez).
■ **Vocabulaire :** Vous emploierez au moins trois mots de l'exercice de vocabulaire (vous les encadrerez).

En plein travail…

25

Ou et où

VOCABULAIRE

L'expression du mystère

EXPRESSION

Tenter d'élucider un mystère

Télémaque et Nestor, vase grec (350 av. J.-C.), musée des Antiquités, Berlin.

Où est Ulysse ?

L'*Odyssée* d'Homère raconte les aventures d'Ulysse, qui a quitté son île natale, en Grèce, pour faire la guerre à Troie. Il a remporté cette guerre, après dix ans de combats. Mais dix autres années se sont écoulées et sa famille est sans nouvelle de lui. Télémaque, son fils, part à sa recherche et interroge Nestor, roi de Pylos.

Tous les autres guerriers qui se battirent à Troie, nous savons en quel lieu ils trouvèrent leur funeste[1] destin. De la mort du seul Ulysse, le fils de Chronos[2] a fait un mystère. Nul ne sait **où** il a péri, s'il a été dompté sur la terre ferme par des ennemis, **ou** en pleine mer, sous les vagues d'Amphitrite[3]. À tes genoux, je te supplie donc de me parler de sa triste fin, que tu l'aies vue de tes propres yeux **ou** apprise de quelque voyageur, car sa mère enfanta le plus malheureux des hommes. Parle sans compassion, n'adoucis rien par pitié, dis-moi plutôt ce que tu as vu exactement.

Homère, *Odyssée*, Chant III, trad. M.-R. Rougier,

1. funeste : malheureux. – **2. le fils de Chronos :** Zeus. – **3. Amphitrite :** épouse de Poséidon, dieu de la mer.

DÉCOUVREZ

1 Sur la terre ferme par des ennemis, **ou** en pleine mer. – Que tu l'aies vue de tes propres yeux **ou** apprise de quelque voyageur.

Par quelle expression pouvez-vous remplacer *ou* ? Choisissez la réponse exacte.
a. à l'endroit où. – **b.** parce que. – **c.** ou bien.

2 Le mot *ou* est-il donc :
a. une conjonction de coordination (qui propose un choix) ? – **b.** un pronom relatif (qui indique le lieu ou le temps) ? – **c.** un adverbe interrogatif (qui indique le lieu) ?

3 Nul ne sait **où** il a péri. – Tu connais peut-être l'endroit **où** il a péri. – **Où** a-t-il péri ?

Le **« u »** des mots en bleu prend-il un accent ? Peut-on remplacer *où* par *ou bien* dans ces exemples ?

4 Dans les exemples de la question 3, le mot *où* sert-il :
a. à donner une indication de lieu ou de temps ? – **b.** à proposer un choix ?

RETENEZ

■ ***Ou*** est une **conjonction de coordination** qui fait partie de la liste : *mais,* ***ou****, et, donc, or, ni, car.* Elle sert le plus souvent à **relier** deux mots, groupes de mots, propositions ou phrases en proposant un **choix**.

➜ A-t-il été dompté sur la terre ferme par des ennemis, **ou** en pleine mer ?

■ ***Où*** est un **pronom relatif** ou un **adverbe interrogatif**. Il exprime, le plus souvent, une idée de **lieu** ou de **temps**.

➜ Tu connais peut-être l'endroit **où** (pronom relatif) il a péri. – **Où** (adverbe interrogatif) a-t-il péri ?

Astuce

- On **peut** remplacer ***ou*** par ***ou bien***, la phrase reste correcte.
- On **ne peut jamais** remplacer *où* par *ou bien.*

  ➜ A-t-il été dompté sur la terre ferme par des ennemis, **ou** en pleine mer ?
  A-t-il été dompté sur la terre ferme par des ennemis, **ou bien** en pleine mer ?

ENTRAÎNEZ-VOUS

1 Comprendre la différence de sens entre *ou* et *où*

Dans les phrases suivantes, indiquez si le mot en bleu exprime un choix ou un lieu.

1. Il prendra le bateau ce soir **ou** demain. – **2.** Paul ne sait plus **où** il a mis ses clés. – **3.** **Où** se trouve le bouton pour mettre en marche cet appareil ? – **4.** J'irai **où** tu voudras. – **5.** Léa ne sait pas si elle mettra sa robe à fleurs **ou** son pantalon blanc. – **6.** Veux-tu manger de la viande **ou** du poisson ce soir ? – **7.** Quelle route prendre ? La nationale **ou** la départementale ?

2 Choisir l'orthographe exacte et la justifier

Recopiez les phrases suivantes en complétant par *ou* ou *où*. Puis justifiez votre choix en écrivant *ou bien* à côté de la phrase si vous avez choisi *ou*.

1. Que prenez-vous au petit déjeuner : du thé … du café ? – **2.** Le voleur hurla au vieil homme : « La bourse … la vie ! » – **3.** Qui vous semble plus sympathique, la cigale … la fourmi ? – **4.** J'irai à Nice en train … en avion. – **5.** … comptez-vous vous installer en Angleterre ? – **6.** Le jour … tu revendras ta jeep, fais-le-moi savoir ! – **7.** Que celui qui a quelque chose à dire parle … se taise à jamais !

3 Choisir l'orthographe exacte

Choisissez l'orthographe qui convient : *ou* ou *où*. N'oubliez pas la majuscule en début de phrase.

1. Hélène et Philippe hésitent. Qu'est-ce qui sera le plus joli : du parquet bleu … du parquet vert ? – **2.** Robin sait … il veut vivre : à Tahiti. – **3.** Alizé se demande si elle préfère apprendre la harpe … le violon. – **4.** Partout … tu iras, j'irai. – **5.** Dis-moi tout de suite … tu as caché mon sac, … je me fâche ! – **6.** Tu demanderas à Alix … à Adrien … ils ont trouvé cette magnifique table de nuit. – **7.** … veux-tu que je mette ton calendrier : sur ta porte … au-dessus de ton bureau ? – **8.** Au moment … Florian dut choisir son option, il eut du mal à se décider : prendrait-il latin … anglais renforcé ?

Vers l'expression écrite

4 Imaginer des phrases contenant *ou*

Vous avez certainement dû faire des choix, dans votre vie. Rédigez six phrases qui exprimeront vos hésitations et qui contiendront le mot *ou*.

Évaluation

5 Exercice

Complétez les phrases avec *ou* ou *où*.

1. Veux-tu jouer au tennis … au football ? – **2.** … désires-tu aller : à la piscine … au cinéma ? – **3.** Il faut que vous vous décidiez : … vous restez, … vous partez ! – **4.** Quel est le pays … vous rêvez de passer vos vacances ? – **5.** La Révolution eut lieu une année … les récoltes n'avaient pas été bonnes. – **6.** Ça y est, je sais … le colonel Moutarde a commis son crime, mais j'ignore encore avec quelle arme : la corde … le chandelier ? – **7.** Ne trouvez-vous pas que la petite mairie … Sébastien et Gwenaëlle se sont mariés est charmante ?

6 Dictée préparée

Va donc chez Ménélas, je te le recommande. Il est récemment arrivé de l'étranger, d'où il n'espérait jamais revenir, car les tempêtes l'ont fait dériver loin sur la vaste mer, sur cette immensité périlleuse que même les oiseaux ne pourraient traverser en une seule année. Va, prends ton navire et tes hommes, ou, si tu préfères la voie terrestre, je mettrai à ta disposition un char et des chevaux, et mes fils te guideront jusque dans la divine Lacédémone, où se tient le blond Ménélas.

Homère, *Odyssée*, Chant III, trad. M.-R. Rougier,
© Hachette Livre, « Bibliocollège », 1999.

⇨ voir RÈGLES 13, 45, 46, 54

ENRICHISSEZ VOTRE VOCABULAIRE

L'expression du mystère

Complétez les phrases en recopiant le mot ou l'expression qui convient.
ignore – s'interrogent – mystérieuse – incompréhensible – disparition – avis de recherche – mène l'enquête – indices – subtiliser – élucider – dérobé.

1. Je ne retrouve plus mes clés : j'... où j'ai pu les poser ! – **2.** La ... de ce paquet de bonbons est bien ... : les enfants, ne l'auriez-vous pas tout simplement englouti ? – **3.** C'est ... : j'avais pourtant mis mon étui à lunettes dans mon sac et il ne s'y trouve plus ! – **4.** Tintin ... pour ... le mystère de la disparition de son ami. – **5.** Ils ... sur l'endroit exact où ils ont déjà vu cette voiture. – **6.** Un ... a été lancé pour retrouver les fuyards qui ont ... les bijoux de la Castafiore. – **7.** L'inspecteur dispose de quelques ... : les voleurs sont partis à bord d'une voiture bleue immatriculée à l'étranger et ils étaient trois. – **8.** Comment ce pickpocket a-t-il pu faire pour me ... mon portefeuille alors qu'il était dans mon sac ?

ET MAINTENANT, ÉCRIVEZ !

SUJET 1

Un objet auquel vous tenez a disparu : vous essayez de comprendre ce mystère et de le retrouver.
Votre texte comptera une dizaine de lignes et sera écrit à la 1re personne.

■ **Orthographe :** Vous utiliserez au moins une fois le mot *où* et deux fois le mot *ou* (vous les soulignerez).

■ **Vocabulaire :** Vous emploierez au moins trois mots de l'exercice de vocabulaire (vous les encadrerez).

SUJET 2

Relisez le texte, p. 154. Télémaque reprend son voyage à la recherche de son père, Ulysse. Il parvient à l'endroit représenté sur la photo et il rencontre quelqu'un qu'il interroge.
Votre texte comptera une dizaine de lignes. Vous insérerez un court dialogue.

■ **Orthographe :** Vous utiliserez au moins une fois le mot *où* et deux fois le mot *ou* (vous les soulignerez).

■ **Vocabulaire :** Vous emploierez au moins trois mots de l'exercice de vocabulaire (vous les encadrerez).

Grotte de l'île de Zante, Grèce.

26

On et on n'

VOCABULAIRE

Trois jeux de balle et de ballon

EXPRESSION

Expliquer les règles d'un jeu

Le golf miniature

Sempé et Goscinny ont écrit, ensemble, *Les Aventures du petit Nicolas*, un enfant qui raconte, avec ses mots à lui, sa vie à l'école, chez lui, en vacances… Nous le retrouvons ici alors qu'il s'apprête à jouer au golf miniature…

Aujourd'hui, **on a** décidé d'aller jouer au golf miniature qui se trouve à côté du magasin où on vend des souvenirs. C'est rien chouette[1] le golf miniature, je vais vous l'expliquer : il y a dix-huit trous et on vous donne des balles et des bâtons et il faut mettre les balles dans les trous en moins de coups de bâton possible. Pour arriver jusqu'aux trous, il faut passer par des petits châteaux, des rivières, des zigzags, des montagnes, des escaliers ; c'est terrible. Il n'y a que le premier trou qui est facile. L'ennui, c'est que le patron du golf miniature ne nous laisse pas jouer si **on n'est pas** accompagné par une grande personne.

Sempé-Goscinny, « Le golf miniature » dans *Les Vacances du petit Nicolas*, © éd. Denoël, 1962.

1. C'est rien chouette : c'est très bien.

Un futur champion de golf, in *Hausfrau*, 1951.

DÉCOUVREZ

1 On n'est pas accompagné par une grande personne.
On a décidé d'aller jouer au golf miniature.

Quel est le mot commun aux deux phrases ?

2 On n'est pas accompagné par une grande personne.

Cette phrase est-elle à la forme : **a.** négative ? – **b.** affirmative ?

3 On a décidé d'aller jouer au golf miniature.

Cette phrase est-elle à la forme : **a.** négative ? – **b.** affirmative ?

4 On n'est pas accompagné par une grande personne.
On a décidé d'aller jouer au golf miniature.

Par quel type de lettre commencent les auxiliaires ***est*** et ***a*** :
a. une voyelle ? – **b.** une consonne ?

5 Complétez la phrase suivante :

« Les auxiliaires *est* et *a* commencent par une ..., qui permet une **liaison**. À l'oral, une confusion peut naître entre la forme **affirmative** et la forme **négative**. ***On est*** se prononce comme ***On n'est***. – ***On a*** se prononce comme ***On n'a***. »

6 On n'est pas accompagné. – On n'est plus accompagné.
On n'est jamais accompagné.

Dans ces phrases à la forme négative, la négation est-elle constituée :
a. d'un seul élément : *n'* ? **b.** de deux éléments : *n'... pas, n'... plus, n'... jamais* ?

7 Conjuguez au futur la phrase suivante.

On n'est pas accompagné. → On ... pas accompagné.

8 Remplacez *On* par *Il* dans la phrase suivante.

On n'a rien décidé. → ...

9 Remplacez *On* par *Nous* dans la phrase ci-dessous et faites les modifications nécessaires.

On n'est pas d'accord. → ...

RETENEZ

■ ***On* ou *on n'* ?**

Le problème se pose quand **le mot qui suit** *on* ou *on n'* commence par une **voyelle** ou un **« h » muet** (c'est-à-dire un « h » qui fonctionne comme une voyelle, permettant la liaison).

■ ***On n'*:** c'est le pronom *on* suivi de la **négation *n'*, forme élidée de *ne* devant une voyelle ou un « h » muet**. La phrase est à la forme **négative**.

➜ On **n'e**st pas accompagné par une grande personne.
« e » est une voyelle

➜ On **n'h**ésite pas. (Le **« h »** est « muet » et permet la liaison comme une voyelle.)

Si on remplace *On* par *Il*, **la négation reste** et la phrase devient : « Il **n'est** pas accompagné. » ; on entend le son « n ».

Remarque

Une négation est composée de **deux termes** : ***ne* (ou *n'*)** et un autre adverbe (***pas, point, guère, que, jamais, plus***…). Pour vous assurer qu'une phrase est à la forme négative, recherchez le second terme !

➜ On **n'**est **que** cinq à partir. – On **n'**a **plus** envie de jouer. – On **n'**a **jamais** joué au golf.

■ ***On* :** c'est le pronom *On*. La phrase est à la forme **affirmative**. Le son « n » vient de la **liaison**, que l'on fait si le mot qui suit commence par une **voyelle** ou un **« h » muet**.

➜ **On e**st accompagné. – **On h**ésite.

Astuce

Ayez les **trois réflexes** suivants :

1. Recherchez si la forme de la phrase est **négative** et contient donc, après le verbe, un adverbe comme : *pas, personne, jamais, guère, rien, plus, que, aucun*…

2. Regardez si le mot qui suit *On* ou *On n'* commence par une **voyelle** ou un **« h »**.

3. Remplacez au choix :

- *On* par *Il* :
  ➜ On **n'est** pas resté longtemps. → Il **n'**est pas resté longtemps.
- *On* par *Nous* :
  ➜ On **n'est** pas resté longtemps. → Nous **ne** sommes pas restés longtemps.
- L'auxiliaire au présent *est* par l'auxiliaire au futur *sera* :
  ➜ On **n'est** pas resté longtemps. → On **ne** sera pas resté longtemps.

Si, dans la phrase obtenue, on entend toujours le son [**n**] ou [**nə**], il faut écrire *on n'est* ou *on n'a*.

ENTRAÎNEZ-VOUS

1 Repérer la négation et choisir entre *on* et *on n'*

Cherchez si la phrase contient la deuxième partie de la négation (*plus, jamais, pas, rien, guère*...). Si c'est le cas, recopiez la phrase en soulignant cette deuxième partie et en complétant par *On n'*. Si la phrase ne comporte pas cette négation, complétez par *On*.

1. a. ... avait peur de lui dire qu'elle avait raté son examen. – **b.** ... avait pas peur de lui dire qu'elle avait raté son examen. – **2. a.** ... attend 10 000 personnes à la manifestation. – **b.** ... attend plus que vous ! – **3. a.** ... ignore rien de son passé. – **b.** ... ignore tout de son passé. – **4. a.** ... entend les oiseaux chanter. – **b.** ... entend pas ce qu'il dit. – **5. a.** ... arrive jeudi matin à huit heures. – **b.** ... arrive pas à ouvrir la porte. – **6. a.** ... attrape pas les mouches avec du vinaigre ! – **b.** ... attrape facilement la varicelle. – **7. a.** ... hésite à quitter la ville pour la campagne. – **b.** ... hésite plus à quitter la ville pour la campagne. – **8. a.** ... a enfin trouvé le bon chemin. – **b.** ... a toujours pas trouvé le bon chemin.

2 Choisir entre *on* et *on n'*

Complétez par *on* ou *on n'*.

1. ... utilise le plus souvent le crayon HB ou le crayon H ? – **2.** ... a souvent besoin d'un plus petit que soi. (La Fontaine) – **3.** ... oublie trop souvent ses promesses ! – **4.** ... ajoute toujours une pincée de sel aux blancs d'œufs pour les faire monter. – **5.** ... avait pas du tout décidé cela ! – **6.** ... est jamais sûr de rien. – **7.** ... espère plus guère de nouvelles de lui. – **8.** ... hérite pas toujours de ce que l'... avait espéré. – **9.** ... arrive jamais à satisfaire tout le monde. – **10.** ... imite souvent la mode de ses aînés sans même le savoir. – **11.** ... est parti que samedi.

3 Conjuguer une phrase au passé composé et choisir entre *on* et *on n'*

Conjuguez le groupe entre parenthèses au passé composé. Attention à utiliser l'auxiliaire qui convient et à effectuer tous les changements nécessaires.

1. (On ne prend pas) cette route. – **2.** (On choisit) ses amis, pas sa famille ! – **3.** (On ne descend pas) dans le jardin. – **4.** (On joue) au Cluedo. – **5.** (On ne désire jamais) quitter les lieux qu'(on aime). – **6.** Souvent, (on risque) sa vie bêtement ! – **7.** Qu'est-ce qu'(on fait) ? – **8.** (On ne rentre pas) sans frapper. – **9.** (On ne sait) jamais. – **10.** (On revient) d'Afrique.

4 Compléter un texte avec *on* et *on n'*

Complétez le texte suivant avec *on* ou *on n'*.

Yann, le « petit », et ses six frères, trois paires de jumeaux, sont en fugue : ils sont partis de la maison familiale pour fuir leurs parents et aller découvrir la mer.

Dans la matinée, plusieurs voitures ont ralenti et ... a eu peur de se faire prendre. Même séparés, ... nous remarque. Même avec Yann dans le sac. Une fois qu'... a eu fini notre pain, dans le bois, ... en a parlé avec Rémy et les moyens. Il faut qu'on suive la route, sinon ... ira pas loin. ... nous prendra. Et si ... nous prend, je sais bien ce qui arrivera : ... nous ramènera chez nous. ... aura beau expliquer aux gendarmes pourquoi on s'est sauvés, ils nous croiront jamais. Et dès qu'ils auront tourné le dos, les gendarmes, le père nous foutra une bonne raclée et puis il nous fera ce que Yann a dit... Il nous tuera tous les sept.
... en parle jamais, de ça. Ni en marchant, ni aux pauses quand on se retrouve. ... a pas le droit.

J.-Cl. Mourlevat, *L'Enfant Océan*, © Pocket Junior, 1999.

Vers l'expression écrite

5 Imaginer des phrases commençant par *On* ou *On n'*

À l'aide des six verbes suivants, construisez douze phrases. Les six premières seront à la forme affirmative ; les six suivantes seront les mêmes, mais à la forme négative. Elles commenceront par *On* ou *On n'*, selon le cas.

1. Avoir – **2.** être – **3.** oublier – **4.** inventer – **5.** offrir – **6.** hésiter.

6 Imaginer des règles du jeu farfelues

Inventez, pour le jeu de pétanque dont vous voyez une partie représentée sur l'image, quatre règles farfelues qui commenceront par *On a, On n'a, On est* ou *On n'est*.

Margaret Loxton, *Village de Provence*, coll. part.

Évaluation

7 Exercice

Complétez les phrases par *on* ou *on n'*. Attention à la majuscule en début de phrase.

1. ... espère avoir de vos nouvelles avant la fin de l'été. – **2.** Dans cette forêt, ... autorise plus la circulation des véhicules à moteur. – **3.** ... imagine pas la fatigue que provoque un déménagement. – **4.** ... écrit plus proprement au stylo plume qu'au feutre. – **5.** ... aperçoit la forme d'un bateau à l'horizon. – **6.** Je crois qu'... a atteint les limites de sa patience. – **7.** L'an dernier, ... avait pas l'habitude de changer de salle à chaque heure de cours. – **8.** ... attend jamais le dernier moment pour faire sa valise, sinon, ... est sûr d'oublier quelque chose ! – **9.** ... est que le 22 février.

8 Dictée préparée

Papa a poussé un gros soupir et il m'a aidé à reboucher le trou. Comme on n'avait qu'une seule petite pelle, ça a pris du temps et on avait à peine fini que Maman a dit qu'il était l'heure de rentrer à l'hôtel pour déjeuner, et qu'il fallait se dépêcher, parce que, quand on est en retard, on ne vous sert pas, à l'hôtel. « Ramasse tes affaires, ta pelle, ton seau et viens » m'a dit Maman. Moi j'ai pris mes affaires, mais je n'ai pas trouvé mon seau. « Ça ne fait rien, rentrons » a dit Papa. Mais moi, je me suis mis à pleurer plus fort.

Sempé-Goscinny, « La plage, c'est chouette »
in *Les Vacances du petit Nicolas*, © éd. Denoël, 1962.

➪ voir RÈGLES 43, 58 et MÉMO 13

ENRICHISSEZ VOTRE VOCABULAIRE

Trois jeux de balle et de ballon

a. Lisez attentivement ces cinq listes sur les jeux de tennis, de football et de tennis de table.

1. Ils s'appellent : **a.** pongiste* – **b.** tennisman – **c.** footballeur.

2. Ils se servent d'une / d'un / de : **a.** filet – **b.** ballon – **c.** balle – **d.** raquette – **e.** chaussures à crampons.

3. La surface sur laquelle ils jouent est le ou la : **a.** court – **b.** terrain – **c.** table.

4. Les phases du jeu sont : **a.** faire un jeu – **b.** marquer un but – **c.** gagner le set – **d.** en être à la mi-temps – **e.** être dans le tie-break ou jeu décisif* – **f.** obtenir un match nul.

5. Les noms des actions et des méthodes de jeu sont : **a.** coup franc* – **b.** revers* – **c.** remise en jeu – **d.** but – **e.** corner* – **f.** coup droit* – **g.** volée* – **h.** service – **i.** amorti – **j.** lob* – **k.** dribbler* – **l.** faire une passe – **m.** smasher* – **n.** brosser* – **o.** couper*

b. Recopiez le tableau en le complétant. Attention, certains mots peuvent être utilisés dans plusieurs colonnes et chaque colonne peut contenir plusieurs mots.

	Tennis	Football	Tennis de table
Le nom des joueurs			
Ce qu'ils utilisent			
Les endroits où ils jouent			
Les phases de jeu			
Les noms des actions et les méthodes de jeu			

ET MAINTENANT, ÉCRIVEZ !

SUJET 1

Vous avez sans doute déjà joué au football. Expliquez, à votre manière, les règles du jeu : le but du jeu, ce qui est permis, ce qui est interdit. Vous n'êtes pas obligé de tout détailler !
Votre texte comptera dix à douze lignes.

■ **Orthographe :** Vous utiliserez le plus possible de *on* et de *on n'* (vous les soulignerez).

■ **Vocabulaire :** Vous emploierez au moins trois mots de l'exercice de vocabulaire (vous les encadrerez).

SUJET 2

Vous pratiquez sans doute, pour le loisir ou en club, le tennis ou le tennis de table. Expliquez en quoi consiste ce jeu/sport en six règles maximum (quel en est le but, ce qui est permis, interdit...)
Votre texte comptera douze à quinze lignes.

■ **Orthographe :** Vous utiliserez le plus possible de *on* et de *on n'* (vous les soulignerez).

■ **Vocabulaire :** Vous emploierez au moins trois mots de l'exercice de vocabulaire (vous les encadrerez).

27

Quelle (quel, quelles, quels) et *qu'elle(s)*

VOCABULAIRE

La prière, l'entraide, et la jalousie

EXPRESSION

Imaginer une étape du schéma narratif d'un conte

Un méchant voisin

Petit problème de cohabitation : un homme trouve sa voisine fort pénible. Cette pauvre femme ne cesse de prier Allah à voix haute pour qu'il subvienne à ses besoins. Exaspéré de ces plaintes, le voisin lui lance sur le dos un sac qu'il a rempli de morceaux de bouteilles et d'ordures. Elle s'évanouit sous le choc…

Dès **qu'elle** revint à elle et vit le sac, une grande joie remplit son cœur, car elle était sûre qu'Allah lui avait, enfin, envoyé l'argent **qu'elle** avait demandé avec tant d'insistance.

Le voisin l'observait du haut de son toit et s'amusait d'avance de la déception qu'allait provoquer chez sa voisine la vue du contenu du sac.

La femme, avant de l'ouvrir, remercia Allah de tout son cœur en disant :

– Allah ! je te remercie ! **Quelle** énorme quantité d'argent tu m'as envoyée ! J'espère que tu en as gardé pour toi ?

Et elle ouvrit le sac. Des pièces d'or et d'argent roulèrent à ses pieds.

« Le don d'Allah », conte indonésien, dans *Histoires merveilleuses des cinq continents*, adaptées par P. Soupault, © éd. Seghers, 1979.

Marionnettes de Java, coll. J.-F. Hubert, Paris.

DÉCOUVREZ

1 **a.** Elle était sûre qu'Allah lui avait envoyé l'argent **qu'elle** avait demandé.
b. **Quelle** énorme quantité d'argent tu m'as envoyée !

De combien de mots est composé le groupe en bleu dans la phrase **a.** ?
Et dans la phrase **b.** ?

2 Dès **qu'elle** revint à elle et vit le sac, une grande joie remplit son cœur.

Imaginez que l'héroïne du conte soit **un héros** et modifiez la phrase suivante :
« Dès … revint à … et vit le sac, une grande joie remplit son cœur. »

3 Les mots *elle* et *il* appartiennent-ils à la classe grammaticale des :
a. déterminants ?
b. pronoms personnels ?
c. adjectifs qualificatifs ?

4 « Dès **qu'elle** revint à elle et vit le sac, une grande joie remplit son cœur. Allah lui avait envoyé l'argent **qu'elle** avait demandé avec tant d'insistance. »

Le mot *qu'* dans les phrases ci-dessus sert-il à :
a. exprimer la surprise ?
b. introduire une proposition subordonnée ?
c. poser une question ?

5 **a.** **Quel** Dieu prie-t-elle ?
b. **Quelle** surprise pour cette pauvre femme !

Dans la phrase **a.**, avec quel mot *Quel* s'accorde-t-il ?
Dans la phrase **b.**, avec quel mot *Quelle* s'accorde-t-il ?

6 Complétez les phrases exclamatives et interrogatives suivantes en choisissant *Quel, Quels, Quelle* ou *Quelles*. N'oubliez pas la majuscule en début de phrase !

a. « … heure est-il ? » – **b.** « … beaux enfants ! » – **c.** « … jour sommes-nous ? » – **d.** « … vacances agréables ! »

7 Les mots *Quel, Quelle, Quels* et *Quelles* appartiennent-ils à la classe grammaticale des :
a. déterminants exclamatifs ou interrogatifs ?
b. pronoms personnels ?
c. adjectifs qualificatifs ?

RETENEZ

■ ***Qu'elle(s)*** **est composé** de deux mots : du mot **subordonnant** *qu'* et du **pronom personnel** *elle(s)* qui est **sujet**.

➜ Je voudrais **qu'elle** vienne. – Je voudrais **qu'elles** viennent.

■ ***Quelle(s)*** **ou** ***Quel(s)*** **est un déterminant** (exclamatif ou interrogatif) **qui précède toujours un nom avec lequel il s'accorde en genre et en nombre** ou **un pronom** (interrogatif) qui se met au genre et au nombre du nom qu'il remplace. Il peut s'écrire alors de quatre manières différentes.

➜ **Quel** est ton âge ?
pronom interrogatif masculin singulier

➜ **Quels** brigands !
déterminant exclamatif masculin pluriel

➜ **Quelle** heure est-il ?
déterminant interrogatif féminin singulier

➜ **Quelles** sont tes fleurs préférées ?
pronom interrogatif féminin pluriel, remplaçant *fleurs*

Astuces

■ Vous entendez [kɛl] : ouvrez bien les yeux, **le mot qui suit** vous donne la solution ! *Quel* + **nom** ou **groupe nominal** → [kɛl] est un déterminant, il s'écrit en un seul mot, il faut penser à l'accorder !

➜ Quelle misère !
misère est un nom, *quelle* est un **déterminant** et il s'accorde avec *misère* (féminin, singulier).

■ Si vous pouvez remplacer [kɛl] par ***qu'il*** ou ***qu'ils*** et que la phrase reste correcte, il faut l'écrire : ***qu'elle*** ou ***qu'elles***.

➜ Je sais **qu'elle** est jeune. → Je sais **qu'il** est jeune.
deux mots

➜ Je sais **qu'elles** sont jeunes. → Je sais **qu'ils** sont jeunes.
deux mots

ENTRAÎNEZ-VOUS

1 Remplacer un pronom par un autre

Remplacez les mots en bleu par le mot entre parenthèses et faites les modifications qui s'imposent. Exemple : *Je veux que Julie (elle) se marie.* → *Je veux qu'elle se marie.*

1. Parle plus fort, pour que les enfants (**ils**) t'entendent. – **2.** Depuis que tes filles (**elles**) sont parties au bord de la mer, la maison est très calme. – **3.** Dès que les beaux jours (**ils**) reviennent, je me sens mieux. – **4.** Il ne faut pas faire de bruit pendant que la pianiste (**elle**) joue. – **5.** Il a fallu beaucoup de patience pour que cet enfant (**il**) apprenne à lire.

2 Accorder le déterminant exclamatif

Choisissez, pour chaque nom, le déterminant qui convient : *quel* (deux fois) – *quels* – *quelle* (quatre fois) – *quelles* (deux fois).

1. miracle ! – **2.** stupeur ! – **3.** bêtises ! **4.** horreur ! – **5.** question ! – **6.** finesse ! – **7.** spectacle ! – **8.** fous ! – **9.** folles !

3 Accorder le déterminant interrogatif

Recopiez chaque phrase, en soulignant le nom avec lequel s'accorde le déterminant interrogatif, puis complétez avec *quel, quels, quelle* ou *quelles*.

1. Avec … outil as-tu percé ce trou ? – **2.** Dans … voiture veux-tu monter ? – **3.** Avec … cahiers es-tu parti ce matin ? – **4.** Sur … chaîne cette émission passe-t-elle ? – **5.** De … origine est-elle ? – **6.** … pays préfères-tu ? – **7.** À … amis as-tu prêté des CD ? – **8.** À … amies as-tu prêté des CD ?

4 Choisir entre *quelle* et *qu'elle*

Complétez les phrases avec *quelle* ou *qu'elle*. Pensez à remplacer par *qu'il*. Vous trouverez ainsi facilement la solution.

1. … heure est-il ? – **2.** Je ne savais pas … décision prendre. – **3.** Je ne pense pas … pourra venir à mon anniversaire. – **4.** Pour … se mette au travail, il faut employer des ruses de Sioux. – **5.** Nous ne savons pas pour … société il travaille. – **6.** Ses parents ne veulent pas … sorte le soir. – **7.** Amélie hésite : … robe choisira-t-elle de mettre ce soir ? – **8.** Tant … ne vous en donne pas l'ordre, ne bougez pas !

5 Différencier *quel(s), quelle(s)* et *qu'elle*

Complétez les phrases par *qu'elle, quel, quelle, quels* ou *quelles*.

1. Penses-tu … saura retrouver son chemin ? – **2.** Sais-tu … chemin prendre ? – **3.** Elle a oublié tout ce … avait appris. – **4.** Bien … ait fait ses devoirs, Sandra n'a pas bien compris la leçon. – **5.** Fais-la descendre avant … ne tombe. – **6.** … aventure ! Je m'en souviendrai toute ma vie ! – **7.** … scandale ! C'est une honte de se conduire ainsi ! – **8.** … décisions avez-vous prises ? – **9.** … beaux souliers !

6 Choisir l'orthographe exacte

Complétez les phrases par *quelle, quelles, quel, quels, qu'elle* ou *qu'elles*.

1. … histoire amusante ! – **2.** … belles vacances nous avons passées, à écouter les contes que nous lisait Grand-père ! – **3.** Dans les *Contes des Mille et une nuits*, Shéhérazade sait … risque la mort si elle ne passionne pas son auditeur, le sultan*. – **4.** … dommage … ne soient plus là pour nous raconter d'autres légendes ! – **5.** Je me demande où elle a appris toutes les histoires … raconte. – **6.** … personnages as-tu préférés ? Sinbad, Aladin ou d'autres ?

Vers l'expression écrite

7 Inventer des phrases autour d'un thème

Inventez deux phrases contenant *qu'elle* ou *qu'elles* et deux autres contenant *quels, quel, quels, quelle* ou *quelles*. Toutes vos phrases auront pour thème commun le fait de recevoir ou de donner un cadeau.

8 Faire parler un personnage d'un tableau

Imaginez les pensées du « tricheur » de ce tableau, puis de la femme à la coiffe rouge. Utilisez le plus possible de *qu'elle, qu'elles, quel, quelle, quels* ou *quelles*. Vous écrirez six à huit lignes.

G. de La Tour (1593-1652), *Le Tricheur à l'as de trèfle*, Kimbell Art Museum, Fort Worth.

Évaluation

9 Exercice

Complétez le texte suivant avec *quel, quelle, quels, quelles, qu'elle* ou *qu'elles*.

Aujourd'hui, c'est l'anniversaire de Sophie. Elle ne sait pas ... surprises ses amies lui ont préparées mais elle est impatiente de rentrer ce soir. ... supplice, cette dernière heure de cours qui n'en finit pas ! Pendant ce temps, Julie et Catherine, ses meilleures amies, se hâtent de terminer leurs préparatifs avant ... ne franchisse la barrière du jardin. La banderole électrique ... ont installée au-dessus de la porte ne fonctionne pas : ... déception ! Il faut vite trouver une solution. ... idée vont-elles avoir ?

Sur le chemin du retour, Sophie se demande ... cadeaux ses parents lui ont préparés. ... bonheur ce serait s'ils se souvenaient de l'enthousiasme avec lequel elle avait décrit le petit chiot ... avait aperçu une semaine auparavant dans une vitrine ! Elle n'osait pas trop espérer, mais elle le sentait bien : n'importe ... autre cadeau serait décevant à côté de ce petit animal.

10 Dictée préparée

Voici le début du conte dont vous avez lu un extrait, p. 164.

Près d'une forêt, dans un petit village, une vieille femme solitaire luttait contre la misère. Vêtue de <u>haillons</u>, elle ne réussissait qu'avec beaucoup de mal à trouver de quoi manger une fois par jour. [...] Elle était trop faible pour prendre part à la récolte du <u>riz</u> et, lorsqu'elle se rendait dans les <u>rizières</u>, on lui faisait comprendre **qu'elle** était de trop, car elle travaillait plus <u>lentement</u> que les jeunes gens.

Ainsi était-elle obligée de se nourrir d'<u>herbes</u> **qu'elle** ramassait dans les champs et quelquefois, elle échangeait quelques touffes d'herbe contre une poignée de riz. [...] Elle alla dans un champ situé près de la mer. [...] Quand la vieille femme s'approcha, elle vit de nombreux poissons. [...]

– **Quelle** chance ! s'écria la vieille femme. **Quelle** aubaine ! Maintenant je vais pouvoir manger à ma faim.

« Le don d'Allah », conte indonésien, dans *Histoires merveilleuses des cinq continents*, adaptées par P. Soupault, © éd. Seghers, 1979.

⇨ voir RÈGLE 54 et MÉMOS 13, 23

ENRICHISSEZ VOTRE VOCABULAIRE

La prière, l'entraide, et la jalousie

a. Classez les verbes selon qu'ils expriment la prière, la jalousie ou l'entraide.
S'entraider – demander d'accorder – envier – supplier – se mettre à genoux – implorer – partager – prier – être solidaire* – jalouser – se soutenir – insister.*
b. Formez pour chacun d'entre eux une phrase où son sens apparaîtra clairement.

c. Trouvez les noms qui correspondent aux verbes.
1. S'entraider: une … – **2.** envier: l' … – **3.** partager: le … – **4.** prier: la … – **5.** être solidaire: la … – **6.** jalouser: la … – **7.** se soutenir: le … – **8.** insister: l' …

ET MAINTENANT, ÉCRIVEZ !

SUJET 1
Imaginez le passage qui pourrait précéder celui de la page 164: les demandes d'aide de la vieille femme à son vilain voisin, les réactions de celui-ci.
Votre texte comptera une dizaine de lignes. Il devra comporter une partie de récit et une partie de dialogue.

■ **Orthographe:** Vous utiliserez au moins une fois *qu'elle* ou *qu'elles* et une fois *quelle, quelles, quel* ou *quels* (vous les soulignerez).
■ **Vocabulaire :** Vous emploierez au moins trois mots de l'exercice de vocabulaire (vous les encadrerez).

SUJET 2
Imaginez la suite du texte de la page 164. Le voisin, jusqu'alors désagréable et méchant, change d'attitude lorsqu'il s'aperçoit de la richesse de la vieille femme et lui explique qu'entre voisins, il faut s'entraider. Quelle sera la réaction de la voisine?
Votre texte comptera une dizaine de lignes. Il devra comporter une partie de récit et une partie de dialogue.

■ **Orthographe:** Vous utiliserez au moins une fois *qu'elle* ou *qu'elles* et une fois *quelle, quelles, quel* ou *quels* (vous les soulignerez).
■ **Vocabulaire :** Vous emploierez au moins trois mots de l'exercice de vocabulaire (vous les encadrerez).

28

Les finales verbales : *-er, -é (-ée, -ées, -és)* et *-ez*

VOCABULAIRE

La pauvreté et la misère

EXPRESSION

Raconter un épisode d'une enfance douloureuse

Un petit porteur d'eau, village maya.

Le travail des enfants

Au début du roman, le héros, José, un jeune brésilien, est âgé de cinq ans ; ses parents sont extrêmement pauvres ; le père a perdu son emploi et la famille doit déménager.

Maman répondit à Gloria d'un air un peu triste : « Le surlendemain de Noël, il faudra **commencer** à **rassembler** nos hardes[1]. »

Elle parlait d'une voix basse mais lasse. Elle me faisait pitié. Maman travaillait depuis sa naissance. Quand elle avait six ans et qu'on avait **installé** la fabrique, on l'avait mise à **travailler**. On asseyait maman sur une table et elle devait **nettoyer** et **essuyer** les outils. Elle était si petite qu'elle se mouillait sur la table parce qu'elle ne pouvait pas descendre toute seule. C'est pour ça qu'elle n'était jamais **allée** à l'école et n'avait pas appris à lire. Quand j'entendis **raconter** cette histoire, je fus si triste que je lui promis que lorsque je serais poète et savant je lui lirais mes poésies…

José Mauro de Vasconcelos, *Mon Bel Oranger*, trad. A. Raillard, © Stock, 1971.

1. **hardes :** l'ensemble des affaires, en général des vêtements, de peu de valeur.

DÉCOUVREZ

1 Il faudra **commencer** à **rassembler** nos hardes. – On l'avait mise à **travailler**. – Elle devait **nettoyer** et **essuyer** les outils. – Quand j'entendis **raconter** cette histoire, je fus triste.

Les verbes en bleu sont-ils : **a.** à l'indicatif ? – **b.** au participe ? – **c.** à l'infinitif ?

2 Dans les phrases ci-dessus, deux verbes à l'infinitif sont précédés d'une préposition. Recopiez-les, ainsi que la préposition qui les introduit.

Rappel : Une **préposition** est un mot invariable (*à, de, par, pour, sans*…) qui sert à introduire un complément.

3 Lorsqu'un verbe est précédé d'une préposition, est-il au mode : **a.** infinitif ? – **b.** participe ?

4 Dans les phrases de l'exemple 1, quatre verbes à l'infinitif ne sont pas précédés d'une préposition. Recopiez-les.

5 Quand deux verbes se suivent (et que le premier n'est pas l'auxiliaire *être* ou *avoir*), le second se met-il : **a.** au participe ? – **b.** à l'infinitif ?

6 Quand elle avait six ans et qu'on avait installé la fabrique, on l'avait mise à travailler. – C'est pour ça qu'elle n'était jamais allée à l'école et n'avait pas appris à lire.

Les verbes en bleu sont-ils conjugués à :
a. un temps simple ? – **b.** un temps composé ?

7 Quel est l'infinitif de *avait installé* ? Et celui de *était allée* ?
Leur terminaison est-elle : **a.** *-er* ? – **b.** *-ir* ? – **c.** *-re* ?

8 On avait installé la fabrique. – Elle n'était jamais allée à l'école.

Complétez la phrase suivante :
« Un verbe conjugué à un **temps composé** est formé d'un **auxiliaire** et d'un …. »

9 Choisissez la réponse exacte.

a. Les participes passés ne s'accordent jamais et ceux des verbes en *-er* se terminent par *-é*. – **b.** Les participes passés s'accordent parfois, cela dépend de l'auxiliaire, et ceux des verbes en *-er* se terminent par *-é, -ée, -és* ou *-ées*.

10 Dans le texte suivant, remplacez les formes en bleu par celles du verbe *vendre*, à l'infinitif ou au participe passé selon ce qui convient.

→ Quand elle avait six ans et qu'on avait installé la fabrique, on l'avait mise à travailler. → Quand elle avait six ans et qu'on avait … la fabrique, on l'avait mise à ….

11 Vous **travaillez** trop.

Le verbe *travailler* est-il : **a.** à l'indicatif présent, 2e personne du pluriel ? – **b.** à l'infinitif ? – **c.** au participe passé ?

12 Il vous a **parlé**.

Dans cette phrase, le pronom en bleu est-il : **a.** le sujet de la phrase ? – **b.** un complément placé entre le sujet et le verbe conjugué ?

13 Vous devez vous **reposer**.

Dans cette phrase, le pronom en bleu est-il : **a.** le sujet de la phrase ? – **b.** le pronom qui accompagne le verbe pronominal *se reposer* ?

RETENEZ

■ **Finale en *-er* :** il s'agit d'un **infinitif** si le verbe :

- **suit une préposition** (*à, de par, pour, sans…*) ;

→ On l'avait mise à travailler.

- **suit un autre verbe** (qui n'est pas un auxiliaire) ;

→ Quand est-ce qu'on doit déménager, maman ?

- **est employé comme sujet d'un verbe conjugué ;**

→ Travailler est souvent pénible. (le verbe *travailler* est employé comme nom)

→ Le travail est souvent pénible.

■ **Finale en *-é (-ée, -és, -ées)* :** il s'agit d'un **participe passé** si le verbe forme, avec l'auxiliaire qui le précède, un **temps composé** (passé composé, plus-que-parfait, passé antérieur, futur antérieur…).

→ On a installé la fabrique. (passé composé)
On avait installé la fabrique. (plus-que-parfait)
On eut installé la fabrique. (passé antérieur)
On aura installé la fabrique. (futur antérieur)

■ **Finale en *-ez* :** il s'agit de la terminaison d'un verbe à la **2e personne du pluriel** (vous), **à la plupart des modes et des temps** (sauf au passé simple) et **pour tous les groupes** (sauf l'auxiliaire *être*, les verbes *dire* et *faire*).

→ Vous travaillez trop ! Travaillez moins !

Lorsque vous entendez le son [e] à la fin d'un verbe, pensez toujours à vérifier si ce verbe n'a pas pour **sujet** le **pronom personnel *vous*** ou s'il n'est pas à l'impératif.

ATTENTION

1 Méfiez-vous de *vous* !

Le pronom *vous* peut être **sujet** ou **complément**. Cela peut vous conduire à commettre des erreurs. Lorsque vous hésitez, demandez-vous si *vous* :

- est **sujet** de la phrase (terminaison du verbe en *-ez*)
- est un **complément** placé entre le sujet et le verbe conjugué (terminaison du groupe verbal en *-é, -ée, -és, -ées*)
- fait partie d'un **verbe pronominal** (terminaison du verbe en *-er*)

→ Vous mangez. – Il vous a parlé. – Vous devez vous reposer.
(Vous : sujet) (vous : complément placé entre le sujet et le verbe conjugué) (vous : fait partie d'un verbe pronominal)

2 L'accord du participe passé

Le participe passé s'accorde dans certains cas. (Voir p. 90 à 103.)

→ On avait installé la fabrique. – Elle n'est jamais allée à l'école.

Astuce

Pour savoir si le verbe qui se termine par le son **« é »** est à l'infinitif, au participe ou à la 2e personne du pluriel, **remplacez-le par un verbe du 3e groupe** (*vendre, mordre, prendre*…).

- Si vous entendez *vendu*, *mordu* ou *pris*, le verbe est au participe passé.
  → On avait **installé**. → On avait **vendu**.
- Si vous entendez *vendre*, *mordre* ou *prendre*, le verbe est à l'infinitif.
  → On l'avait mise à **travailler**. → On l'avait mise à **vendre** des vêtements.
- Si vous entendez *vendez*, *mordez* ou *prenez*, le verbe est à la 2e personne du pluriel.
  → Vous l'**installez**. → Vous la **vendez**.

ENTRAÎNEZ-VOUS

1 Repérer si un verbe est à l'infinitif ou au participe passé

Complétez les formes verbales en ajoutant *-er* si le verbe est à l'infinitif ou *-é* s'il est au participe passé.

1. Pensez à **raccroch…** le téléphone. – **2.** Qui t'**a parl…** de partir à l'étranger ? – **3.** Hier soir, j'**ai mang…** du poisson. – **4.** Il ne faut pas **s'abrit…** sous un arbre durant un orage. – **5.** Le médecin a réussi à **réanim…** le malade. – **6.** Quand tu **auras termin…** ton goûter, tu pourras **all…** te **baign…**. – **7.** Elle **avait tap…** son devoir à l'ordinateur car elle avait la main droite dans le plâtre.

2 Comprendre l'emploi de l'infinitif

Retrouvez la raison pour laquelle chacun des verbes en bleu est à l'infinitif : a. Le verbe à l'infinitif suit une préposition. – b. Le verbe à l'infinitif suit un autre verbe qui n'est pas un auxiliaire. – c. Le verbe à l'infinitif est employé comme nom, il est sujet du verbe conjugué.

1. Je vais **jouer** dehors. – **2.** Il aimerait **recevoir** un poisson rouge pour Noël. – **3.** Pense à **éteindre** la lumière avant de **quitter** ta chambre. – **4.** Pour **arriver** chez nous, prenez l'autoroute. – **5.** Nous devons **prendre** la nationale 7. – **6.** **Se pencher** par la fenêtre d'un train est interdit. – **7.** Sais-tu **parler** sans **t'énerver** ? – **8.** Un chasseur sachant **chasser** doit **savoir chasser** sans son chien. – **9.** **Couper** la parole à quelqu'un est très incorrect. – **10.** Je voudrais **être** chez moi ce soir.

3 Conjuguer un verbe au passé composé

Conjuguez au passé composé les verbes en bleu. Attention à l'accord du participe passé : si vous utilisez l'auxiliaire *être*, il s'accorde avec le sujet de la phrase ; si vous utilisez l'auxiliaire *avoir*, pas d'accord dans ces phrases. Exemple : *Nous pensons à toi.* → *Nous avons pensé à toi.*

1. Agathe **avale** son biberon. – **2.** Vous **jouez** à la console. – **3.** Ils **arrivent** à temps. – **4.** Tu **préfères** prendre le train. – **5.** Enfin, la neige **tombe** ! – **6.** J'**achète** mes fruits au marché. – **7.** Elles **vont** en Irlande cet été.

4 Conjuguer à la 2e personne du pluriel

Conjuguez les verbes entre parenthèses à la 2e personne du pluriel, au mode et au temps demandé.

1. Vous **(parler, *indicatif présent*)** pour ne rien dire ! – **2.** Vous **(faire, *futur simple*)** votre lit tous les matins. – **3.** Dès que Marc affirme quelque chose, vous le **(croire, *indicatif présent*)** sur parole ! – **4.** **(Partir, *indicatif imparfait*)**-vous souvent en vacances à l'étranger quand vous (être, *indicatif imparfait*) enfant ? – **5.** « Que (faire, *indicatif imparfait*)-vous au temps chaud ? dit-elle à cette emprunteuse. » (La Fontaine) – **6.** (Emporter, *impératif présent*) vos cirés, le ciel est menaçant !

5 Choisir entre *-er* et *-ez*

Conjuguez les phrases suivantes à la 2e personne du pluriel au présent de l'indicatif. Exemple : *Tenter de s'arrêter.* → *Vous tentez de vous arrêter.*

1. Refuser de se résigner – **2.** vouloir se promener – **3.** désirer jouer – **4.** espérer se retrouver à Noël – **5.** essayer de s'améliorer – **6.** penser progresser.

6 Faire attention au pronom *vous*

Recopiez les sujets des verbes et complétez les forme verbales par la terminaison qui convient : *-é, -ez* ou *-er*.

1. Il vous a confi... ses clefs. – **2.** Je vous avais demand... de me rapport... une tarte aux pommes, pas aux prunes ! – **3.** Nous vous avions effectivement parl... de cette possibilité. – **4.** Je cherche mon livre. L'av...-vous vu quelque part ? – **5.** Le père Noël, vous y croy... encore à votre âge ? – **6.** Vous le voy... encore souvent ? – **7.** Attention aux crabes ! Si vous ne les pren... pas comme il faut, vous all... vous faire pinc....

7 Choisir la terminaison qui convient

Choisissez la terminaison *-er, -ez* ou *-é* pour compléter les verbes.

1. Voul...-vous jou... au football ? – **2.** Quand viendr...-vous nous voir ? – **3.** Il faut commenc... par vous repos.... – **4.** Ay... toujours sur vous une pièce d'identité pour pouvoir la présent... si on vous la demande. – **5.** Permett... moi de vous donn... ce livre que j'ai achet... la semaine dernière. – **6.** Je peux vous donn... le bras pour vous aid... à travers....

8 Choisir la terminaison qui convient

Choisissez la terminaison qui convient : *-er, -é ou -ée*.

En quoi sont faites les toiles d'araignées ?

On craint souvent les araignées que l'on découvre parfois dans les recoins des maisons. Elles s'y abritent pour se réchauff..., car elles vivent surtout à l'extérieur, où elles chassent des moucherons, afin de se nourrir à la belle saison.

[Leur toile] est si fine qu'à Madagascar, une grande île à l'est de l'Afrique, on faisait autrefois des élevages d'araignées pour fabriqu... des tissus spéciaux, d'une grande finesse, que l'on appelait « lambamena ». Cette soie est aussi d'une incroyable résistance et on ne connaît pas d'autres matériaux, naturel ou artificiel, à diamètre égal, qui soit si solide. Si on disposait de cette matière en grande quantité, des militaires ont pens... qu'elle pourrait être utilis... pour fabriqu... des gilets pare-balles protégeant soldats ou policiers. À l'heure actuelle, on cherche à l'imit..., mais on ne connaît pas encore sa composition exacte. On pourrait la trouv... en organisant des élevages d'araignées. Mais c'est une tâche compliqu....

Les araignées sécrètent de la soie pour protég..., dans une sorte de cocon, leurs œufs, pendant le temps de l'incubation, jusqu'à l'éclosion. Elles tissent surtout des toiles, dont la forme peut vari... selon les espèces, pour piég... des petits insectes.

François Moutou, *Les p'tits bateaux*, Noël Bréham, © France Inter, Pocket, 2000, p. 23-24.

9 Choisir la terminaison exacte

Choisissez la terminaison qui convient : *-er, -é, -ée, ou -ez*.

Le petit Gavroche avait l'air d'admir... profondément une mariée en cire, décollet... et coiff... de fleurs d'oranger [...] ; mais en réalité il observait la boutique afin de voir s'il ne pourrait pas « chip... » dans la devanture un pain de savon, qu'il irait ensuite revendre un sou à un « coiffeur » de la banlieue. Il lui arrivait souvent de déjeun... d'un de ces pains-là. [...]

Tout en contemplant la mariée et tout en lorgnant le pain de savon, il grommelait entre ses dents ceci : – Mardi. – Ce n'est pas mardi. – Est-ce mardi ? – Peut-être mardi. – Oui, c'est mardi.

On n'a jamais su à quoi avait trait ce monologue.

Si par hasard, ce monologue se rapportait à la dernière fois où il avait dîn..., il y avait quatre jours car on était au vendredi.

Le barbier, dans sa boutique chauff... d'un bon poêle, rasait une pratique[1] et jetait de temps en temps un regard de côté, à ce gamin gel... et effront... qui avait les deux mains dans ses poches, mais l'esprit évidemment hors du fourreau[2].

Deux petits enfants entrent dans la boutique car ils ont froid mais le barbier les jette dehors.

Le petit Gavroche courut après eux et les aborda :

– Qu'est-ce que vous av... donc, moutards ?

– Nous ne savons pas où couch..., répondit l'aîné.

– C'est ça ? dit Gavroche. Voilà grand'chose. Est-ce qu'on pleure pour ça ? Sont-ils serins[3] donc !

Et prenant, à travers sa supériorité un peu goguenarde[4], un accent d'autorité attendrie et de protection douce :

– Momacques[5], ven... avec moi.

– Oui, monsieur, fit l'aîné.

Et les deux enfants le suivirent comme ils auraient suivi un archevêque. Ils avaient cess... de pleur... .

Gavroche leur fit mont... la rue Saint-Antoine dans la direction de la Bastille.

Victor Hugo, *Les Misérables*, 1862.

1. **pratique :** client régulier – 2. **l'esprit hors du fourreau :** l'esprit vif – 3. **serins :** stupides – 4. **goguenarde :** moqueuse – 5. **Momacques :** en argot, « enfants ».

10 Choisir la terminaison exacte

a. Choisissez la finale qui convient : *-er, -é, -ée, -és ou -ées.*

b. Remplacez les participes passés et les verbes à l'infinitif soulignés par des participes passés ou des verbes à l'infinitif du 1er groupe correctement orthographiés.

Zézé et son frère Totoca partent découvrir leur nouvelle maison.

« L'oncle Edmundo n'est pas… Qu'est-ce que c'est exactement maboul, Totoca ? »

Il fit tourn... son doigt sur sa tempe.

« Non, ce n'est pas vrai. Il est très gentil, il m'apprend des choses et jusqu'à maintenant, il ne m'a donn... qu'une fessée, et pas très forte. »

Totoca bondit.

« Il t'a donn... une fessée ? Quand ? » [...]

« Totoca, les enfants, c'est des retraités ?

– Quoi ?

– L'oncle Edmundo ne fait rien et il reçoit de l'argent. Il ne travaille pas et la mairie le paie chaque mois.

– Et alors ?

– Les enfants ne font rien, ils mangent, ils dorment et ils reçoivent de l'argent de leurs parents.

– Retraité, c'est différent, Zézé. Retraité, c'est quand on a beaucoup travaill..., qu'on a des cheveux blancs et qu'on marche très lentement comme l'oncle Edmundo. Mais assez pens... à des choses compliqu.... Si tu aimes <u>apprendre</u> des choses compliqu..., va le voir. Mais avec moi, non. Sois comme les autres enfants. Dis même de gros mots mais cesse de <u>remplir</u> ta petite cervelle avec des choses compliqu.... Sinon, je ne sors plus avec toi. »

J'étais vex... et ne voulus plus parl.... Je n'avais pas davantage envie de chant.... Mon oiseau qui chantait au-dedans de moi s'envola. Nous nous étions arrêt... et Totoca me montrait une maison.

« La voilà. Elle te plaît ? »

C'était une maison ordinaire. Blanche avec des volets bleus. Elle était toute ferm... et silencieuse.

« Elle me plaît. Mais pourquoi doit-on déménag... ici ?

– C'est bien de toujours déménag.... »

À travers la haie, on voyait qu'il y avait d'un côté un manguier et de l'autre un tamarinier.

« Toi qui veux tout <u>savoir</u>, tu n'as pas <u>découvert</u> le drame qui se passe à la maison ? Papa est sans travail, n'est-ce pas ? Il s'est disput... avec Mr. Scottfield il y a plus de six mois et on l'a mis à la porte. Tu n'as pas <u>vu</u> que Lala a commenc... à travaill... à la fabrique ? Tu ne sais pas que maman va travaill... à la ville, au Moulin Anglais ? Eh bien, petit nigaud, tout ça, c'est pour économis... de l'argent et pay... le loyer de cette nouvelle maison. L'autre, papa doit au moins huit mois. Tu es bien petit pour savoir toutes ces choses tristes. Mais moi aussi il va falloir que je serve la messe pour aid... à la maison. »

José Mauro de Vasconcelos, *Mon Bel Oranger*, trad. A. Raillard, © Stock, 1971.

Vers l'expression écrite

11 Compléter des phrases par un verbe du 1er groupe et un complément

Complétez les phrases suivantes à l'aide d'un verbe du 1er groupe et d'un complément.
Ex. : *Le dimanche, Charles ...* → *Le dimanche, Charles aime se promener dans la forêt.*

1. Les hirondelles sont .... – **2.** Ma mère n'était pas contente et nous a grondés, mon frère et moi : « ... ! », a-t-elle crié. – **3.** Le premier janvier, pensez à .... – **4.** Si tu es en retard, tu dois ... – **5.** Vous ... pour être en forme pendant la journée. – **6.** L'avion a ....

12 Imaginer des solutions pour améliorer la vie des enfants malheureux

Imaginez quatre actions qui permettraient d'améliorer la vie des enfants qui, comme José, vivent dans la pauvreté. Ces actions seront exprimées par des verbes du 1er groupe. Chacune de vos phrases commencera par : *Il faudrait...*

13 Raconter au passé composé

Écrivez quatre phrases racontant ce que vous avez fait hier ; ces phrases seront au passé composé et les verbes utilisés appartiendront au 1er groupe.

Évaluation

14 Exercice

Complétez les formes verbales par *-er, -ez* ou *-é*.

1. Il a décid... de s'inscrire à un cours de saxophone l'année prochaine. – **2.** Tu dois essay... de faire ton travail tout seul. – **3.** Il faut toujours penser à demand... conseil à une personne expérimentée. – **4.** Vous penser... à nous demain, quand vous serez arrivés en Andalousie ! – **5.** Gabrielle avait accept... de participer au projet. Elle le regrette maintenant ! – **6.** Faites-moi plaisir et parl... moins fort ! – **7.** Quand l'ordinateur est arriv... sur le marché, une révolution technologique a commencé. – **8.** Je vais vous pos... une question difficile. – **9.** La seule solution est de laiss... la porte ouverte. – **10.** Est-ce que vous avez consult... votre messagerie ?

15 Dictée préparée

Totoca, le frère de José, lui apprend à traverser la route tout seul.

« Pour une première fois, c'était très bien. Mais tu as oublié une chose : tu dois regarder des deux côtés, s'il n'arrive pas de voiture. Je ne serai pas toujours là pour te donner le signal. Au retour on s'entraînera encore. Maintenant, continuons, je veux te montrer quelque chose. »
Il prit ma main, j'étais préoccupé par une conversation.
« Totoca !
– Quoi ?
– L'âge de raison, ça se sent ?
– Qu'est-ce que c'est que cette bêtise ?
– C'est l'oncle Edmundo qui m'en a parlé. Il a dit que j'étais "précoce" et que j'aurais bientôt l'âge de raison. Et je ne sens pas la différence.
– L'oncle Edmundo est un nigaud. Il passe son temps à te fourrer des choses dans la tête. »

José Mauro de Vasconcelos, *Mon Bel Oranger*, trad. par A. Raillard, © Stock, 1971.

➩ voir RÈGLES 11, 52 et MÉMOS 10, 11

ENRICHISSEZ VOTRE VOCABULAIRE

L'expression de la pauvreté et de la misère

Complétez les phrases en recopiant le mot ou l'expression qui convient.
haillons* – bidonville* – délabrée* – guenilles* – lézardés* – Vagabonder – Jeûner* – loques*.

1. Des vieux vêtements très abîmés s'appellent des ... ou des ... ou bien encore des .... . – **2.** Dans certains pays, les gens très pauvres habitent dans des abris de fortune, sans aucune hygiène ; l'ensemble de ces abris s'appellent un .... . – **3.** Lorsqu'une maison est à moitié en ruine, on dit qu'elle est ..., et si l'on peut voir des fissures sur les murs, on dit qu'ils sont .... . – **4.** ... est le fait de ne pas manger, volontairement ou involontairement. – **5.** ... est le fait d'errer sans but précis parce que l'on ne sait pas où aller.

ET MAINTENANT, ÉCRIVEZ !

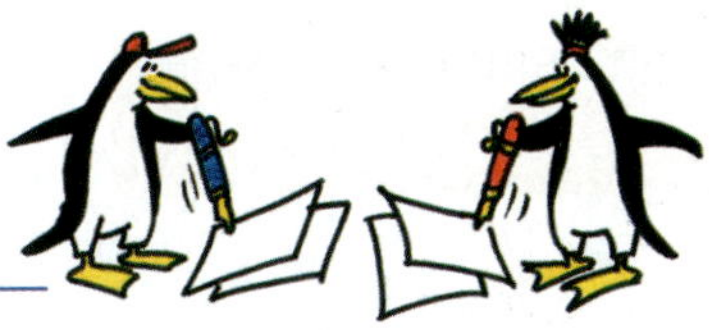

SUJET 1
Relisez le texte, p. 170. La maman de José raconte à ses enfants sa vie lorsqu'elle n'était âgée que de six ans et qu'elle rentrait dans sa pauvre « maison » du bidonville.
Votre texte comptera une dizaine de lignes et sera rédigé au passé composé.

■ **Orthographe :** Vous utiliserez au moins deux verbes du 1er groupe au participe passé (vous les soulignerez) et deux verbes du 1er groupe à l'infinitif (vous les soulignerez).
■ **Vocabulaire :** Vous emploierez au moins trois mots de l'exercice de vocabulaire (vous les encadrerez).

SUJET 2
Faites parler l'un des enfants de la photographie ci-contre à la 1re personne. Il évoquera sa vie quotidienne.
Votre texte comptera une dizaine de lignes et sera écrit au présent et au passé composé.

■ **Orthographe :** Vous utiliserez au moins deux verbes du 1er groupe au participe passé (vous les soulignerez) et deux verbes du 1er groupe à l'infinitif (vous les soulignerez).
■ **Vocabulaire :** Vous emploierez au moins trois mots de l'exercice de vocabulaire (vous les encadrerez).

Bidonville près de Nairobi (Kenya).

29

M'a, ma ; t'a, t'a ; m'ont, mon ; t'ont, ton ; m'est, mes ; t'est, tes

VOCABULAIRE

L'expression de l'émotion

EXPRESSION

Exprimer une émotion violente

Au voleur !

Harpagon est un homme maladivement avare. Son amour de l'argent lui fait oublier tout sentiment humain : amour paternel, tendresse, pitié… Il veille sur la cassette contenant sa fortune avec un soin extrême. Un jour, lors de sa visite quotidienne à son précieux trésor, il s'aperçoit de sa disparition…

HARPAGON, *criant au voleur dès le jardin.*

Au voleur ! Au voleur ! À l'assassin ! Au meurtrier ! Justice, juste ciel ! Je suis perdu, je suis assassiné, on **m'a** coupé la gorge : on **m'a** dérobé mon argent. Qui peut-ce être ? Qu'est-il devenu ? Où est-il ? Où se cache-t-il ? Que ferai-je pour le trouver ? Où courir ? Où ne pas courir ? [...] **Mon** esprit est troublé et j'ignore où je suis, qui je suis et ce que je fais. Hélas ! **mon** pauvre argent ! **mon** pauvre argent ! **mon** cher ami ! on **m'a** privé de toi ; et, puisque tu m'es enlevé, j'ai perdu **mon** support, **ma** consolation, **ma** joie : tout est fini pour moi, et je n'ai plus que faire au monde[1].

Molière, *L'Avare*, acte IV, scène 7, 1668.

1. **je n'ai plus que faire au monde :** je n'ai plus rien à faire sur cette terre.

Louis de Funès dans *L'Avare* (1980).

DÉCOUVREZ

1 On **m'a** dérobé mon argent. – J'ai perdu **ma** consolation.

Les mots en bleu se prononcent de la même manière. Sont-ils des :
a. homophones ? – **b.** antonymes ? – **c.** synonymes ?

2 On **m'a** coupé la gorge.

On a été remplacé par *Ils* dans la phrase suivante. Complétez cette phrase.
« Ils m'**...** coupé la gorge. »

3 Le mot *a*, dans l'exemple 2, appartient-il à la classe grammaticale des :
a. verbes ? – **b.** prépositions ? – **c.** pronoms ?

4 On **m'a** coupé la gorge.

Supposons que vous racontiez à quelqu'un l'aventure d'Harpagon, que diriez-vous ?
Complétez la phrase suivante :
« Il crie parce qu'on **...** a coupé la gorge. »

5 Maintenant, vous vous adressez à Harpagon, vous trouvez qu'il exagère ! Vous le tutoyez.
Vous lui dites : « Est-ce que, vraiment, on **...** a coupé la gorge ? »

6 Les mots *m', lui, t',* dans les questions 2, 4 et 5 appartiennent-ils à la classe grammaticale des : **a.** déterminants ? – **b.** pronoms ? – **c.** prépositions ?

7 **Mon** esprit est troublé. – **Ma** joie est grande. – **Mes** amis m'ont trahi. – **Tes** enfants t'ont trahi.

Les mots en bleu prennent-ils le genre et le nombre des noms qui les suivent ?

8 Les mots *Mon, Ma, Mes, Tes,* dans l'exemple 7, appartiennent-ils à la classe grammaticale des :
a. déterminants possessifs ? – **b.** prépositions ? – **c.** pronoms ?

9 Rendez à chaque groupe nominal le déterminant possessif qui lui convient.

Groupes nominaux : pièces d'or – argent – fortune
Déterminants possessifs : ton – ta – tes.

RETENEZ

■ ***Ma, ta, mon, ton, mes, tes*** sont des **déterminants** qui indiquent la **possession**, ils s'écrivent en **un seul mot** et prennent le genre et le nombre du nom qu'ils déterminent.
→ **Ma** sœur, **mon** frère, **ta** sœur, **ton** frère, **mes** sœurs, **tes** frères.

■ ***M'a, t'a, m'ont, t'ont, m'est, t'est*** sont des formes composées d'un **pronom personnel** et du **verbe** ou de l'**auxiliaire *avoir*** ou ***être*** qui s'accorde avec le sujet; ces formes s'écrivent en **deux mots**.
→ Il **m'a** parlé. – Il **t'a** parlé. – Ils **m'ont** parlé. – Ils **t'ont** parlé. – Il **m'est** arrivé un ennui. – Il **t'est** arrivé un ennui.

ATTENTION

Ma, ta, mon et ***ton, mes, tes*** sont toujours placés **devant un groupe nominal**. Ils s'accordent avec lui en genre et en nombre.

- ***Ma*** et ***ta*** sont toujours placés **devant un groupe nominal féminin singulier**.
- ***Mon*** et ***ton*** sont placés soit devant un groupe nominal **masculin singulier**, soit devant un groupe nominal **féminin singulier** si ce groupe nominal commence par une **voyelle** ou un **« h » muet** (qui fonctionne comme une voyelle et permet la liaison).
→ **Ton** ami est venu. **Ton ami**e est venu**e**.
- ***Mes*** et ***tes*** sont toujours placés devant un groupe nominal **pluriel**, masculin ou féminin.

Astuces

■ Vous hésitez entre ***ma*** et ***m'a***? Un peu de logique...

- *Ma* (ou *ta*) est un déterminant, vous pouvez donc le remplacer par *une* (autre déterminant).
  → J'ai fait un accroc à **ma (ta)** veste. → J'ai fait un accroc à **une** veste.
  → La phrase reste correcte.
- *M'a* comprend l'auxiliaire *avoir*, vous ne pouvez pas le remplacer par *une*.
  → Il **m'a** demandé de venir le voir → Il (~~une~~) demandé de venir le voir.
  La phrase est incorrecte.

■ Si *m'a, t'a, m'ont, t'ont, m'est, t'est* sont placés **devant un verbe au participe passé**, ils s'écrivent forcément en **deux mots**.
→ J'ignore ce qu'il **t'a** demandé.
participe passé

■ Lorsque *m'a, t'a, m'ont, t'ont, m'est, t'est* s'écrivent en deux mots, on peut conjuguer le verbe ou l'auxilaire ***avoir*** ou ***être*** à l'imparfait.
→ Ils **m'ont** parlé gentiment. → Ils m'avaient parlé gentiment.
Il **m'est** agréable. → Il **m'était** agréable.
La phrase reste correcte.

ENTRAÎNEZ-VOUS

1 Reconnaître des déterminants possessifs

Dans le texte suivant, relevez les déterminants qui indiquent la possession.

Voici notre chambre : dans le fond, c'est ton lit, à droite le mien. Tu pourras ranger tes affaires dans ce petit meuble au-dessus de ton bureau. J'espère que mes parents t'ont prévenu : je n'aime pas le désordre, tu devras veiller à ne pas mélanger nos vêtements. Je crois me souvenir que, dans ton ancien logement, ta chambre n'était pas toujours en ordre, cela te regardait, tu y vivais seul. Mais ici, c'est différent, tu devras vivre avec moi. Et tenir compte de mon confort. Mais ne t'inquiète pas, je suis sûr que nous nous entendrons bien. Sois le bienvenu ici.

2 Accorder les déterminants possessifs

Accordez au singulier les groupes nominaux en bleu.

1. Je m'entends bien avec mes frères et mes sœurs. – **2.** Dans combien de temps passes-tu tes examens ? – **3.** J'ai abîmé mes chaussures en marchant dans une flaque d'eau. – **4.** J'étudierai tes propositions plus tard. – **5.** Tu dors toujours la tête sous tes oreillers. – **6.** Tu as téléphoné à tes amis. – **7.** Tu as téléphoné à tes amies.

3 Utiliser un pronom personnel devant un verbe au passé composé

Conjuguez au passé composé les phrases suivantes.

1. Il ne t'avait pas adressé la parole une seule fois ! – **2.** Céline était passée sans me saluer parce qu'elle ne m'avait pas vue. – **3.** Mes parents m'avaient demandé d'être ponctuel. – **4.** Ils ne t'avaient pas fait trop mal ? – **5.** Mes cousins m'avaient téléphoné de l'aéroport. – **6.** Tous ces bruits t'avaient effrayé. – **7.** Il ne t'était jamais arrivé une pareille aventure !

4 Utiliser un pronom personnel devant un verbe au passé composé

Conjuguez au singulier les phrases suivantes.

1. Ils t'ont prié de te dépêcher. – **2.** Elles ne m'ont pas cru. – **3.** Ils ne m'ont jamais vu. – **4.** Elles ne t'ont rien dit. – **5.** Ne t'ont-elles pas prévenue ? – **6.** Ne t'ont-ils pas tout expliqué ? – **7.** Mes amies m'ont salué avec froideur.

5 Distinguer *mon* et *m'ont*

Complétez à l'aide de *mon* ou *m'ont*.

1. Rends-moi … stylo, sinon je ne te prêterai plus rien. – **2.** Ils ne … rien dit au sujet de leurs vacances. – **3.** Je ne me plains pas de leur indifférence, elles … déjà écrit trois fois depuis … départ ! – **4.** Je me demande quelle décoration accrocher à … vélo, des voleurs … déjà dérobé deux de mes plus beaux autocollants. – **5.** Je me demande avec quoi préparer … repas : elles ne … rien laissé à manger !

6 Distinguer *ton* et *t'ont*

Complétez à l'aide de *ton* ou *t'ont*.

1. Claudine et Clémentine me disent qu'elles ne … jamais vu dans un tel état. – **2.** Pourrais-je connaître la date de … départ ? – **3.** Les professeurs … prévenu : si tu ne fais pas … travail, tu ne pourras pas avoir … Brevet. – **4.** Quand les correspondants anglais …-ils contacté ? – **5.** Comme … projet leur a beaucoup plu, ils … proposé de devenir membre de leur société.

7 Distinguer *ma* et *m'a*

Complétez à l'aide de *ma* ou *m'a*.

1. Elle ne … pas précisé à quelle heure elle arrivait. – **2.** Il … encouragée et … dit de conserver … combativité. – **3.** Quand … mère … tendu … valise, j'ai senti mes yeux s'emplir de larmes. – **4.** C'est … détermination qui … aidée à tenir. – **5.** Si … platine CD est cassée, mon père … dit qu'il la remplacerait.

8 Distinguer *ta* et *t'a*

Complétez à l'aide de *ta* ou *t'a*.

1. Il ne ... même pas regardée, et il n'a pas vu ... nouvelle robe. – **2.** Sophie ... demandé de lui prêter ... revue. – **3.** Si Dominique ... rappelé si vite, c'est que ... proposition l'intéresse. – **4.** Avec ... vitalité et ton enthousiasme, nous n'aurons aucun mal à convaincre ... directrice de nous prêter ce local. – **5.** Quand il ... rencontré, il ... pris pour un garçon sérieux, il n'a pas compris ... fantaisie.

9 Distinguer *tes* et *t'est*, *mes* et *m'est*

Choisissez l'orthographe exacte.

1. Il (mes – m'est) agréable de ne rien faire. – **2.** Il (tes – t'est) arrivé de confondre (tes – t'est) cahiers avec les miens. – **3.** (Tes – T'est) histoires m'amusent. – **4.** J'ai mis (mes – m'est) chaussures neuves et je souffre ! – **5.** Il (mes – m'est) impossible de vous parler longuement, je suis en réunion. – **6.** Accepte de m'accompagner, il (tes – t'est) tellement facile de prendre ta voiture !

Vers l'expression écrite

10 Utiliser *ma* et *m'a, mon* et *m'ont, t'a* et *ta, t'ont* et *ton*

Inventez une phrase avec *m'a* et *ma*, une autre avec *t'a* et *ta*, une troisième avec *m'ont* et *mon* et une dernière phrase avec *t'ont* et *ton*.

Évaluation

11 Exercice

Choisissez l'orthographe exacte.

1. Je n'ai pas appris à contrôler (ma/m'a) vitesse. – **2.** Il ne (t'a/ta) pas toujours aimé. – **3.** Aujourd'hui Vanessa était en pleine forme, elle (ma/m'a) étonné. – **4.** Pourquoi ne (ton/t'ont)-elles pas prévenu à temps ? – **5.** Lorsque (mon/m'ont) frère a dérapé sur le carrelage, j'ai eu du mal à garder (mon/ m'ont) sérieux. – **6.** Elle ne (ma/m'a) pas vu tout de suite. – **7.** Ce que j'aime pardessus tout en toi, c'est (t'a/ta) joie de vivre. – **8.** Que (tes/t'est)-il arrivé ? – **9.** Il (m'est/mes) arrivé une drôle d'aventure.

12 Dictée préparée

LOUISON. – Qu'est-ce que vous voulez mon papa ? Ma belle-maman m'a dit que vous me demandez.

ARGAN. – Oui. Venez çà. Avancez là. Tournez-vous, levez les yeux, regardez-moi. Eh ?

LOUISON. – Quoi, mon papa ?

ARGAN. – Là.

LOUISON. – Quoi ?

ARGAN. – N'avez-vous rien à me dire ?

LOUISON. – Je vous dirai, <u>si</u> vous voulez, pour vous désennuyer, le conte de *Peau d'âne* ou bien la fable du *Corbeau et du Renard*, qu'on m'a apprise <u>depuis</u> <u>peu</u>.

ARGAN. – Ce n'est pas là ce que je vous demande. [...]

LOUISON. – C'est, mon papa, qu'il est venu un <u>homme</u> dans la chambre de ma sœur comme j'y étais.

ARGAN. – Hé bien ?

LOUISON. – Je lui ai demandé ce qu'il demandait, et il m'a dit qu'il était son maître à chanter.

Molière, *Le Malade imaginaire*, acte II, scène 8.

➩ voir MÉMOS 1, 3, 8, 13

ENRICHISSEZ VOTRE VOCABULAIRE

L'expression de l'émotion

Compléter les phrases avec le mot de la liste qui convient.
éprouvé – senti – désespérer – réjouis – attendrie – bouleversé – blessés – ébranlé – impressionné – touchée – troubler.

1. J'ai ... qu'il ne pourrait pas aller plus loin, son air égaré trahissait sa fatigue. – **2.** Lorsque son bébé lui a souri pour la première fois, elle était tout .... – **3.** La nouvelle de son départ l'a ..., j'ai peur qu'il ne s'en remette jamais, toute sa vie a changé. – **4.** Les mots que tu as dits à tes parents sont cruels, ils les ont .... – **5.** Ce premier échec a ... ses certitudes. – **6.** Ton courage l'a beaucoup ..., il te voue désormais une grande admiration. – **7.** Melissa a été extrêmement ... de votre gentille lettre, je vous remercie de votre chaleureux soutien. – **8.** Pendant l'interrogatoire, le commissaire voit l'accusé se ..., il sent qu'il est proche des aveux. – **9.** Marie n'avait jamais ... un sentiment de joie aussi intense. – **10.** Même lorsque la situation paraît tragique, il ne faut pas .... Parfois la solution est proche mais on ne la voit pas. – **11.** Je me ... de te voir bientôt : ton joyeux caractère me fait toujours beaucoup de bien !

ET MAINTENANT, ÉCRIVEZ !

SUJET 1

Vous avez peut-être, comme Harpagon, constaté, un jour que l'on vous avait «emprunté» un objet, sans vous en demander la permission et cela vous a mis dans une vive colère. Comme lui, exprimez ce sentiment violent alors que vous êtes seul(e) et que vous vous rendez compte de la disparition de cet objet.
Votre texte comptera une dizaine de lignes.

■ **Orthographe :** Vous utiliserez au moins une fois *ma* et *m'a*, ou *mon* et *m'ont* et une fois *mes* et *m'est* ou *tes* et *t'est* (vous les soulignerez).
■ **Vocabulaire :** Vous emploierez au moins trois mots de l'exercice de vocabulaire (vous les encadrerez).

SUJET 2

Vous racontez à un camarade un épisode effrayant que vous avez vécu, en prenant pour cadre de votre histoire l'image ci-dessous.
Votre récit sera au passé composé et comportera une quinzaine de lignes.

■ **Orthographe :** Vous utiliserez au moins une fois *ma* et *m'a*, ou *mon* et *m'ont* et une fois *ta* et *t'a* (ou *t'as*) (vous les soulignerez).
■ **Vocabulaire :** Vous emploierez au moins trois mots de l'exercice de vocabulaire (vous les encadrerez).

Dans les brumes de la montagne.

Orthographe lexicale

RÈGLES D'ORTHOGRAPHE

Quelques principes

1. La ponctuation forte

RÈGLE 1

Le point marque la fin d'une phrase déclarative. Il sépare deux phrases. Il est toujours suivi d'une majuscule. Il s'utilise aussi pour séparer les lettres dans les abréviations ou les sigles.

→ **Les joueurs entrent sur le terrain. Le match va commencer.**
P.S. (post-scriptum) – S. N. C. F

RÈGLE 2

Le point d'exclamation suit une interjection ou marque la fin d'une phrase exclamative (qui exprime un sentiment fort comme la joie, la surprise, la douleur, la colère, l'admiration…) ou impérative (qui exprime un ordre, une prière…). Il est le plus souvent suivi d'une majuscule.

→ **Ah ! Quel plaisir de vous voir ici ! Sors immédiatement de cette pièce !**

RÈGLE 3

Le point d'interrogation marque la fin d'une phrase interrogative. Il est le plus souvent suivi d'une majuscule.

→ **Quand penses-tu me rejoindre ?**

RÈGLE 4

Les points de suspension sont toujours au nombre de trois. Ils marquent une interruption provoquée par l'émotion, la surprise, l'hésitation, la rêverie ou un arrêt voulu dans le déroulement de ce que l'on dit.

→ **Je ne me rappelle plus très bien ma première sortie au théâtre… j'avais, je crois, six ans.**

Exercice

Recopiez les phrases et complétez-les par le signe de ponctuation forte qui convient.

1. Quelle bonne surprise ❑ – Nous ne savions pas que vous passiez vos vacances ici ❑ – **2.** Depuis quand est-elle partie aux États-Unis ❑ – **3.** Son voyage s'est bien passé ❑ Elle est un peu fatiguée mais récupérera vite❑ – **4.** Mais ❑ mais ❑ que se passe-t-il ❑ – **5.** Que je suis heureux de te voir ❑

2. La ponctuation non forte

RÈGLE 5

La virgule marque une **pause** à l'intérieur d'une phrase.

- Elle précède la proposition **indiquant qui parle** dans un dialogue.

→ **J'ai l'ouïe un peu dure, dit-elle à voix basse.**

- Elle isole **une apposition** à un mot ou à un groupe de mots.

→ **Épouvanté, le chat sauta à terre.**

- Elle isole un **complément circonstanciel**.

→ **Sans me répondre, elle leva ses deux bras en l'air.**

- Elle sépare les termes d'une **énumération**.

➜ **Le vieillard posa à terre son sac, sa canne, son violon et son chapeau.**

- Elle isole un nom en **apostrophe**.

➜ **Rémi, viens voir par ici !**

Exercice

Recopiez le texte en rétablissant la ponctuation d'origine (points, points d'interrogation ou d'exclamation, virgules) dans le texte suivant.

Au printemps mes mignonnes vous n'aurez rien à craindre dans les bois D'ici là j'aurai si bien prêché* les compagnons de la forêt que les plus hargneux seront devenus doux comme des filles Tenez pas plus tard qu'avant-hier j'ai rencontré le renard qui venait de saigner tout un poulailler Je lui ai dit que cela ne pouvait plus continuer comme ça qu'il fallait changer de vie Ah je vous l'ai sermonné d'importance Et lui qui fait tant le malin d'habitude savez-vous ce qu'il m'a répondu

Marcel Aymé, *Les Contes bleus du chat perché*, © Gallimard.

RÈGLE 6

Le point-virgule est plus qu'une virgule et moins qu'un point. Il n'est pas suivi d'une majuscule.
Il fait une pause entre deux propositions qui sont liées par le sens. On pourrait le remplacer par un lien logique (une conjonction, par exemple).

➜ **Rémi est très inquiet ; l'attitude de la vieille femme n'est pas rassurante.**
(On pourrait remplacer le « ; » par la conjonction *car*.)

RÈGLE 7

Les deux-points servent à annoncer ce qui suit :

- une explication :

➜ **Rémi doit parler fort : la vieille femme est sourde.**

- une énumération :

➜ **J'ai de nombreux devoirs : deux exercices de mathématiques à faire, un livre à lire et une leçon de géographie à apprendre.**

- des paroles rapportées directement :

➜ **Rémi demande à la vieille femme : « Mon ami est-il donc parti ? »**

RÈGLE 8

Les parenthèses servent à isoler, ajouter une réflexion, une explication, un commentaire qui pourraient être supprimés sans nuire au sens de la phrase.

➜ **Pendant quinze jours (et ces deux semaines lui avaient semblé une éternité), elle avait attendu une lettre de sa mère.**

RÈGLE 9

Le tiret s'utilise dans plusieurs cas.

- Seul, pour marquer le changement d'interlocuteur dans le dialogue :

➜ **Elle demanda à l'enfant : « Quel âge as-tu ?**
– Six ans, madame » répondit l'enfant.

- En général par deux, pour détacher un élément de la phrase ; ils ont souvent la même fonction que les parenthèses :

➜ **Nous sommes allées passer les vacances en Camargue – quelle jolie région ! – l'année dernière.**

RÈGLE 10

Les guillemets s'utilisent dans plusieurs cas.

• Pour encadrer des paroles, lorsque l'on rapporte les propos d'un seul personnage, ou une conversation complète entre plusieurs personnages :

→ **Agathe prit enfin la parole : « Je ne vous permets pas de parler ainsi de mon père ! » Tous se turent alors.**

• Pour encadrer un mot, une expression que l'on veut mettre en valeur, parce qu'on lui donne un sens particulier, par exemple :

→ **Que veux-tu dire exactement quand tu parles de mes « défauts » ?**

Exercice

Remplacez chaque carré par le signe de ponctuation qui convient.

Texte 1 : Un beau matin ❑ ma mère me déposa à ma place ❑ et sortit sans mot dire ❑ pendant qu'il écrivait magnifiquement sur le tableau ❑ ❑ La maman a puni son petit garçon qui n'était pas sage ❑ ❑
Tandis qu'il arrondissait un admirable point final ❑ je criai ❑ ❑ Non ❑ Ce n'est pas vrai ❑ ❑
Mon père se retourna soudain ❑ me regarda stupéfait ❑ et s'écria ❑ ❑ Qu'est-ce que tu dis ❑ ❑

Texte 2 : Mon père et mon oncle lui payaient un loyer de 80 francs par an ❑ c'est-à-dire quatre louis d'or ❑ ce que leurs femmes trouvaient un peu exagéré ❑ Mais la maison avait l'air d'une villa ❑ et il y avait ❑ l'eau à la pile ❑ c'est-à-dire que l'audacieux marchand de balais avait fait construire une grande citerne ❑ accolée au dos du bâtiment ❑ aussi large et presque aussi haute que lui ❑ il suffisait d'ouvrir un robinet de cuivre ❑ placé au-dessus de l'évier ❑ pour voir couler une eau limpide et fraîche ❑

Marcel Pagnol, *La Gloire de mon père*, © éd. de Fallois, 1957.

3. La ponctuation du dialogue

RÈGLE 11

Dans un récit, un dialogue se ponctue de la façon suivante :

• Les mots prononcés par le premier interlocuteur sont précédés des signes **: «**

• Puis, pour introduire les paroles du second interlocuteur, on va à la ligne et on met un tiret, et ainsi, chaque fois que l'interlocuteur change.

• Enfin, on ferme les guillemets à la fin du dialogue, par le signe **»** lorsque le récit reprend.

→ **La dame s'adressa d'une voix douce au petit garçon : « Quel âge as-tu, mon petit ?**
– Six ans, madame, répondit l'enfant.
– Seulement ! Mais tu as l'air bien plus grand. »
L'enfant sourit d'un air orgueilleux sans répondre.

Exercice

Rétablissez la ponctuation qui convient dans le dialogue suivant.

Le Papet le regarda d'un air grave ❑ et dit simplement ❑ ❑
❑ Qui est-ce ❑ ❑

Ugolin ❑ ahuri ❑ se leva ❑ et répondit stupidement ❑
❑ C'est moi ❑
❑ Oui ❑ c'est toi qui me dis des mensonges depuis un mois ❑ et c'est toi qui es en train de devenir fada ❑ Mais cette femme ❑ qui c'est ❑❑
Ugolin balbutia ❑
❑ Cette femme ❑ Quelle femme ❑
❑ Celle que tu vas voir tous les matins ❑ à Aubagne ❑
❑ Je vais pas à Aubagne ❑ dit Ugolin ❑
❑ Et alors ❑ où est-ce que tu vas ❑❑
Mais l'autre ne répondit pas ❑

Marcel Pagnol, *Manon des sources*, © éd. de Fallois, 1963.

4. Les majuscules

RÈGLE 12

On utilise les majuscules dans plusieurs cas :

- à l'initiale d'un nom propre ou d'un mot auquel on donne une importance particulière :

➜ **J'ai rencontré Sophie aujourd'hui. – Le Temps détruit tout.**

Attention : ne confondez pas le nom (de nationalité…), qui prend une majuscule, et l'adjectif qui n'en prend pas.

➜ **Les Lyonnais sont de grands gastronomes. ≠ Le saucisson lyonnais est délicieux.**

- au début d'une **phrase**, d'un **vers** et après un **signe de ponctuation forte** : toujours après le point, souvent après le point d'interrogation, le point d'exclamation ou les points de suspension :

➜ **Le championnat débute demain. Pourvu que notre concurrent gagne ! Il s'est beaucoup entraîné.**

- dans les sigles :

➜ **O.N.U. (Organisation des Nations Unies),**
➜ **S.N.C.F. (Société Nationale des Chemins de Fer).**

Exercice

Rétablissez les majuscules dans le texte suivant.

en sortant de la hutte qui vois-je arriver ? eh oui ? vous avez deviné : panoramix, notre druide ! la bataille avait été plus courte que prévu. (j'ai appris par la suite que les romains n'étaient pas venus pour se battre mais pour proposer une trêve. quand ils ont enfin réussi à s'expliquer, ils avaient perdu la bataille.)
– obélix, j'ai soufflé vers l'intérieur de la hutte, cache-toi vite ! voici le druide ! j'ai entendu un « plouf ! » à l'intérieur mais je n'ai pas eu le temps d'aller voir, parce que le druide passait devant moi et entrait dans la hutte après m'avoir fait un sourire. j'étais drôlement inquiet pour obélix.

Comment Obélix est tombé dans la marmite du druide quand il était petit, © éd. Albert René, 1989.

5. Les accents

RÈGLE 13

Il ne faut **jamais** mettre d'accent sur un **« e »** lorsqu'il se trouve **devant une consonne doublée et devant les consonnes « s » et « r » suivies d'une autre consonne**, que ce soit au début du mot, ou à l'intérieur de celui-ci. Attention, le « x » est l'équivalent de deux consonnes et « ch » ne compte pas pour deux consonnes.

→ **Effacer, espacer, une bicyclette, un exercice, un prétexte.**

RÈGLE 14

L'accent aigu se met sur la lettre **« e »** pour faire le son « é ».

→ **L'été, le général.**

RÈGLE 15

L'accent grave se met :

- sur la lettre **« e »** pour faire le son « è » :

→ **La crème, près de.**

- sur les lettres **« a »** et **« u »** pour distinguer certains homonymes :

→ **A ≠ à, ou ≠ où.**

Exercice

Rétablissez les accents aigus ou graves si cela est nécessaire. Justifiez votre choix quand vous n'en mettez pas.

espiegle – espoir – etirer – etonner – benir- efficace – espece – exterieur – ecrouler – epaule – perdu – regle – escalier – mercredi – erreur – medecin – merite – merveille – perfection – terme.

RÈGLE 16

L'accent circonflexe peut se mettre sur les lettres **« a »**, **« e »**, **« i »**, **« o »** et **« u** (il marque la disparition d'une lettre qui était présente dans le passé, souvent un « s »).

→ **La pâte (à pizza), la fenêtre, un abîme, bientôt, la mûre.**

Exercice

Rétablissez les accents des mots ci-dessous (aigu, grave ou circonflexe).

Desesperer – foret – tot – fermee – perime *(deux solutions)* – releve *(deux solutions)* – saliere – tete – television – rever – eleve *(deux solutions)* – comete – ane.

RÈGLE 17

Le tréma sur **« e »**, **« i »**, **« u »**, indique qu'il faut prononcer séparément la voyelle qui précède.

→ **aïeul, aiguë, ambiguïté, ciguë*, coïncidence, faïence, glaïeul, haïr, inouï*, laïque, mosaïque, naïf, Noël, païen, Raphaël, stoïque*.**

Exercice

Complétez les phrases avec un mot qui contient un tréma.

1. On peut le manger en épis ou en salade : il s'agit du … . – **2.** Les actions du héros le sont, forcément : … . – **3.** Il croit tout ce qu'on lui dit, il est vraiment … . – **4.** C'est un fait extraordinaire, incroyable, … . – **5.** Jules Ferry a instauré l'école ..., obligatoire et gratuite. – **6.** Se regarder en chien de ..., c'est se regarder en face, sans bouger et sans parler. – **7.** Quelle étrange ... ! Ils se sont croisés à l'aéroport alors que l'un rentrait d'Allemagne et l'autre partait pour la Suède.

RÈGLE 18

La cédille se place sous la lettre **« c » devant « a », « o », « u »**, pour lui donner le son [s] et non le son [k]. Devant « i » et « e », « c » se prononce [s].

➜ **Le garçon, il traça, une leçon.**

6. Les lois de position

RÈGLE 19

Le son [s] s'écrit « ss » et non « s » **entre deux voyelles**. Il peut aussi s'orthographier **« c »** ou **« ç ».**

➜ **Une caisse.**

EXCEPTIONS : resaler, resurgir.

Exercice

Complétez les mots suivants avec « s », « ss », « c » ou « ç ».

1. gla...on – **2.** cale...on – **3.** pa...ion – **4.** pi...te – **5.** gla...e – **6.** a...tu...e – **7.** pa...er – **8.** pla...er – **9.** re...ette – **10.** fa...ade – **11.** dé...eption – **12.** dé...u – **13.** ble...ure – **14.** soup...on – **15.** di...iper – **16.** fran...ais.

RÈGLE 20

Le son [ʒ] s'écrit « ge » et non « g » devant « a », « o » et « u ».

➜ **Un cageot, nous mangeons, inmangeable.**

RÈGLE 21

Le son [g] s'écrit « g » devant les consonnes et « a », « o », « u » et « gu » devant « e », « é », « è », « ê », « i » et « y ».

➜ **Une gare, une gomme, aigu.**
La fatigue, une guenon, une guêpe, un guidon, la Guyane.

EXCEPTIONS : Les verbes en *-guer* conservent le « u » du radical dans toute leur conjugaison.

➜ **Se fatiguer → il se fatigua, il se fatiguera.**

Attention : les **noms** et les **adjectifs** formés sur des verbes en *-guer* perdent le « u ».

➜ **La navigation – la conjugaison.**

Dictée

Grâce à un copain de la classe, j'avais pu obtenir un vélo, il était un peu trop petit pour moi et mes genoux touchaient le guidon, mais en m'installant sur l'arrière de la selle, cela pouvait encore aller.
Derrière l'église de la Buffa*, dans un renfoncement qui servait d'atelier, nous avions fixé avec du fil de fer un cageot qui nous fournissait un excellent porte-bagages.

Joseph Joffo, *Un sac de billes*, Le Livre de Poche, © Jean-Claude Lattès, 1973.

RÈGLE 22 **Devant *-m, -b, -p*, il faut écrire *-m*** au lieu de *-n*.

→ **Bombe, champion, colombe, emmêler, emmener, grimper, jambon, pompier.**

EXCEPTIONS : bonbon, bonbonnière, embonpoint, néanmoins.

7. La lettre muette finale

RÈGLE 23 Pour connaître la **lettre finale** des mots, il est souvent utile de penser à des mots de la même famille, ou au féminin, qui indiquent la consonne muette.

→ **Abricot → abricotier**
Tas → tasser
Sang → ensanglanter
Galop → galoper
Poing → poignée
Mendiant → mendiante

Dictée

Elle cingla le flanc de son cheval, qui partit au grand galop. Ils allèrent ainsi longtemps, sans échanger même un regard.
Le tumulte de la chasse se rapprochait ; les fourrés semblaient frémir, et tout à coup, couvert de sang, secouant les chiens, le sanglier passa...

Maupassant, « Un coq chanta », in *Contes de la bécasse*.

→ Les initiales de mots

1. Doublement de la consonne dans la syllabe initiale

RÈGLE 24 Les **mots** commençant par ***ac-*** **prennent deux « c » (acc-)**.

→ **Accrocher, acclimatation, acceptable, acclamation.**

EXCEPTIONS : acacia*, académie*, acajou*, acariâtre*, acolyte*, acompte*, acoustique*, acrobate, et leurs dérivés.

Exercice

Donnez les verbes de la même famille que les noms suivants.
acclimatation – acceptable – acclamation – accord – accent – accélération – accès.

RÈGLE 25 Les **mots** commençant par ***af-*** **prennent deux « f » (aff-)**.

→ **Affaire, affection, affolement, affermir, affirmation, affliger, affaisser.**

EXCEPTIONS : afin, africain, Afrique.

Exercice

Complétez les phrases ci-dessous avec le mot commençant par *-af* ou *-aff* qui convient.
1. Dès qu'il entend un coup de fusil, mon chien est complètement ... : il n'est vraiment pas fait pour la chasse.

2. Les enfants de Pierre sont très ... : dès que nous arrivons, ils se précipitent dans nos bras.
3. Les cinq continents sont l'Europe, l'Asie, l'Océanie, l'Amérique et l'....
4. Ma fille m'a ... qu'elle m'avait envoyé une carte postale pendant son voyage à Rome avec sa classe ; pourtant, cela fait un mois qu'elle est rentrée et je n'ai toujours rien reçu !
5. Les réponses sont données à la fin du manuel ... que les élèves puissent se corriger eux-mêmes.

RÈGLE 26

Les **verbes** commençant par ***an-*** **prennent deux « n » (ann-)**.

→ **Annuler, annoncer, annoter, annihiler*, annexer.**

EXCEPTIONS : anoblir*, anéantir, analyser, animer, ânonner*, et les mots de la même famille.

Exercice

Trouvez au moins un mot (nom ou adjectif) de la même famille que chacun des verbes suivants.

annuler – annoncer – annoter – annexer – anoblir – anéantir – analyser – animer.

RÈGLE 27

Les **verbes** commençant par ***ap-*** **prennent deux « p » (app-)**.

→ **Appartenir, apparaître, apprivoiser, apprendre, approuver, apprécier, approcher, appeler.**

EXCEPTIONS : apaiser, apercevoir, apeurer, apitoyer, aplanir, aplatir, apostropher, et leurs dérivés.

Dictée

Ulysse, après avoir gagné la guerre de Troie, veut rentrer, par bateau, dans sa patrie avec ses compagnons. Voici ce qu'il raconte.

Aussitôt qu'apparaît, dans son berceau de brume, l'Aurore aux doigts de rose, j'appelle tout le monde à l'assemblée et dis :
« Fidèles équipages, le gros de notre flotte va demeurer ici ; mais je vais prendre, moi, mon navire et mes hommes ; je veux tâter ces gens et savoir ce qu'ils sont, des bandits sans justice, un peuple de sauvages, ou des gens accueillants qui respectent les dieux. »

Homère, *Odyssée*, trad. Victor Bérard, © Les Belles Lettres, 1931.

RÈGLE 28

La plupart des **verbes** commençant par ***ar-*** **prennent deux « r » (arr-)**.

→ **Arriver, arracher, arroser, arrêter, arrondir.**

EXCEPTIONS : araser*, arbitrer, arimer, argumenter, armer, aromatiser, arpenter, articuler...

RÈGLE 29

Les **mots** commençant par ***at-*** **prennent deux t (att-)**.

→ **Attirer, attribution, atténuation, attaque, attachant, attente, atterrissage, attelage.**

EXCEPTIONS : atelier, athée*, atome*, atour*, atout*, âtre*, atrocité, atrophier*, et leurs dérivés.

RÈGLE 30 Les **mots** commençant par ***ef-*** et ***of-***, **prennent tous deux « f » (eff-, off-)**.

→ **Effacer, offrir, effrayer, efficace, officiel.**

Dictée

En vacances avec sa grand-mère, le héros, en arrivant, découvre que certaines clientes de l'hôtel où il réside sont des sorcières… Il assiste par hasard à la grande réunion annuelle des sorcières, caché sous la table.

Une autre femme venait d'apparaître sur l'estrade […].

La jeune femme leva lentement les bras jusqu'à son visage. Je vis ses mains gantées défaire quelque chose, derrière les oreilles et soudain… elle attrapa ses joues et son joli visage lui resta entre les mains !

Elle portait un masque !

Elle le posa sur une petite table. Elle était alors de profil. Puis elle se retourna et nous fit face. Je faillis pousser un cri. Jamais je n'avais vu visage si terrifiant ni si effrayant ! Le regarder me donnait des frissons de la tête aux pieds. Fané, fripé, ridé, ratatiné. On aurait dit qu'il avait mariné dans du vinaigre. Affreux, abominable spectacle.

Roald Dahl, *Sacrées Sorcières*, trad. Marie-Raymond Farré, © Gallimard.

RÈGLE 31 Les **mots** commençant par ***com-*** **et *con-* doublent la consonne (comm-, conn-)**.

→ **Commission, connaître, commencement, communication, connecter*.**

EXCEPTIONS : comète, comédie, comestible, comité, cône, et leurs dérivés.

Exercice

Pour chacun des mots suivants, trouvez un nom de la même famille.

comique – commencer – communiquer – connecter – connaître.

RÈGLE 32 Les mots composés avec les préfixes ***il-, im-, in-, ir-*** **doublent la consonne (ill-, imm-, inn-, irr-)** lorsque **le radical commence par *-l, -m, -n,* ou *-r*.**

→ **Illisible (lisible), immobile (mobile), innommable (nommable), irresponsable (responsable).**

Exercice

Donnez l'antonyme (le contraire) des mots suivants.

émigrer – coupable – réel – respectueux – régulier – légal – logique.

Dictée

Le 10 janvier, vers six heures du matin, nous entrâmes dans les eaux de la lagune*. Elle était bien telle que je l'avais rêvée, immense, pâle, rejoignant le ciel par les lignes fuyantes des bancs de sable et des presqu'îles. Tout à fait au fond, comme surgies de la mer, les montagnes de quartz* rouge étincelaient déjà au soleil, d'une incroyable dureté. Mais c'était l'eau qui donnait le vertige, cette eau calme et miroitante, où se pressaient les immenses corps noirs, par centaines, par milliers peut-être. À l'avant de la chaloupe*, à côté du harponneur indien, je regardais cela, sans rien dire, et il me semblait que j'étais entré tout à coup, par effraction*, dans un monde perdu, séparé des autres par d'innombrables siècles.

J. M. G. Le Clézio, *Pawana*, © Gallimard, «Lecture Junior».

RÈGLE 33 Les **mots** commençant par ***-oc*** **doublent le «-c»** (occ-).

→ **Occuper, occasion, occident.**

EXCEPTIONS : ocarina*, ocre*, oculiste, oculaire, et leurs dérivés.

2. Pas de doublement de la consonne

RÈGLE 34 Les **mots** commençant par ***ab-*** **ne prennent qu'un «b»** (ab-).

→ **Aboyer, absence, abrutir, abîmer, abattre, abriter.**

EXCEPTIONS : abbé*, abbaye*, abbatial*, abbesse*.

RÈGLE 35 Les **mots** commençant par ***ad-*** **ne prennent qu'un «d»** (ad-).

→ **Admettre, administration, adapter, adhésion, adulte, adolescent.**

EXCEPTIONS : addition, adduction*, et leurs dérivés.

Exercice

Doublez la consonne des mots si cela est nécessaire.

1. J'ai bien fait ta com...ission. – **2.** Ils ont du mal à se con...ecter sur Internet. – **3.** J'ai pris rendez-vous chez l'oc...uliste. – **4.** L'arbre devant la maison a été ab...attu. – **5.** Il suffit d'ad...itionner les chiffres pour trouver la somme due. – **6.** Il s'est très bien ad...apté à sa nouvelle maison. – **7.** Beaucoup d'ad...olescents aiment faire des voyages. – **8.** Les ab...és portent des soutanes. – **9.** J'ai con...u Alex en vacances. – **10.** Reste im...obile !

RÈGLE 36 Les **mots** commençant par ***ag-*** **ne prennent qu'un «g»** (ag-).

→ **Agripper, agir, agile, agneau.**

EXCEPTIONS : aggraver, agglomérer*, agglutiner* et leurs dérivés.

RÈGLE 37 Les **mots** commençant par ***am-*** **ne prennent qu'un «m»** (am-).

→ **Amener, amincir, amicalement, amer, amaigrir.**

EXCEPTIONS : ammoniaque*, ammonite*.

RÈGLE 38 Tous les **mots** commençant par **[et]** ***s'écrivent «ét»*** **et** ***ne prennent qu'un «t»***.

→ **Étiquette, état, étable, étoile, étirer.**

RÈGLE 39 Les **mots** commençant par ***op-*** **ne prennent qu'un «p»** (op-).

→ **Opération, opinion, opéra, opaque, optimiste, optique.**

EXCEPTIONS : opposer, oppresser, opportun*, opprobre*, et leurs dérivés.

Exercice

Complétez le début des mots suivants.

1. Pense à lire les ...iquettes quand tu fais tes courses. – **2.** Il prend toujours les choses du bon côté, c'est un ...timiste. – **3.** Iras-tu voir ce ballet à l'...éra ? – **4.** L'accusé ...rave sa peine en insultant les jurés. – **5.** Il faut défendre les faibles et les ...rimés. – **6.** Faire des cadeaux entretient l'...itié. – **7.** Il s'est ...rippé aux aspérités de la paroi pour grimper. – **8.** Le chat aime s'...irer après sa sieste. – **9.** Les passants s'...lutinaient devant les vitrines de Noël. – **10.** Erwan ne s'...ose jamais à ses parents.

Les finales de mots

1. Doublement de consonne finale

RÈGLE 40 Les **mots féminins** issus d'un mot masculin en ***-ien*** font toujours ***-ienne***.

→ **Chien → chienne.**

Exercice

Trouvez le féminin des mots suivants.

musicien, gardien, ancien, chrétien, martien, londonien, terrien, mien, tien.

RÈGLE 41 Les **verbes** dont l'infinitif se termine par le son [**one**] doublent toujours le **« n »** (***-onner***).

→ **Donner, tourbillonner, tonner, détonner** (ne pas être en harmonie).

EXCEPTIONS : s'époumoner, détoner (exploser avec bruit).

Exercice

Conjuguez à la 1re personne du singulier et du pluriel les verbes suivants, à l'imparfait puis au passé simple.

1. braconner – **2.** pardonner – **3.** sonner – **4.** couronner – **5.** détoner – **6.** chantonner – **7.** griffonner. – **8.** s'époumoner – **9.** détonner.

RÈGLE 42

- Les **noms féminins** se terminant par les sons [**aj**], [**ɛj**], [**œj**], [**uj**], s'écrivent ***-aille, -eille, -euille, -ouille***.

→ **Une cisaille, la veille, une feuille, une grenouille.**

- Les **noms masculins** se terminant par les sons [**aj**], [**ɛj**], [**œj**], [**uj**], s'écrivent ***-ail, -eil, -euil, -ouil***.

→ **Le travail, un réveil, le deuil, du fenouil*.**

EXCEPTIONS : millefeuille, chèvrefeuille, portefeuille, réveille-matin et oseille sont masculins.
Attention au mot *œil* qui a une orthographe particulière.

- Lorsque la finale ***-euil*** est **précédée** de la consonne **« c »** ou de la consonne **« g », on inverse la place du « u »** et on écrit la finale ***-ueil***. Il en est de même lorsque ce son est à l'intérieur d'un mot.

→ **L'orgueil, orgueilleux, le recueil, recueillir.**

• Attention ! Ne confondez pas **les noms** masculins ***en -ail, -eil, -euil***, et **les verbes** en ***-ailler, -eiller, -euiller***, qui ont des finales en ***-aille, -euille, -eille***.

➜ **Le travail ≠ Je travaille. – Le réveil ≠ Je me réveille.**

Exercice

Complétez les mots suivants avec l'orthographe exacte.

1. Dans une fable de la Fontaine, la gren... veut se faire aussi grosse que le bœuf. – **2.** As-tu pensé à régler ton rév... ? – **3.** Il se rév... à sept heures tous les matins. – **4.** Quelle belle bat... de boules de neige ! – **5.** Avez-vous lu ce rec... de contes ? – **6.** Le président est mort : le pays est en d... . Son cerc... sera porté par ses enfants. – **7.** J'ai encore égaré mon portef... . – **8.** As-tu fini ton trav... ? – **9.** Quel magnifique coucher de sol... ! – **10.** Gaïdz trav... dur pour obtenir son diplôme. – **11.** Tes parents m'ont très bien acc...ie. – **12.** Tu es trop org...eux : cela te nuira.

RÈGLE 43

• Les **noms féminins** se terminant par le son [ɛl] s'écrivent ***-elle***.

➜ **Une ficelle, une nouvelle, une poubelle, une tourterelle.**

EXCEPTIONS : une clientèle, la grêle, une parallèle, une stèle, une aile.

• Les **noms masculins** se terminant par le son [el] s'écrivent ***-el***.

➜ **Un appel, un rappel, un scalpel*, un autel*, un hôtel.**

EXCEPTIONS : un modèle, un polichinelle, un rebelle, un vermicelle.

Exercice

Trouvez un nom qui se termine par le son [ɛl] et qui est de la même famille que le mot qui vous est donné. Vous le ferez précéder d'un déterminant qui met en évidence son genre.

modeler – grêler – ficeler – appeler – se rebeller – nouveauté – parallélisme – client – tourtereau – hôtellerie – profession *(deux réponses)*.

2. Pas de doublement de consonne

RÈGLE 44

Les **mots** se terminant par ***-ine(r)*** et ***-une(r)*** **ne prennent qu'un seul « n »**.

➜ **Orphelin → orpheline – américain → américaine – fin → fine – cousin → cousine – tartine – dune – brune – prune – fortune.**

Exercice

Accordez au féminin les adjectifs suivants.

fin – lointain – samaritain – aquitain – clandestin – africain – rouquin – brun.

3. Finales en *-e*

RÈGLE 45

Les **mots féminins** se terminant par le son [e] s'écrivent ***-ée***.

➜ **La pensée, l'année, la giboulée.**

EXCEPTIONS : une acné, une clé, une psyché* et les noms se terminant par ***-té*** ou ***-tié*** (*fraternité, amitié*), sauf *butée, dictée, jetée, montée, pâtée, portée* et ceux indiquant une contenance (*pelletée, assiettée*...).

Dictée

Il n'avait plus mal à la tête, Mattia ; il n'était plus chagrin, il n'était même plus chétif*. C'était le grenier de la rue de Lourcine* qui l'avait rendu triste ; le soleil et le plein air, en lui donnant la santé, lui avaient donné la gaieté. [...] Il était italien, et il avait une insouciance, une amabilité, une facilité pour se plier aux difficultés sans se fâcher.

Hector Malot, *Sans Famille.*

Exercice

Complétez les mots suivants avec l'orthographe exacte.

1. Je reviendrai l'ann... prochaine. – **2.** La dict... est facile. – **3.** Marc aime se promener sur la jet... . – **4.** La chienne donne la tét... à ses petits. – **5.** Ils sont liés par une amiti... d'enfance. – **6.** J'ai eu une pens... émue pour toi. – **7.** Anna a réussi son contrôle avec une facilit... déconcertante.

RÈGLE 46

Les **noms féminins** se terminant par le son [**wa**] s'écrivent ***-oie*** avec un **« e »**.

→ **Une oie, une voie, une courroie.**

EXCEPTIONS : la croix, la foi, la fois, la loi, la noix, la paroi, la poix*, la voix.

RÈGLE 47

Les **noms masculins ou féminins** se terminant par le son [**yl**] s'écrivent ***-ule*** avec un « e ».

→ **Une pendule, le crépuscule, un globule, une libellule, une bascule.**

EXCEPTIONS : un calcul, un consul, un recul, la bulle, le tulle*.

RÈGLE 48

Les **noms féminins** se terminant par le son [**y**] et [**u**] s'écrivent ***-ule*** ou ***-ue***, avec un **« e »**.

→ **Une tortue, la boue, une massue, une statue.**

EXCEPTIONS : la bru*, la glu, la tribu, la vertu, la toux.

Exercices

1. Complétez le mot se terminant par [wa].

1. On dit des gens qui croient en Dieu qu'ils ont la f... . – **2.** La coquille d'une n... s'appelle la brou. – **3.** Alfred adore les rillettes d'o... . – **4.** La prochaine f..., je vous parlerai de l'*Odyssée*. – **5.** Vous ne pouvez voter avant dix-huit ans, c'est la l... . – **6.** Ta v... est très mélodieuse, c'est un plaisir de t'entendre chanter. – **7.** Ne prenez pas ce chemin, c'est une v... sans issue. – **8.** Comme ces draps sont doux, ils sont en s... ! – **9.** Faites les corvées dans la j... et la bonne humeur, elles paraîtront moins ennuyeuses !

2. Complétez par le mot se terminant par [yl].

1. Lorsque le soleil se couche et que la nuit arrive, c'est le c.... – **2.** Nous en avons des rouges et des blancs dans le sang : ce sont des g.... – **3.** Es-tu doué en c... mental ? – **4.** Pourquoi les enfants aiment-ils autant faire des b... avec leur chewing-gum ? – **5.** Cinq heures sonnèrent à la p... du salon. – **6.** J'ai acheté pour mon fils, dans une brocante, un vieux cheval à b....

3. Complétez le mot se terminant par [y] ou [u].

1. Dans le jardin public, s'élève une s... du général de Gaulle. – **2.** Une v... est le contraire d'un vice. – **3.** Ne rentre pas dans la maison ; il a plu et tes chaussures sont pleines de b... . – **4.** « Rien ne sert de courir, il faut partir à point » est la morale de la fable « Le Lièvre et la T... ». – **5.** Ce bébé a les j... toutes roses, il est en pleine santé. – **6.** La b... est, pour une mère, la femme de son fils. – **7.** J'habite au 18, a... de la République.

RÈGLE 49

Les **noms masculins ou féminins** se terminant par [**yr**] s'écrivent ***-ure*** avec un **« e »**.

→ **Une voiture, la nature, une teinture, la peinture, la chaussure.**

EXCEPTIONS : un azur*, un fémur*, le futur, le mur.

RÈGLE 50

Les **noms féminins** se terminant par le son [**wAR**] s'écrivent ***-oire*** avec un **« e »**.

→ **La mémoire, une histoire, la gloire, la victoire, la baignoire.**

RÈGLE 51

Les **noms féminins** se terminant par le son [**i**] s'écrivent ***-ie*** avec **« e »**.

→ **La pluie, la bougie, une acrobatie, la géographie, la plaisanterie.**

EXCEPTIONS : une abbaye, une brebis, une souris, une perdrix, une fourmi, la nuit.

Exercices

1. Complétez le mot se terminant par [yr].

1. Le tibia, le péroné et le f... sont des os de la jambe. – **2.** Les trois grandes époques sont le passé, le présent et le f.... – **3.** Cherche cette c..., tu ne vas pas aller pieds nus en classe ! – **4.** Pour protéger la n..., recyclons nos déchets ! – **5.** Les poètes appellent souvent le ciel l'a.... – **6.** La f... Éclair de mon blouson est cassée. – **7.** À la fin de l'été, on peut cueillir des m... sur les ronces. – **8.** Ce m... est trop haut, n'auriez-vous pas une échelle pour que je le franchisse ?

2. Écrivez le nom se terminant par [war] qui correspond à chacun des verbes suivants.

se baigner – se balancer – manger – mâcher – bouillir – nager – rôtir.

3. Pour chacun des mots suivants, trouvez un nom de la même famille se terminant par le son [i].

un bougeoir – plaisanter – philosophe – pleuvoir – un souriceau – un acrobate – une fourmilière – un abbé – un géographe – un perdreau – sonner.

4. Autres finales

RÈGLE 52

Les **mots** se terminant par les sons [**asjɔ̃**], [**isjɔ̃**], [**osjɔ̃**] [**ysjɔ̃**] se terminent par ***-tion*** pour faire le son « s ».

→ **Opération, apparition, émotion, solution.**

EXCEPTIONS : passion, compassion, mission, scission, fission*, discussion, concussion*, répercussion, omission, percussion.

RÈGLE 53 Les **mots** se terminant par [esjɔ̃] s'écrivent ***-ession*** pour faire le son **« s »**.

➜ **Pression, progression, obsession.**

EXCEPTIONS : les noms dérivés des adjectifs se terminant par « -et » (discret → discrétion).

Exercice

Trouvez le nom dérivé de chacun des verbes suivants.

Discuter – émouvoir – paraître – presser – progresser – répercuter – opérer – omettre – condamner – perdre – compatir – excepter.

RÈGLE 54 • **Les adverbes en *-ment*** sont formés sur le féminin de l'adjectif auquel on ajoute le suffixe ***-ment***.

➜ **Vif → vive → vivement.**

• **Les adjectifs en *-ant*** forment des adverbes qui se terminent en ***-amment***.

Les adjectifs en *-ent* forment des adverbes qui se terminent en ***-emment***.

➜ **Méchant → méchamment. Violent → violemment – savamment*, constamment, évidemment, couramment, prudemment.**

EXCEPTIONS : lent → lentement – présent → présentement – véhément* → véhémentement.

• Les adjectifs qui se terminent par **« -ai », « -é », « -i », « -u »** et qui prennent un « -e » au féminin forment leurs adverbes sur le **masculin**.

➜ **Infini → infiniment, sacré → sacrément.**

EXCEPTIONS :

• Certains adverbes en ***-ument*** prennent un accent circonflexe sur le **« u »** : *assidûment, continûment, crûment, goulûment, congrûment, incongrûment, dûment, indûment…*

• Certains adverbes prennent un **accent aigu sur le « e »** final de l'adjectif **au féminin** : *assurément, commodément, communément, confusément, énormément, expressément, immensément, intensément, obscurément, précisément, profondément, uniformément…*

ATTENTION : gentil → gentiment – gai → gaiement ou gaîment.

Exercice

Complétez la phrase avec l'adverbe formé sur l'adjectif entre parenthèses.

1. Ne ferme pas la porte si (violent). – **2.** Il prépare (actif) son oral. – **3.** Il arrivera (certain) demain. – **4.** Parles-tu (courant) espagnol ? – **5.** Le lièvre avance (lent). – **6.** Parle-moi (poli). – **7.** Conduis (prudent). – **8.** Je suis (profond) touchée par ta gentillesse. – **9.** Pourquoi parles-tu si (méchant) à ton frère ? – **10.** As-tu (vrai) compris ?

RÈGLE 55 Les **noms** se terminant par le son [œʀ] s'écrivent ***-eur*** **sans « e »**, même s'ils sont féminins.

➜ **Le coiffeur, la peur, une lueur, un docteur.**

EXCEPTIONS : le beurre, la demeure, une heure, un leurre*, un heurt*.

Exercices

1. Trouvez le nom dérivé des adjectifs suivants.

blanc – laid – doux – lourd – splendide – roux – furieux – épais – rigoureux.

2. Complétez le nom se terminant par le son [œʀ].

1. Tu préfères du b... ou de la crème fraîche dans tes pâtes ? – **2.** Juliette a de la fièvre, j'appelle le d.... – **3.** Mon cours de judo ne dure exceptionnellement qu'une h.... – **4.** J'ai très envie de me faire faire des mèches rouges : je vais aller chez le c.... – **5.** À la pêche, on utilise un l... que le poisson prendra pour de la nourriture. – **6.** Ils ont p... d'échouer à leur examen.

RÈGLE 56

Les **noms masculins** se terminant par le son [**waʀ**] s'écrivent ***-oir*** sans « e ».

→ **Un entonnoir, un loir, dortoir, un hachoir.**

EXCEPTIONS : un laboratoire, le territoire, un pourboire, un accessoire, le conservatoire, le répertoire, le réfectoire, un square.

RÈGLE 57

Les **verbes** dont l'infinitif se termine par le son [**waʀ**] s'écrivent ***-oir***.

→ **Savoir, devoir, recevoir, pouvoir.**

EXCEPTIONS : boire, croire.

RÈGLE 58

Les **noms masculins** se terminant par le son [**aʀ**], sauf ceux qui se terminent par [**waʀ**], s'écrivent ***-ard***.

→ **Un renard, un cafard, le retard, le hasard.**

EXCEPTIONS : le bazar, le cauchemar, le hangar, le départ, un écart, le phare.

Exercices

1. Écrivez le nom qui se termine par le son [war] et qui correspond au verbe.

se raser – hacher – se moucher – se sécher – dormir – retarder – conserver.

2. Donnez l'infinitif des verbes conjugués.

Je bois – Tu dois – Il peut – Nous savons – Vous recevez – Ils croient – J'avais – Il pleuvra.

3. Complétez les mots par « e », « d », « t » ou n'ajoutez rien !

1. Une glace s'appelle aussi un miroir.... – **2.** Robin prend toutes les semaines un cours de guitare au conservatoir.... **3.** Le professeur d'anglais nous a demandé d'acheter un répertoir... pour inscrire, par ordre alphabétique, les mots, au fur et à mesure que nous les apprenons. – **4.** Cette nuit, mon frère a fait un horrible cauchemar... et s'est réveillé en hurlant de peur ! – **5.** Le renar... est un animal connu pour chasser les poules et être très rusé. – **6.** Ne sois pas en retar..., le spectacle commence à 20 h précises. – **7.** Nous avons croisé par hasar... nos cousins. – **8.** Il faut aimer la solitude et la mer pour être gardien de phar.... – **9.** Le 1er août est un jour de grand dépar... ; il risque d'y avoir de terribles embouteillages !

RÈGLE 59

Les **verbes** terminés par le son [-ɑ̃**dʀ**] s'écrivent ***-endre***.

→ **Vendre, apprendre, entendre, attendre.**

EXCEPTIONS : épandre*, répandre.

RÈGLE 60

Les mots terminés par le son [ɑ̃**s**], s'écrivent ***-ence*** ou ***-ance***, **avec un « c »** pour faire le son [**s**].

→ **Élégance, différence, violence, vacances, permanence, insistance, distance, importance.**

EXCEPTIONS : l'anse, la danse, une ganse*, la panse*, une transe ; la défense, dense, la dépense, la dispense, immense, intense, une offense, une récompense, et les mots de la même famille.

Exercices

1. Trouvez l'antonyme (le contraire) des verbes suivants. Un indice : ils se terminent tous par le son [ɑ̃dʀ].

acheter – se mettre debout – attaquer – monter – se contracter.

2. Trouvez le nom de la même famille que le mot qui vous est donné. Un indice : il se termine par le son [ɑ̃s].

insister – récompenser – danser – dépenser – différencier – défendre – importer – offenser – dispenser – distancier.

RÈGLE 61

Les **noms masculins** se terminant **par le son [e]** s'écrivent le plus souvent ***-er***.

→ **Le boucher, le quartier, le panier, le baiser, le toucher.**

EXCEPTIONS :

• **Les noms issus de verbes s'écrivent « é » :**

inviter → un invité – employer → un employé.

• **Un certain nombre de noms se termine par « é » :**

le canapé, le marché, le café, le thé, le fossé, le fourré, le pré, le pâté.

• **Un certain nombre de noms se termine par « ée » :**

un lycée*, un musée, un scarabée, un trophée, *et aussi :* un apogée*, un athée*, un athénée*, un caducée*, un camée*, un coryphée*, un empyrée*, un gynécée*, un hyménée*, un hypogée, un mausolée*, un périgée*, un prytanée*, un pygmée*.

• **Le mot « nez »**

Exercices

1. Trouvez au moins six noms de métiers qui se terminent par « er ».
2. Trouvez au moins six noms d'arbres qui se terminent par « er ».
3. Complétez le nom masculin se terminant par « é », « er » ou « ée ».

1. Dimanche, nous sommes allés au m... pour acheter des fruits, des légumes, du beurre et du fromage. – **2.** Les bateaux sont construits dans un c... naval. – **3.** Après ma 3e, je rentrerai au l.... – **4.** Ton petit frère a fait un très joli p... de sable, mais il l'a détruit immédiatement ! – **5.** Nous sommes allés au m... avec notre classe pour découvrir des statues de l'Antiquité. – **6.** Baptiste, je t'offre le déjeuner au restaurant, tu es mon i....

RÈGLE 62

Les **verbes** dont l'infinitif se termine par ***-eler*** ou ***-eter*** se classent en deux catégories.

• Certains verbes, comme ***appeler*** ou ***jeter***, tout au long de leur conjugaison, **doublent le « l » ou le « t »** quand on entend **le son « è » devant le « l » ou le « t »**. Quand on entend **le son « e »**, ils ne prennent **qu'un « l » ou qu'un « t »**.

→ **J'appelle** ***mais*** **Nous appelons**
Tu jettes ***mais*** **Nous jetons.**

• Certains verbes comme ***acheter*** ou ***geler***, tout au long de leur conjugaison, **prennent un accent grave** sur le « e » qui précède le « t » ou le « l », quand on entend le son « è » devant le « l » ou le « t ». Quand on entend **le son « e »** ils ne prennent qu'un « l » ou qu'un « t ».

→ **J'achète *mais* Nous achetons. – Je gèle *mais* Nous gelons.**

Voici la liste de ces verbes :

Verbes en *-eler* : celer* (et ses composés : déceler, receler), ciseler*, déceler*, démanteler*, écarteler*, geler (et ses composés comme surgeler...), harceler*, marteler, modeler, peler.

Verbes en *-eter* : acheter, racheter, corseter*, crocheter*, fureter*, haleter*.

Exercices

1. Conjuguez au présent de l'indicatif le verbe *acheter* et le verbe *jeter*. Puis le verbe *appeler* et le verbe *geler*.

2. Conjuguez à l'impératif présent de l'indicatif le verbe *haleter* et le verbe *projeter*. Puis le verbe *ensorceler* et le verbe *peler*.

3. Imaginez huit phrases où vous emploierez chacun de ces verbes au temps et à la personne de votre choix, différents de ceux des exercices 1 et 2.

MÉMOS

→ Les mots invariables

MÉMO 1

Principaux mots invariables se terminant par un « s »

ailleurs, alors, après, au-dessous, au-dessus, auprès, autrefois, certes, dans, dedans, dehors, depuis, désormais, dessous, dessus, envers, exprès, hors, jadis, jamais, longtemps, lors, mais, moins, néanmoins, par-dessus, plus, plusieurs, près, puis, sans, sous, tant pis, toujours, toutefois, à travers, très, vers, volontiers.

MÉMO 2

Principaux mots invariables se terminant par « t »

auparavant, aussitôt, autant, avant, bientôt, cependant, debout, devant, dorénavant*, durant, en effet, maintenant, nulle part, pendant, pourtant, tant, tantôt, tôt.

MÉMO 3

Principaux mots invariables se terminant par une voyelle

ainsi, aujourd'hui, aussi, ensuite, grâce à, guère, ici, lorsque, malgré, même, naguère, ni, ou, parmi, peu, puisque, quand même, quoi, quoique, si, vite, voire*.

MÉMO 4

Principaux mots invariables se terminant par une autre lettre

à l'égard de, assez, beaucoup, car, chez, combien, d'abord, demain, donc, enfin, environ, hier, loin, mieux, quand, selon, trop.

Dictée

Depuis plusieurs semaines, Marc captait des signaux représentant une certaine logique. Auraient-ils enfin la preuve de ce qu'ils avançaient depuis longtemps ? [...] Grâce aux travaux d'Aurore, sa compagne, on pouvait capter des signaux en provenance du passé, enregistrer des ondes diffusées des millions d'années auparavant.

Grégoire Horveno, *L'Appel du fond des temps*, © Flammarion, « Castor Poche », 1997.

→ Les homophones

MÉMO 5

[kɔ̃t]

■ **Conte :** *histoire merveilleuse*

→ Les enfants aiment qu'on leur lise des contes, comme *Cendrillon*.

■ **Compte :** *fait de compter, calcul*

→ À la fin de chaque mois, mes parents font leurs comptes.

■ **Compte :** *forme du verbe* compter

→ Ne compte pas sur tes doigts, à ton âge !

Attention : Beaucoup de formes du verbe *compter* sont homophones : « Je compte – Il compte – Que je compte – Qu'il compte – Tu comptes – Que tu comptes – Ils comptent – Qu'ils comptent ».

■ **Comte :** *titre de noblesse*

→ **Sous l'Ancien Régime, il existait différents titres de noblesse, qui sont, par ordre décroissant d'importance : le prince, le duc, le marquis, le comte, le vicomte, le baron et le chevalier.**

Exercice

Employez chacun des homophones de [kɔ̃t] dans une phrase qui mettra en évidence son sens.

MÉMO 6

[kuʀ]

■ **Court :** *antonyme de* long

→ **Matthieu a beaucoup grandi, son pantalon est devenu trop court.**

■ **Court :** *forme du verbe* courir.

→ **Le lion court après la gazelle.**

Attention : Beaucoup de formes du verbe *courir* sont homophones.
« Cours ! », « Je cours », « Tu cours » ; « Que je coure », « Qu'il coure » ; « Que tu coures » ; « Ils courent », « Qu'ils courent ».

■ **Court :** *terrain aménagé pour jouer au tennis.*

→ **Peux-tu m'apporter ma raquette de tennis sur le court n°1 ?**

■ **Cours :** *écoulement continu de l'eau.*

→ **Les enfants ont construit un immense barrage, si bien qu'ils sont parvenus à détourner le cours de la rivière.**

■ **Cours :** *enseignement suivi.*

→ **Marine n'est pas venue en cours de français ce matin car elle était malade.**

■ **Cours :** *dans l'expression « n'a plus cours », signifie « n'est plus utilisé ».*

→ **Le franc n'a plus cours, il a été remplacé par l'euro.**

■ **Cours :** *dans l'expression « en cours » de signifie « pendant ».*

→ **Nous nous arrêterons en cours de route pour boire un café.**

■ **Cour :** *espace découvert dépendant d'une habitation.*

→ **Au printemps, on a planté de nouveaux arbres dans la cour de récréation.**

■ **Cour :** *entourage du souverain.*

→ **Louis XIV et sa cour se sont installés à Versailles.**

■ **Cour :** *dans l'expression « faire la cour », signifie « chercher à séduire de façon élégante ».*

→ **Mon père a fait la cour à ma mère pendant plusieurs mois avant de la demander en mariage.**

■ **Courre :** *dans l'expression « chasse à courre », il s'agit d'un type de chasse.*

→ **La chasse à courre consiste à poursuivre un animal à cheval et avec des chiens.**

Exercice

Complétez les phrases suivantes avec l'orthographe de [kur] qui convient.

1. Ce matin, nous nous sommes tous retrouvés dans la ... de récréation, attendant avec impatience de connaître nos nouvelles classes et notre emploi du temps. – **2.** Le ... de français a débuté un peu en retard. – **3.** Le principal ne veut pas que l'on ... dans les couloirs. – **4.** Au ... du premier trimestre, nous irons trois fois au théâtre. – **5.** En histoire, le professeur nous a expliqué qu'à la ... de Louis XIV, seuls les personnages les plus nobles avaient le droit de s'asseoir en présence du roi. – **6.** Le ... de tennis sera libre demain à 14 heures. – **7.** Comme tu as grandi, ton pantalon est beaucoup trop ... ! – **8.** « Faire la ... à quelqu'un » est une expression d'un autre temps ! – **9.** La chasse à ... est considérée par certains comme la plus belle des chasses et par d'autres comme une chasse cruelle !

MÉMO 7

[mɛ] ou [me]

■ **Mais :** *cependant, pourtant.*

→ **Hélène mange beaucoup mais elle ne prend pas un gramme ! Quelle chance !**

■ **Mai :** *mois de l'année.*

→ **Le 1er mai, on offre un brin de muguet porte-bonheur aux gens qu'on aime.**

■ **Mets :** *aliments, plats.*

→ **Ta grand-mère nous a régalés de mets délicieux au dîner.**

■ **Mets :** *forme du verbe* mettre.

→ **Tu mets toujours trop de temps à te préparer !**

ATTENTION

Plusieurs formes du verbe *mettre* sont homophones : « Je mets le couvert. », « Il met la table. », « Mets tes bottes ! ».

■ **Mes :** *déterminant possessif.*

→ **Ce sont mes affaires, pas les tiennes.**

■ **M'est :** *pronom personnel et verbe* être

→ **Il m'est agréable de constater que mes leçons ont porté leurs fruits.**

■ **Maie :** *sorte de buffet.*

→ **Ma grand-mère a rangé le pain dans la maie.**

Exercice

Composez un petit poème dans lequel vous utiliserez, à la rime, au moins quatre homophones de [mɛ] ou [me].

MÉMO 8

[pø]

■ **Peu :** *pas beaucoup.*

→ **J'ai trop peu dormi, je suis fatigué(e).**

■ **Peux :** *forme du verbe* pouvoir.

→ **Je t'assure, je peux y arriver, avec de l'entraînement !**

ATTENTION

Plusieurs formes du verbe *mettre* sont homophones.

« Tu peux le faire. », « Il peut y aller. »

Peuh : *interjection marquant le dédain, le mépris, l'indifférence.*
→ **Peuh, tu ne pourras jamais faire cette attraction, tu n'as même pas dix ans !**

MÉMO 9

[prɛ] ou [pre]

Pré : *étendue d'herbe à la campagne.*
→ **Un agneau est né cette nuit dans le pré derrière la maison.**

Près : *à proximité.*
→ **Il est trop près de la cage, les animaux peuvent le mordre.**

Prêt : *capable, disposé, en état, décidé.*
→ **Es-tu prêt à tout pour me faire plaisir ?**

Prêt : *chose, somme d'argent prêtée.*
→ **Pour devenir propriétaires de leur voiture, mes parents ont demandé un prêt à la banque.**

Exercice

Complétez les phrases suivantes avec l'orthographe de [pø], de [prɛ] ou de [pre] qui convient.

1. J'habite tout ... de chez toi. – **2.** Mon fils est ... pour partir à l'école. – **3.** Nous menons les vaches au .... – **4.** Le ... de livres, à la médiathèque, nécessite une inscription à l'année. – **5.** ...-il me retrouver ? – **6.** ...-tu me rejoindre ? – **7.** Tu as ... de risques de te faire mal. – **8.** ..., tu es bien trop petit pour m'impressionner, mange de la soupe !

MÉMO 10

[sɑ̃]

Sans : *privé de.*
→ **L'homme ne peut pas vivre sans nourriture.**

Sang : *liquide rouge qui coule dans les veines et les artères.*
→ **Le vampire se nourrit du sang de ses victimes.**

S'en : *pronom personnel réfléchi et pronom adverbial.*
→ **Michaël ne s'en fait pas pour ses examens, il sait qu'il a bien travaillé.**

Sent : *forme du verbe* sentir.
→ **Le malfaiteur ne sent pas qu'il est suivi par la police.**

Attention
Plusieurs formes du verbe *sentir* sont homophones : « Tu sens bon. », « Je sens que je vais gagner. », « Sens cette rose ! »

Cent : *nombre.*
→ **Une personne qui atteint l'âge de cent ans est appelée centenaire.**

MÉMO 11

[tɑ̃]

Temps : *durée, époque, moment, état de l'atmosphère.*
→ **Le temps s'est rafraîchi.**

Tant : *aussi longtemps que.*
→ **Tant qu'on utilisera des gaz à effet de serre, le trou de la couche d'ozone s'amplifiera.**

■ **T'en :** *pronom personnel et pronom adverbial.*

➜ **Je t'en supplie, ne t'en vas pas maintenant !**

■ **Taon :** *insecte qui ressemble à une mouche, dont les piqûres sont douloureuses.*

➜ **Le petit Luc pleure car il s'est fait piquer par un taon.**

■ **Tend :** *forme du verbe* tendre.

➜ **Le funambule tend son fil entre deux immeubles.**

ATTENTION

Plusieurs formes du verbe *tendre* sont homophones :
« Je tends la main. », « Tu tends la chaîne. », « Tends ton bras ! »

Exercice

Complétez les phrases suivantes avec l'orthographe de [sɑ̃] ou de [tɑ̃] qui convient.

1. Je ... prie, fais attention à toi ! – **2.** ...-moi la main pour que je traverse ce ruisseau. – **3.** ... que ma santé me le permettra, je ferai du sport ! – **4.** La piqûre du ... peut être douloureuse. – **5.** Le ... devrait s'améliorer dans les jours à venir. – **6.** Ça ... bon le printemps ! – **7.** Je suis partie ... mon sac ! – **8.** Le ... coulait de sa plaie. – **9.** Il ... va trop tôt ! – **10.** Ce téléphone coûte ... euros.

MÉMO 12

[vɛʀ]

■ **Ver :** *petit animal allongé, dépourvu de pattes.*

➜ **Marine a trouvé un ver dans sa pomme.**

■ **Vers :** *ensemble de mots qui, en poésie, débute par une majuscule et à la fin duquel on va à la ligne.*

➜ **Une strophe de quatre vers s'appelle un quatrain.**

■ **Vers :** *en direction de.*

➜ **Sébastien se dirige vers la grande place.**

■ **Verre :** *matière transparente, dure et cassante ; objet fait de verre.*

➜ **Le verre est une matière facilement recyclable.**

■ **Vert :** *couleur intermédiaire entre le bleu et le jaune.*

➜ **Au printemps, le feuillage des arbres redevient vert.**

■ **Vair :** *fourrure.*

➜ **Cendrillon porte des pantoufles de vair.**

Dictée

Il y a le vert du cerfeuil
Et il y a le ver de terre.
Il y a l'endroit et l'envers,
L'amoureux qui écrit en vers,
Le verre d'eau plein de lumière,
La fine pantoufle de vair
Et il y a moi, tête en l'air
Qui dit toujours tout de travers.

Maurice Carême, *À l'ami Carême*, © Fondation Maurice Carême.

Les lettres initiales

MÉMO 13 **Principaux mots commençant par « h- ».**

habile, habit, habiter, habitude, hache, hagard*, haie*, haillon*, haine, haleine, haleter, hall*, hallucinant, halo*, halte, haltère, hamac, hameçon, hamster, handicap*, hangar, hanneton, hanter*, happer*, harassé*, harceler, hardi*, hareng*, haricot, harmonica, harmonie, harnais*, hasard, se hâter*, haut, hebdomadaire, hébergement, hébreu, hectare, hein, hélas, héler* - hélice, hélicoptère, hématome, hémisphère, hémorragie, hennir* - hépatite* -herbe, hérédité, hérisson, héritage, hermétique*, héron*, héros, hésitation, hétérogène*, heure, heurter, hexagone, hibou, hideux*, hier, hiéroglyphe*, hilarant*, hindou, hippodrome, hippopotame, hirondelle, hisser*, histoire, hiver, hollandais, homéopathie*, homérique*, hommage, homme, homogène*, homologuer*, homonyme*, honnête, honneur, honoraires*, honte, hôpital, hoquet, horizon, horloge, horoscope, horreur, hors*, hortensia*, hospice, hospitalité, hostile*, hôtel, hotte*, houle*, hourra, housse, houx, hublot, huile, huissier*, huit, huître, humain, humblement* - humer*, humeur, humide, humilier, humour, hurlement, hutte, hyacinthe, hydratation*, hyène*, hygiène, hymne, hypermarché, hypnotiser, hypocrite, hypothèse, hystérie, et tous les mots de la même famille.

Exercice

Pour chacun des mots suivants, trouvez un mot de la même famille. Puis choisissez-en quatre dans la liste initiale que vous emploierez dans des phrases qui mettent leur sens en évidence.

habile – habiter – habitude – hache – haine – hallucinant – handicap* – harmonie – haut – hébergement – herbe – hérédité – héros – hésitation – heure – hexagone – histoire – hiver – hollandais – honnête – honneur – honte – hôpital – horloge – horreur – humide – humilier – humour – hydratation* – hypocrite.

MÉMO 14 **Principaux mots commençant par « sc- ».**

sceau, scélérat*, scénario, scène, sceptique*, sceptre, sciatique*, scie, science, scinder*, scintiller, et tous les mots de la même famille.

Exercice

Trouvez un mot de la même famille que chacun des mots suivants.

scénario – scène – scie – science – scintiller.

MÉMO 15 **Principaux mots commençant par « ph- ».**

phalange*, pharaon, pharynx*, phénix*, phénomène, philanthrope*, philosophe*, phonétique*, phosphore*, phrase, physionomie*, physique.

Exercices

1.Cherchez la définition de chacun des mots suivants.

phénomène – philosophe* – phonétique* – physique.

2. Employez-les chacun dans une phrase.

3. Trouvez un mot de la même famille que chacun d'entre eux.

MÉMO 16

Principaux mots commençant par « th- ».

Thaïlande, thalassothérapie*, thé, théâtre, thème, théologie*, théorie*, thérapeute*, thermes*, thermomètre, thèse, thon, thorax, thym, thyroïde*.

Exercice

Trouvez un mot de la même famille que chacun des mots suivants et employez-le dans une phrase qui mettra son sens en évidence.

théâtre – thème – théorie – thérapeute – thermomètre.

→ Les lettres intercalées et finales

MÉMO 17

Principaux mots qui ont un « -p- » intercalé que l'on n'entend pas.

Famille 1 : baptême – baptiser.
Famille 2 : acompte* – comptable – compte – compter – comptoir – décompte* – escompte* – escompter*.
Famille 3 : dompter – dompteur – indomptable.
Famille 4 : exempt* – exempter*.
Famille 5 : prompt* – promptement* – promptitude*.
Famille 6 : sculpter – sculpteur – sculpture.
Famille 7 : sept – septième – septièmement.

Exercice

Pour chaque famille de mots, inventez une phrase qui contiendra l'un des mots de cette famille.

MÉMO 18

Principaux mots qui ont un « -e- » intercalé que l'on n'entend pas.
Ils proviennent de verbes se terminant par ***-ier, -ouer, -uer, -yer.***

Aboyer → aboiement
Bégayer → bégaiement*
Déblayer → déblaiement*
Dénuer → dénuement*
Se dévouer → dévouement
Éternuer → éternuement
Manier → maniement*
Payer → paiement
Rapatrier → rapatriement*
Tuer → tuerie
Balbutier → balbutiement
Chatoyer → chatoiement*
Dénouer → dénouement*
Déployer → déploiement*
S'enrouer → enrouement*
Flamboyer → flamboiement
Nettoyer → nettoiement
Rallier → ralliement*
Remercier → remerciement

EXCEPTION : Châtier → châtiment

Exercice

Complétez les phrases suivantes avec le mot qui convient, pris dans la liste ci-dessus.

1. Mon frère souffre de ... mais l'orthophoniste l'aide à progresser. – **2.** Le ... de cette pièce est heureux, puisqu'il s'agit d'une comédie. – **3.** Le ... de votre lave-linge peut s'effectuer en quatre fois sans frais. – **4.** Le ... des personnes qui s'occupent des « Restos du Cœur » est exemplaire. – **5.** Ce chien a un ... insupportable ! – **6.** Le ... des rescapés s'effectuera dans la soirée. – **7.** Le ... des sans-abri fait peine à voir.

MÉMO 19

Principaux mots qui ont un « -h- » intercalé.

• Le plus souvent, la lettre « h » à l'intérieur d'un mot est la lettre initiale d'un mot commençant par « h », précédé d'un préfixe.

➜ **déshonneur vient de dés + honneur.**

annihiler*, bonheur, bonhomme, dahlia*, exhaler*, exhiber*, exhorter, gentilhomme, inhabité, inhabituel, inhibé*, inhospitalier, inhumain, malhabile, malheur, malhonnête, menhir, posthume*, préhistoire, prohibition*, réhabiliter*, rhume, silhouette, transhumance*.

• Dans d'autres cas, la lettre « h » permet de séparer deux voyelles qui, sinon, se prononceraient en un seul son.

ahuri, appréhension*, bohême*, cahot*, cahute, cohérent, cohorte*, cohue*, déhancher, ébahi, envahi, incompréhensible, méhari*, répréhensible*, trahison, véhément*, véhicule.

Exercices

1. Pour chacun des mots suivants, isolez le préfixe. Puis trouvez un mot de la même famille et employez-le dans une phrase qui mettra son sens en évidence.

inhospitalier – malhonnête – inhumain – préhistoire – inhabituel.

2. Trouvez un nom de la même famille que les verbes suivants.

s'enrhumer – trahir – envahir – appréhender – véhiculer.

MÉMO 20

Principaux mots qui ont la graphie « -ph- » à l'intérieur du mot.

amphibie, amphore, aphone*, apostrophe, asphalte*, asphyxie, atmosphère, autographe, bibliophile*, blasphème*, catastrophe, Christophe*, dauphin, diaphragme*, diphtérie*, éphémère*, géographie, graphisme, hémisphère, microphone, nénuphar, œsophage, paragraphe, périphérie, prophète, saphir*, sarcophage, scaphandre*, sémaphore*, siphon*, strophe, symphonie, triomphe, typhon*, typographie*, zéphyr*.

Exercices

1. Trouvez un adjectif de la même famille que chacun des mots suivants.

atmosphère – géographie – catastrophe – triomphe – graphisme – symphonie – hémisphère – prophétie – périphérie.

2. Sachant que le suffixe *-phile* signifie « celui qui aime », et que le suffixe *-phobe* signifie « celui qui déteste », trouvez deux mots qui contiennent le suffixe *-phile* et deux mots qui contiennent le suffixe *-phobe*, puis employez-les dans des phrases qui éclaireront leur sens.

MÉMO 21

Principaux mots qui ont la graphie « -th- » à l'intérieur du mot.

antipathie*, arithmétique, athée*, authentique*, bibliothèque, épithète, esthétique*, hypothèse, kinésithérapie, mathématiques, méthode, mythe*, orthographe, rythme, sympathique, zénith*.

Exercice

Choisissez quatre mots dans la liste précédente et inventez quatre phrases qui feront apparaître clairement leur sens.

MÉMO 22

Principaux mots qui ont la graphie « -y- » à l'intérieur du mot ou à l'initiale.

- **Y se prononce [i]**

analyse, baryton*, bicyclette, cycle, cyclone, cygne, cynique*, étymologie*, hydre*, hydraulique, hypermarché, mystique*, myrtille, mythe, nylon, paralyser, pays, paysage, paysan, psychique*, psychologie, pylône, rythme, style, stylo, syllabe, symétrie, synagogue, synonyme, système, type, typique, tyran, tyrannosaure, xylophone, zéphyr*.

- **Y se prononce [j]**

Balayer, boyau*, bruyère, citoyen, crayonner, écuyer, effrayer, foyer, gruyère, layette, loyer, mitoyen*, moyen, moyeu*, se noyer, noyau, payer, plaidoyer*, rayonner, tuyau, voyager, voyelle, yacht, yaourt, yeux, yoga, yo-yo.

- **Yn ou Ym se prononce [ɛ̃]**

symbole, sympathie, symphonie, symptôme, synchroniser, syndicat, syntaxe, synthèse, tympan.

Exercices

1. Trouvez un adjectif de la même famille que chacun des mots suivants.

symbole – rythme – sympathie – synthèse.

2. Trouvez un nom de la même famille que les verbes suivants qui se termine par [aʒ] [ad] ou [œʀ].

balayer – crayonner – rayonner – voyager – se noyer – effrayer.

3. Inventez un court poème où vous emploierez le plus possible de mots contenant « y ».

MÉMO 23

Principaux mots qui ont la graphie « -z- » à l'intérieur du mot, en initiale ou en finale.

- **À l'intérieur du mot**

alizé, amazone*, azote*, azur, bazar, bizarre, bonze*, bronze, colza*, dizaine, eczéma, gaz, gaze*, gazelle, gazette, gazon, gazouiller, horizon, lézard, lézarde*, luzerne*, mélèze*, onze, quartz, rizière, seize, topaze*, trapèze, treize.

- **À l'initiale**

zèbre, zèle*, zénith*, zéphyr*, zéro, zeste*, zibeline*, zigzag, zinc*, zodiaque, zone, zouave*.

- **En finale**

Assez, chez, nez, raz-de-marée, rez-de-chaussée, riz.

Dictée

Cherchez le Z

Un jour, la lettre Z
quitta l'azur, quitta le nez,
quitta Zanzibar* et Zoé,
quitta le zébu et le zèbre,

la Zibeline* et le zinnia*,
quitta le zinc*, le zigoma*,
quitta la zone et le zona*,
quitta le zoo et le zouave*,
quitta le Zambèze* et Zorro,
quitta le zig, quitta le zag,
quitta zizi, quitta Zouzou
et disparut on ne sait où !
Plus de z ! C'était très dur :

En levant le ne❑ vers l'a❑ur,
quand on allait à ❑an❑ibar,
on voyait un grand ciel ❑ébré
d'horribles éclairs en ❑ig- ❑ag.
Les ❑ibelines du ❑oo
Allaient boire dans le ❑ambè❑e.
Impossible d'avoir ❑éro
faute de toutes ses dictées.
Alors, ❑orro tout ❑é❑ayant,
alors ❑i❑i, alors ❑ou❑ou,
s'en sont allés chercher le❑.
Ils ont fini par le trouver
entre ❑an❑ibar et Bé❑iers,
Vera Cru❑ et Saint-Jean de Lu❑,
dans la ❑one où sont les ❑ébus.

Et depuis le z est là,
le nez a retrouvé son bout,
Zizi s'amuse avec Zouzou
dans un jardin de zinnias,
tous les zébus sont au zoo,
et les zouaves au pont de l'Alma.
Et dans l'air, le fouet de zorro
écrit encore des zéros.

Pierre Gamarra, *Mon premier livre de poèmes pour rire*, Éditions ouvrières.

Conjugaison

	INDICATIF				CONDITIONNEL
TEMPS SIMPLES	**Présent**	**Imparfait**	**Passé simple**	**Futur simple**	**Présent**
	Je suis	J'étais	Je fus	Je serai	Je serais
	Tu es	Tu étais	Tu fus	Tu seras	Tu serais
	Il (elle) est	Il (elle) était	Il (elle) fut	Il (elle) sera	Il (elle) serait
	Nous sommes	Nous étions	Nous fûmes	Nous serons	Nous serions
	Vous êtes	Vous étiez	Vous fûtes	Vous serez	Vous seriez
	Ils (elles) sont	Ils (elles) étaient	Ils (elles) furent	Ils (elles) seront	Ils (elles) seraient
TEMPS COMPOSÉS	**Passé composé**	**Plus-que-parfait**	**Passé antérieur**	**Futur antérieur**	**Passé**
	J'ai été	J'avais été	J'eus été	J'aurai été	J'aurais été
	Tu as été	Tu avais été	Tu eus été	Tu auras été	Tu aurais été
	Il (elle) a été	Il (elle) avait été	Il (elle) eut été	Il (elle) aura été	Il (elle) aurait été
	Nous avons été	Nous avions été	Nous eûmes été	Nous aurons été	Nous aurions été
	Vous avez été	Vous aviez été	Vous eûtes été	Vous aurez été	Vous auriez été
	Ils (elles) ont été	Ils (elles) avaient été	Ils (elles) eurent été	Ils (elles) auront été	Ils (elles) auraient été

SUBJONCTIF				IMPÉRATIF	INFINITIF	PARTICIPE
TEMPS SIMPLE	**Présent**	TEMPS COMPOSÉ	**Passé**	**Présent**	**Présent**	**Présent**
	Que je sois		Que j'aie été	Sois, soyons, soyez	Être	Étant
	Que tu sois		Que tu aies été			
	Qu'il (elle) soit		Qu'il (elle) ait été	**Passé**	**Passé**	**Passé**
	Que nous soyons		Que nous ayons été			
	Que vous soyez		Que vous ayez été	Aie été, ayons été, ayez été	Avoir été	Été, ayant été
	Qu'ils (elles) soient		Qu'ils (elles) aient été			

→ Avoir

	INDICATIF				CONDITIONNEL
TEMPS SIMPLES	**Présent**	**Imparfait**	**Passé simple**	**Futur simple**	**Présent**
	J'ai	J'avais	J'eus	J'aurai	J'aurais
	Tu as	Tu avais	Tu eus	Tu auras	Tu aurais
	Il (elle) a	Il (elle) avait	Il (elle) eut	Il (elle) aura	Il (elle) aurait
	Nous avons	Nous avions	Nous eûmes	Nous aurons	Nous aurions
	Vous avez	Vous aviez	Vous eûtes	Vous aurez	Vous auriez
	Ils (elles) ont	Ils (elles) avaient	Ils (elles) eurent	Ils (elles) auront	Ils (elles) auraient
TEMPS COMPOSÉS	**Passé composé**	**Plus-que-parfait**	**Passé antérieur**	**Futur antérieur**	**Passé**
	J'ai eu	J'avais eu	J'eus eu	J'aurai eu	J'aurais eu
	Tu as eu	Tu avais eu	Tu eus eu	Tu auras eu	Tu aurais eu
	Il (elle) a eu	Il (elle) avait eu	Il (elle) eut eu	Il (elle) aura eu	Il (elle) aurait eu
	Nous avons eu	Nous avions eu	Nous eûmes eu	Nous aurons eu	Nous aurions eu
	Vous avez eu	Vous aviez eu	Vous eûtes eu	Vous aurez eu	Vous auriez eu
	Ils (elles) ont eu	Ils (elles) avaient eu	Ils (elles) eurent eu	Ils (elles) auront eu	Ils (elles) auraient eu

SUBJONCTIF				IMPÉRATIF	INFINITIF	PARTICIPE
TEMPS SIMPLE	**Présent**	TEMPS COMPOSÉ	**Passé**	**Présent**	**Présent**	**Présent**
	Que j'aie		Que j'aie eu	Aie, ayons, ayez	Avoir	Ayant
	Que tu aies		Que tu aies eu			
	Qu'il (elle) ait		Qu'il (elle) ait eu	**Passé**	**Passé**	**Passé**
	Que nous ayons		Que nous ayons eu			
	Que vous ayez		Que vous ayez eu	Aie eu, ayons eu, ayez eu	Avoir eu	Eu(e), ayant eu
	Qu'ils (elles) aient		Qu'ils (elles) aient eu			

→ Chanter (1er groupe)

	INDICATIF				CONDITIONNEL
TEMPS SIMPLES	**Présent**	**Imparfait**	**Passé simple**	**Futur simple**	**Présent**
	Je chante Tu chantes Il (elle) chante Nous chantons Vous chantez Ils (elles) chantent	Je chantais Tu chantais Il (elle) chantait Nous chantions Vous chantiez Ils (elles) chantaient	Je chantai Tu chantas Il (elle) chanta Nous chantâmes Vous chantâtes Ils (elles) chantèrent	Je chanterai Tu chanteras Il (elle) chantera Nous chanterons Vous chanterez Ils (elles) chanteront	Je chanterais Tu chanterais Il (elle) chanterait Nous chanterions Vous chanteriez Ils (elles) chanteraient
TEMPS COMPOSÉS	**Passé composé**	**Plus-que-parfait**	**Passé antérieur**	**Futur antérieur**	**Conditionnel passé**
	J'ai chanté Tu as chanté Il (elle) a chanté Nous avons chanté Vous avez chanté Ils (elles) ont chanté	J'avais chanté Tu avais chanté Il (elle) avait chanté Nous avions chanté Vous aviez chanté Ils (elles) avaient chanté	J'eus chanté Tu eus chanté Il (elle) eut chanté Nous eûmes chanté Vous eûtes chanté Ils (elles) eurent chanté	J'aurai chanté Tu auras chanté Il (elle) aura chanté Nous aurons chanté Vous aurez chanté Ils (elles) auront chanté	J'aurais chanté Tu aurais chanté Il (elle) aurait chanté Nous aurions chanté Vous auriez chanté Ils (elles) auraient chanté

SUBJONCTIF		IMPÉRATIF	INFINITIF	PARTICIPE
TEMPS SIMPLE – **Présent**	TEMPS COMPOSÉ – **Passé**	**Présent**	**Présent**	**Présent**
Que je chante Que tu chantes Qu'il (elle) chante Que nous chantions Que vous chantiez Qu'ils (elles) chantent	Que j'aie chanté Que tu aies chanté Qu'il (elle) ait chanté Que nous ayons chanté Que vous ayez chanté Qu'ils (elles) aient chanté	Chante, chantons, chantez	Chanter	Chantant
		Passé	**Passé**	**Passé**
		Aie chanté, ayons chanté, ayez chanté	Avoir chanté	Chanté(e), ayant chanté

→ Finir (2e groupe)

	INDICATIF				CONDITIONNEL
TEMPS SIMPLES	**Présent**	**Imparfait**	**Passé simple**	**Futur simple**	**Présent**
	Je finis Tu finis Il (elle) finit Nous finissons Vous finissez Ils (elles) finissent	Je finissais Tu finissais Il (elle) finissait Nous finissions Vous finissiez Ils (elles) finissaient	Je finis Tu finis Il (elle) finit Nous finîmes Vous finîtes Ils (elles) finirent	Je finirai Tu finiras Il (elle) finira Nous finirons Vous finirez Ils (elles) finiront	Je finirais Tu finirais Il (elle) finirait Nous finirions Vous finiriez Ils (elles) finiraient
TEMPS COMPOSÉS	**Passé composé**	**Plus-que-parfait**	**Passé antérieur**	**Futur antérieur**	**Passé**
	J'ai fini Tu as fini Il (elle) a fini Nous avons fini Vous avez fini Ils (elles) ont fini	J'avais fini Tu avais fini Il (elle) avait fini Nous avions fini Vous aviez fini Ils (elles) avaient fini	J'eus fini Tu eus fini Il (elle) eut fini Nous eûmes fini Vous eûtes fini Ils (elles) eurent fini	J'aurai fini Tu auras fini Il (elle) aura fini Nous aurons fini Vous aurez fini Ils (elles) auront fini	J'aurais fini Tu aurais fini Il (elle) aurait fini Nous aurions fini Vous auriez fini Ils (elles) auraient fini

SUBJONCTIF		IMPÉRATIF	INFINITIF	PARTICIPE
TEMPS SIMPLE – **Présent**	TEMPS COMPOSÉ – **Passé**	**Présent**	**Présent**	**Présent**
Que je finisse Que tu finisses Qu'il (elle) finisse Que nous finissions Que vous finissiez Qu'ils (elles) finissent	Que j'aie fini Que tu aies fini Qu'il (elle) ait fini Que nous ayons fini Que vous ayez fini Qu'ils (elles) aient fini	Finis, finissons, finissez	Finir	Finissant
		Passé	**Passé**	**Passé**
		Aie fini, ayons fini, ayez fini	Avoir fini	Fini(e), ayant fini

→ Aller

	INDICATIF				CONDITIONNEL
	Présent	**Imparfait**	**Passé simple**	**Futur simple**	**Présent**
TEMPS SIMPLES	Je vais Tu vas Il (elle) va Nous allons Vous allez Ils (elles) vont	J'allais Tu allais Il (elle) allait Nous allions Vous alliez Ils (elles) allaient	J'allai Tu allas Il (elle) alla Nous allâmes Vous allâtes Ils (elles) allèrent	J'irai Tu iras Il (elle) ira Nous irons Vous irez Ils (elles) iront	J'irais Tu irais Il (elle) irait Nous irions Vous iriez Ils (elles) iraient
	Passé composé	**Plus-que-parfait**	**Passé antérieur**	**Futur antérieur**	**Passé**
TEMPS COMPOSÉS	Je suis allé(e) Tu es allé(e) Il (elle) est allé(e) Nous sommes allé(e)s Vous êtes allé(e)s Ils (elles) sont allé(e)s	J'étais allé(e) Tu étais allé(e) Il (elle) était allé(e) Nous étions allé(e)s Vous étiez allé(e)s Ils (elles) étaient allé(e)s	Je fus allé(e) Tu fus allé(e) Il (elle) fut allé(e) Nous fûmes allé(e)s Vous fûtes allé(e)s Ils (elles) furent allé(e)s	Je serai allé(e) Tu seras allé(e) Il (elle) sera allé(e) Nous serons allé(e)s Vous serez allé(e)s Ils (elles) seront allé(e)s	Je serais allé(e) Tu serais allé(e) Il (elle) serait allé(e) Nous serions allé(e)s Vous seriez allé(e)s Ils (elles) seraient allé(e)s

	SUBJONCTIF			IMPÉRATIF	INFINITIF	PARTICIPE
	Présent		**Passé**	**Présent**	**Présent**	**Présent**
TEMPS SIMPLE	Que j'aille Que tu ailles Qu'il (elle) aille Que nous allions Que vous alliez Qu'ils (elles) aillent	TEMPS COMPOSÉ	Que je sois allé(e) Que tu sois allé(e) Qu'il (elle) soit allé(e) Que nous soyons allé(e)s Que vous soyez allé(e)s Qu'ils (elles) soient allé(e)s	Va, allons, allez	Aller	Allant
				Passé	**Passé**	**Passé**
				Sois allé(e), soyons allé(e)s, soyez allé(e)s	Être allé(e)	Allé(e), étant allé(e)

→ Venir (3e groupe)

	INDICATIF				CONDITIONNEL
	Présent	**Imparfait**	**Passé simple**	**Futur simple**	**Présent**
TEMPS SIMPLES	Je viens Tu viens Il (elle) vient Nous venons Vous venez Ils (elles) viennent	Je venais Tu venais Il (elle) venait Nous venions Vous veniez Ils (elles) venaient	Je vins Tu vins Il (elle) vint Nous vînmes Vous vîntes Ils (elles) vinrent	Je viendrai Tu viendras Il (elle) viendra Nous viendrons Vous viendrez Ils (elles) viendront	Je viendrais Tu viendrais Il (elle) viendrait Nous viendrions Vous viendriez Ils (elles) viendraient
	Passé composé	**Plus-que-parfait**	**Passé antérieur**	**Futur antérieur**	**Passé**
TEMPS COMPOSÉS	Je suis venu(e) Tu es venu(e) Il (elle) est venu(e) Nous sommes venu(e)s Vous êtes venu(e)s Ils (elles) sont venu(e)s	J'étais venu(e) Tu étais venu(e) Il (elle) était venu(e) Nous étions venu(e)s Vous étiez venu(e)s Ils (elles) étaient venu(e)s	Je fus venu(e) Tu fus venu(e) Il (elle) fut venu(e) Nous fûmes venu(e)s Vous fûtes venu(e)s Ils (elles) furent venu(e)s	Je serai venu(e) Tu seras venu(e) Il (elle) sera venu(e) Nous serons venu(e)s Vous serez venu(e)s Ils (elles) seront venu(e)s	Je serais venu(e) Tu serais venu(e) Il (elle) serait venu(e) Nous serions venu(e)s Vous seriez venu(e)s Ils (elles) seraient venu(e)s

	SUBJONCTIF			IMPÉRATIF	INFINITIF	PARTICIPE
	Présent		**Passé**	**Présent**	**Présent**	**Présent**
TEMPS SIMPLE	Que je vienne Que tu viennes Qu'il (elle) vienne Que nous venions Que vous veniez Qu'ils (elles) viennent	TEMPS COMPOSÉ	Que je sois venu(e) Que tu sois venu(e) Qu'il (elle) soit venu(e) Que nous soyons venu(e)s Que vous soyez venu(e)s Qu'ils (elles) soient venu(e)s	Viens, venons, venez	Venir	Venant
				Passé	**Passé**	**Passé**
				Sois venu(e), soyons venu(e)s, soyez venu(e)s	Être venu(e)	Venu(e), étant venu(e)

→ Prendre (3e groupe)

	INDICATIF				CONDITIONNEL
	Présent	Imparfait	Passé simple	Futur simple	Présent
TEMPS SIMPLES	Je prends Tu prends Il (elle) prend Nous prenons Vous prenez Ils (elles) prennent	Je prenais Tu prenais Il (elle) prenait Nous prenions Vous preniez Ils (elles) prenaient	Je pris Tu pris Il (elle) prit Nous prîmes Vous prîtes Ils (elles) prirent	Je prendrai Tu prendras Il (elle) prendra Nous prendrons Vous prendrez Ils (elles) prendront	Je prendrais Tu prendrais Il (elle) prendrait Nous prendrions Vous prendriez Ils (elles) prendraient
	Passé composé	Plus-que-parfait	Passé antérieur	Futur antérieur	Passé
TEMPS COMPOSÉS	J'ai pris Tu as pris Il (elle) a pris Nous avons pris Vous avez pris Ils (elles) ont pris	J'avais pris Tu avais pris Il (elle) avait pris Nous avions pris Vous aviez pris Ils (elles) avaient pris	J'eus pris Tu eus pris Il (elle) eut pris Nous eûmes pris Vous eûtes pris Ils (elles) eurent pris	J'aurai pris Tu auras pris Il (elle) aura pris Nous aurons pris Vous aurez pris Ils (elles) auront pris	J'aurais pris Tu aurais pris Il (elle) aurait pris Nous aurions pris Vous auriez pris Ils (elles) auraient pris

SUBJONCTIF				IMPÉRATIF	INFINITIF	PARTICIPE
TEMPS SIMPLE	Présent	TEMPS COMPOSÉ	Passé	Présent	Présent	Présent
	Que je prenne Que tu prennes Qu'il (elle) prenne Que nous prenions Que vous preniez Qu'ils (elles) prennent		Que j'aie pris Que tu aies pris Qu'il (elle) ait pris Que nous ayons pris Que vous ayez pris Qu'ils (elles) aient pris	Prends, prenons, prenez	Prendre	Prenant
				Passé	Passé	Passé
				Aie pris, ayons pris, ayez pris	Avoir pris	Pris(e), ayant pris

→ Écrire (3e groupe)

	INDICATIF				CONDITIONNEL
	Présent	Imparfait	Passé simple	Futur simple	Présent
TEMPS SIMPLES	J'écris Tu écris Il (elle) écrit Nous écrivons Vous écrivez Ils (elles) écrivent	J'écrivais Tu écrivais Il (elle) écrivait Nous écrivions Vous écriviez Ils (elles) écrivaient	J'écrivis Tu écrivis Il (elle) écrivit Nous écrivîmes Vous écrivîtes Ils (elles) écrivirent	J'écrirai Tu écriras Il (elle) écrira Nous écrirons Vous écrirez Ils (elles) écriront	J'écrirais Tu écrirais Il (elle) écrirait Nous écririons Vous écririez Ils (elles) écriraient
	Passé composé	Plus-que-parfait	Passé antérieur	Futur antérieur	Passé
TEMPS COMPOSÉS	J'ai écrit Tu as écrit Il (elle) a écrit Nous avons écrit Vous avez écrit Ils (elles) ont écrit	J'avais écrit Tu avais écrit Il (elle) avait écrit Nous avions écrit Vous aviez écrit Ils (elles) avaient écrit	J'eus écrit Tu eus écrit Il eut écrit Nous eûmes écrit Vous eûtes écrit Ils eurent écrit	J'aurai écrit Tu auras écrit Il (elle) aura écrit Nous aurons écrit Vous aurez écrit Ils (elles) auront écrit	J'aurais écrit Tu aurais écrit Il (elle) aurait écrit Nous aurions écrit Vous auriez écrit Ils (elles) auraient écrit

SUBJONCTIF				IMPÉRATIF	INFINITIF	PARTICIPE
TEMPS SIMPLE	Présent	TEMPS COMPOSÉ	Passé	Présent	Présent	Présent
	Que j'écrive Que tu écrives Qu'il écrive Que nous écrivions Que vous écriviez Qu'ils écrivent		Que j'aie écrit Que tu aies écrit Qu'il ait écrit Que nous ayons écrit Que vous ayez écrit Qu'ils aient écrit	Écris, écrivons, écrivez	Écrire	Écrivant
				Passé	Passé	Passé
				Aie écrit, ayons écrit, ayez écrit	Avoir écrit	Écrit(e), ayant écrit

→ Faire (3e groupe)

	INDICATIF				CONDITIONNEL
	Présent	**Imparfait**	**Passé simple**	**Futur simple**	**Présent**
TEMPS SIMPLES	Je fais Tu fais Il (elle) fait Nous faisons Vous faites Ils (elles) font	Je faisais Tu faisais Il (elle) faisait Nous faisions Vous faisiez Ils (elles) faisaient	Je fis Tu fis Il (elle) fit Nous fîmes Vous fîtes Ils (elles) firent	Je ferai Tu feras Il (elle) fera Nous ferons Vous ferez Ils (elles) feront	Je ferais Tu ferais Il (elle) ferait Nous ferions Vous feriez Ils (elles) feraient
	Passé composé	**Plus-que-parfait**	**Passé antérieur**	**Futur antérieur**	**Passé**
TEMPS COMPOSÉS	J'ai fait Tu as fait Il (elle) a fait Nous avons fait Vous avez fait Ils (elles) ont fait	J'avais fait Tu avais fait Il (elle) avait fait Nous avions fait Vous aviez fait Ils (elles) avaient fait	J'eus fait Tu eus fait Il (elle) eut fait Nous eûmes fait Vous eûtes fait Ils (elles) eurent fait	J'aurai fait Tu auras fait Il (elle) aura fait Nous aurons fait Vous aurez fait Ils (elles) auront fait	J'aurais fait Tu aurais fait Il (elle) aurait fait Nous aurions fait Vous auriez fait Ils (elles) auraient fait

SUBJONCTIF				IMPÉRATIF	INFINITIF	PARTICIPE
	Présent		**Passé**	**Présent**	**Présent**	**Présent**
TEMPS SIMPLE	Que je fasse Que tu fasses Qu'il (elle) fasse Que nous fassions Que vous fassiez Qu'ils (elles) fassent	TEMPS COMPOSÉ	Que j'aie fait Que tu aies fait Qu'il (elle) ait fait Que nous ayons fait Que vous ayez fait Qu'ils (elles) aient fait	Fais, faisons, faites	Faire	Faisant
				Passé	**Passé**	**Passé**
				Aie fait, ayons fait, ayez fait	Avoir fait	Fait(e), ayant fait

→ Pouvoir (3e groupe)

	INDICATIF				CONDITIONNEL
	Présent	**Imparfait**	**Passé simple**	**Futur simple**	**Présent**
TEMPS SIMPLES	Je peux Tu peux Il (elle) peut Nous pouvons Vous pouvez Ils (elles) peuvent	Je pouvais Tu pouvais Il (elle) pouvait Nous pouvions Vous pouviez Ils (elles) pouvaient	Je pus Tu pus Il (elle) put Nous pûmes Vous pûtes Ils (elles) purent	Je pourrai Tu pourras Il (elle) pourra Nous pourrons Vous pourrez Ils (elles) pourront	Je pourrais Tu pourrais Il (elle) pourrait Nous pourrions Vous pourriez Ils (elles) pourraient
	Passé composé	**Plus-que-parfait**	**Passé antérieur**	**Futur antérieur**	**Passé**
TEMPS COMPOSÉS	J'ai pu Tu as pu Il (elle) a pu Nous avons pu Vous avez pu Ils (elles) ont pu	J'avais pu Tu avais pu Il (elle) avait pu Nous avions pu Vous aviez pu Ils (elles) avaient pu	J'eus pu Tu eus pu Il (elle) eut pu Nous eûmes pu Vous eûtes pu Ils (elles) eurent pu	J'aurai pu Tu auras pu Il (elle) aura pu Nous aurons pu Vous aurez pu Ils (elles) auront pu	J'aurais pu Tu aurais pu Il (elle) aurait pu Nous aurions pu Vous auriez pu Ils (elles) auraient pu

SUBJONCTIF				IMPÉRATIF	INFINITIF	PARTICIPE
	Présent		**Passé**	**Présent**	**Présent**	**Présent**
TEMPS SIMPLE	Que je puisse Que tu puisses Qu'il (elle) puisse Que nous puissions Que vous puissiez Qu'ils (elles) puissent	TEMPS COMPOSÉ	Que j'aie pu Que tu aies pu Qu'il (elle) ait pu Que nous ayons pu Que vous ayez pu Qu'ils (elles) aient pu	*Pas d'impératif*	Pouvoir	Pouvant
					Passé	**Passé**
					Avoir pu	Pu, ayant pu

Quelques verbes irréguliers

Verbes	INDICATIF			SUBJONCTIF	IMPÉRATIF	PARTICIPE
	Présent	Passé simple	Futur simple	Présent	Présent	Passé
Apercevoir	J'aperçois Nous apercevons Ils aperçoivent	J'aperçus Nous aperçûmes Ils aperçurent	J'apercevrai Nous apercevrons Ils apercevront	Que j'aperçoive Que nous apercevions Qu'ils aperçoivent	Aperçois Apercevons Apercevez	Aperçu, -ue
Asseoir	J'assieds Nous asseyons Ils asseyent	J'assis Nous assîmes Ils assirent	J'assiérai Nous assiérons Ils assiéront	Que j'asseye Que nous asseyions Qu'ils asseyent	Assieds Asseyons Asseyez	Assis, -se
Battre	Je bats Nous battons Ils battent	Je battis Nous battîmes Ils battirent	Je battrai Nous battrons Ils battront	Que je batte Que nous battions Qu'ils battent	Bats Battons Battez	Battu, -ue
Boire	Je bois Nous buvons Ils boivent	Je bus Nous bûmes Ils burent	Je boirai Nous boirons Ils boiront	Que je boive Que nous buvions Qu'ils boivent	Bois Buvons Buvez	Bu, -ue
Connaître	Je connais Nous connaissons Ils connaissent	Je connus Nous connûmes Ils connurent	Je connaîtrai Nous connaîtrons Ils connaîtront	Que je connaisse Que nous connaissions Qu'ils connaissent	Connais Connaissons Connaissez	Connu, -ue
Courir	Je cours Nous courons Ils courent	Je courus Nous courûmes Ils coururent	Je courrai Nous courrons Ils courront	Que je coure Que nous courions Qu'ils courent	Cours Courons Courez	Couru, -ue
Craindre	Je crains Nous craignons Ils craignent	Je craignis Nous craignîmes Ils craignirent	Je craindrai Nous craindrons Ils craindront	Que je craigne Que nous craignions Qu'ils craignent	Crains Craignons Craignez	Craint, -te
Croire	Je crois Nous croyons Ils croient	Je crus Nous crûmes Ils crurent	Je croirai Nous croirons Ils croiront	Que je croie Que nous croyions Qu'ils croient	Crois Croyons Croyez	Cru, -ue
Devoir	Je dois Nous devons Ils doivent	Je dus Nous dûmes Ils durent	Je devrai Nous devrons Ils devront	Que je doive Que nous devions Qu'ils doivent	Dois Devons Devez	Dû, -ue
Dire	Je dis Nous disons Ils disent	Je dis Nous dîmes Ils dirent	Je dirai Nous dirons Ils diront	Que je dise Que nous disions Qu'ils disent	Dis Disons Disez	Dit, -te
Émouvoir	J'émeus Nous émouvons Ils émeuvent	J'émus Nous émûmes Ils émurent	J'émouvrai Nous émouvrons Ils émouvront	Que j'émeuve Que nous émouvions Qu'ils émeuvent	Émeus Émouvons Émouvez	Ému, -ue
Falloir	Il faut	Il fallut	Il faudra	Qu'il faille	*inusité*	Fallu
Fuir	Je fuis Nous fuyons Ils fuient	Je fuis Nous fuîmes Ils fuirent	Je fuirai Nous fuirons Ils fuiront	Que je fuie Que nous fuyions Qu'ils fuient	Fuis Fuyons Fuyez	Fui
Lire	Je lis Nous lisons Ils lisent	Je lus Nous lûmes Ils lurent	Je lirai Nous lirons Ils liront	Que je lise Que nous lisions Qu'ils lisent	Lis Lisons Lisez	Lu, -ue
Mettre	Je mets Nous mettons Ils mettent	Je mis Nous mîmes Ils mirent	Je mettrai Nous mettrons Ils mettront	Que je mette Que nous mettions Qu'ils mettent	Mets Mettons Mettez	Mis, -se
Mourir	Je meurs Nous mourons Ils meurent	Je mourus Nous mourûmes Ils moururent	Je mourrai Nous mourrons Ils mourront	Que je meure Que nous mourions Qu'ils meurent	Meurs Mourons Mourez	Mort, -te

Verbes	INDICATIF			SUBJONCTIF	IMPÉRATIF	PARTICIPE
	Présent	**Passé simple**	**Futur simple**	**Présent**	**Présent**	**Passé**
Naître	Je nais Nous naissons Ils naissent	Je naquis Nous naquîmes Ils naquirent	Je naîtrai Nous naîtrons Ils naîtront	Que je naisse Que nous naissions Qu'ils naissent	Nais Naissons Naissez	Né, -ée
Plaire Nous plaisons	Je plais Nous plûmes Ils plaisent	Je plus Nous plairons Ils plurent	Je plairai Que nous plaisions Ils plairont	Que je plaise Plaisons Qu'ils plaisent	Plais Plaisez	Plu
Pleuvoir	Il pleut	Il plut	Il pleuvra	Qu'il pleuve	*inusité*	Plu
Résoudre	Je résouds Nous résolvons Ils résolvent	Je résolus Nous résolûmes Ils résolurent	Je résoudrai Nous résoudrons Ils résoudront	Que je résolve Que nous résolvions Qu'ils résolvent	Résouds Résolvons Résolvez	Résolu, -ue
Savoir	Je sais Nous savons Ils savent	Je sus Nous sûmes Ils surent	Je saurai Nous saurons Ils sauront	Que je sache Que nous sachions Qu'ils sachent	Sache Sachons Sachez	Su, -ue
Taire	Je tais Nous taisons Ils taisent	Je tus Nous tûmes Ils turent	Je tairai Nous tairons Ils tairont	Que je taise Que nous taisions Qu'ils taisent	Tais Taisons Taisez	Tu, -ue
Tenir	Je tiens Nous tenons Ils tiennent	Je tins Nous tînmes Ils tinrent	Je tiendrai Nous tiendrons Ils tiendront	Que je tienne Que nous tenions Qu'ils tiennent	Tiens Tenons Tenez	Tenu, -ue
Vivre	Je vis Nous vivons Ils vivent	Je vécus Nous vécûmes Ils vécurent	Je vivrai Nous vivrons Ils vivront	Que je vive Que nous vivions Qu'ils vivent	Vis Vivons Vivez	Vécu, -ue
Voir	Je vois Nous voyons Ils voient	Je vis Nous vîmes Ils virent	Je verrai Nous verrons Ils verront	Que je voie Que nous voyions Qu'ils voient	Vois Voyons Voyez	Vu, -ue

Alphabet phonétique international

Les voyelles orales

[a] banane, artiste, femme

[ɑ] mât

[e] chanter, thé, pied

[ɛ] laid, rêche, personnel, beige, Noël

[i] piscine, vie, pinède

[œ] beurre, bœuf

[ə] chemise

[ø] heureux

[o] beau, mot, tôt, chaud

[ɔ] or, rhum

[y] bu, dû, rue

[u] hibou, où, goût

Les voyelles nasales

[ɛ̃] sapin, main, rein, faim, thym, (nous) vînmes

[œ̃] lundi, parfum

[ɑ̃] amande, endive, ampoule, emprunter

[ɔ̃] rond, nombre

Les consonnes orales

[p] râper, approcher

[b] marbre, abbaye

[t] tartine, patte, théâtre

[d] dent, addition

[k] coq, vacances, accorder, képi, chœur, ticket, chèque, acquérir

[g] gorille, grille, guerre

[s] sa, cela, masse, patience, portion, scie, façon

[z] oiseau, zigzag

[ʃ] chèvre, schématique

[ʒ] je, jupe, orangeade, gelée

[f] fin, affirmer, phare

[v] vous, wagon

[l] laine, cil, mille

[ʀ] car, arranger, rhinocéros

Les consonnes nasales

[m] mer, immédiat

[n] non, innover

[ɲ] vigneron

[ŋ] camping

Les semi-voyelles ou les semi-consonnes

[j] pied, fille, rayon, soleil, aïeul

[w] jouet, watt

[ɥ] u (+ voyelle) : huître, évacuer

Index de l'orthographe lexicale

Remerciements

Tous nos remerciements à Hélène Coste ainsi qu'aux élèves de 6e C et 6e D du collège «Les Bons Raisins» de Rueil.

CREDITS PHOTOGRAPHIQUES

P. 10 © Éditions Gallimard ; **14** © ADAGP, Banque d'images, Paris 2005 ; **16** Ph Jeanbor © Archives Larbor ; **21** Archives Nathan ; **22** Selva/Leemage ; **27** Fototeca/Leemage ; **28** akg-images ; **32** Edwin Wallace/Mary Evans/Keystone ; **34** E. Lessing/akg-images ; **38** akg-images ; **40** Coll. Archives Larbor ; **45** Bridgeman-Giraudon ; **46** Costa/Leemage ; **50** D.R. ; **52** © LARSEN ; **57** Coll. Archives Larbor ; **58** Pascal Gely/Bernand/Agence Enguerand Bernand ; **63** © 2005, Éditions Albert-René/Goscinny-Uderzo ; **64** E. LETOUZE ; **69** Printed by permission of the Norman Rockwell Family Agency. © 1956 the Norman Rockwell Family Entities ; **70** Kennan Ward/Corbis ; **75** Antony Nagelmann-Stone/Getty Images ; **76** Bridgeman-Giraudon ; **81** Archives Nathan ; **84** Bridgeman-Giraudon © Succession Picasso, 2005 ; **89** akg-images © ADAGP Paris 2005 ; **90** D.R. ; **96** Bob Elsdale-Image Bank/Getty Images ; **98** Edouard Boubat/Top-Rapho ; **102** Émile Luider/Rapho ; **104** Robert Doisneau/Rapho ; **108** José Mayans/CIRIC ; **110** akg-images © Éditions Gallimard ; **113** Selva/Leemage © Éditions Gallimard ; **114** E. Letouzé ; **119** Bridgeman-Giraudon ; **120** akg-images ; **124** Michel Renaudeau/Hoa-Qui ; **126** akg-images/British Library ; **130** akg-images © ADAGP Paris, 2005 ; **132** D.R. ; **136** NASA ; **138** Coll. Kharbine-Tapabor ; **141** H. Josse © Archives Larbor ; **142** Charlie Abad/Photononstop ; **147** Photos12.com-Collection Cinéma ; **148** Japack/Sunset ; **153** Gérard Lacz/Sunset ; **154** E. Lessing/akg-images ; **157** Pierre Putelat/Hoa-Qui ; **158** Photo12.com-Ullstein Bild ; **162** Bridgeman-Giraudon ; **164** Bianchetti/Leemage ; **168** Archives Larbor ; **170** Owen Franken/Corbis ; **177** Sean Sprague/Ciric ; **178** NANA Productions/Sipa ; **183** D.R.

Édition : Valérie Antoni et Brigitte Brisse

Conception graphique : Marie-Astrid Bailly-Maître

Maquette : Alinéa

Iconographie : Laurence Vacher

Dessins : Emmanuel Spinga

Correction : Chantal Maury

Imprimé en Italie par Vincenzo Bona
Dépot légal Avril 2005 - n° d' editeur **10121879**